- 公元1644，天崩地坼——一座城，一条河——一曲末世挽歌

Withered Green Mountain
Biography of Qin Huai River
in Later Ming Dynasty

青山憔悴 — 晚明秦淮风云记

肖同庆 著

文汇出版社

图书在版编目(CIP)数据

青山憔悴:晚明秦淮风云记/肖同庆著.—上海:文汇出版社,2019.1
ISBN 978-7-5496-2538-3

Ⅰ.①青… Ⅱ.①肖… Ⅲ.①文化史-南京-通俗读物 Ⅳ.①K295.310.9

中国版本图书馆CIP数据核字(2018)第235753号

青山憔悴
—— 晚明秦淮风云记

著　　者 / 肖同庆

责任编辑 / 何　璟
封面装帧 / 曲闵民

出版发行 / 文汇出版社
　　　　　 上海市威海路755号
　　　　　 (邮政编码 200041)
经　　销 / 全国新华书店
排　　版 / 南京展望文化发展有限公司
印刷装订 / 上海新文印刷厂
版　　次 / 2019年1月第1版
印　　次 / 2019年1月第1次印刷
开　　本 / 890×1240　1/32
字　　数 / 200千字
印　　张 / 10.375

ISBN 978-7-5496-2538-3
定　　价 / 46.00元

目　录

卷首

那一年，那座城，那条河
——重温明末秦淮激荡颓废的时代气味 …………………………… 002

明朝陪都南京的夫子庙和比邻的贡院紧临着名妓荟萃的秦淮河，太学、贡院和妓院同处一地，既演绎了无数名士风流的故事，也让秦淮河成为历代士人争相记叙的欲望象征。一条河流，千古情怀，那些凄艳与悲壮的集体记忆源自明末清初士人们的沧桑文笔，他们用令人印象深刻的文字，记录了亲身经历的风月绮丽，并深情寄寓了惊心动魄的兴亡感叹。秦淮风月由此也成为一种文化现象，儿女情长融入国破家亡，由此悲情长远，历史永怀。

卷一　风云

第一章　金陵梦：一座城市和一个王朝的兴与衰 ……………… 022

公元1421年，大明迁都北京，金陵南京黯然神伤，自此远离政治风云，落寞生长。三十三年后，公元1454年，中国最大的江南贡院建成，这是秦淮河历史上至关重要的文化标志，从此，旧院声色与贡院书香遥相呼应，女色男声，彼此意会情交，演绎出吐纳风流的千古传奇。从1454年到1644年，近两个世纪的金陵梦华，点染了诗意江南，成就了国色天香。

第二章　末世情：公元1644年的历史密码 …………………… 039

崇祯十七年，即公元1644年。悲风乍起，各种诡异的现象相继闪现，星象诡异，地动悬疑，不胫而走的政治歌谣，既是一种乾坤倒转的预言，又是对一个时代的诅咒。这一年，中国出现了四个皇帝，朝堂与江湖，汉族与异族，庙宇与民间，多种力量登台亮相，死命角逐，时代大开大阖，社会风云激荡，这是两千多年帝制的又一次借尸还魂。这一年既奠定了此后四百年中国的历史格局，也注定了近代中国的政治命运。

第三章　帝王劫：最是仓皇辞庙日 ……………………………… 059

王朝更替，帝王从来都是戏份最重的角色。大明王朝盛产奇葩皇帝，他们把国家当成了任性的私宅，把江山当成了自己撒泼打滚的后花园，只可惜，百姓不总是院中独自花开花落的无名生物，一旦生存无望，他们也可以成为荆棘，总能刺破王朝华美的袍子。家国天下两千年，甲申之变，最终的结果还是难以自主、习惯屈膝跪下的民族个性再次顺从了历史的命运。波诡云谲的明末历史舞台，每个人都在扮演自己的角色。

第四章　士之道：家国天下与生死选择 ……………………………… 082

无处不在的锦衣卫特务统治，动辄廷杖的残酷虐杀，没有哪个王朝这么作践共治天下的士人集团。他们侍奉了一个又一个的混账皇帝，当帝国大厦倾斜崩塌的时候，在经历倾城之恨、亡国之痛后，他们将何去何从？许多人选择了殉忠，当然更多的人剃发易服，被迫低头，在同一片蓝天下重新讨生活。抗争与投降、决裂与屈从构成了一幅动人心魄的悲壮画卷。"功名非我事，风月负君诗"，王道霸权下的道统坚守，一直是一个神话，并代代破灭。

第五章　美人图：曾经的华艳与怆然 ……………………………… 103

明代秦淮风月场，经历了兴起、发展、繁荣与衰落等一系列的嬗变过程，与王朝惊心动魄的兴与衰相伴随。"醉倚阑干风月好"，易代的悲壮与风月的凄艳在这里聚焦、上演，背景波澜壮阔，剧情一波三折，悲欣交集。名士诗酒风流，文采与清谈共举；名妓高张艳帜，才华与美貌并重。二者惺惺相惜，水乳交融。"生怕情多累美人"，不论谈政治，谈情爱，抑或谈诗论文，都在这秦淮河畔一座座精巧华丽的小楼里演绎出一个个绝世传奇。

卷二 风月

第六章 追忆：影梅庵里的情爱史——董小宛与冒辟疆 …… 124

"生不相从死相从""拼得一命酬知己"，董小宛十九岁这年对明末四公子之一的冒辟疆展开了舍命追求。她主宰自己爱情的决心如此坚决，不惜死缠烂打，最终得遂所愿。经历过五年炼狱般的风尘不堪，遇到爱情的董小宛惜爱近乎赎罪。在明末清初的动乱岁月，两人寄情风雅，尽享情爱时光，真可谓："一生清福，九年占尽。"

第七章 情殇：一个女性的命运曲线——柳如是的风月诗骨
.... 150

公元1641年，钱谦益正式迎娶柳如是，这一年，他五十九岁，她二十三岁。江湖文坛掀起轩然大波。那是一个颇为悲壮的场景：松江，芙蓉舫上，钱老先生与如是小姐屹立船头，缓缓行进在众目睽睽之下，岸上不时飞来砖石与弃物。他们没有躲避，没有胆怯，紧紧靠在一起，笑对周围的指责与唾骂，他们为自己这种对世俗的挑战而充满快意。

第八章 剧场：此恨不关风与月——李香君与侯方域 ………… 177

公元1699年，孔尚任完成了他的名剧《桃花扇》，这是他耗费十年心血成就的一部大戏。"借离合之情，写兴亡之感"，主人公侯方域和李香君在他的笔下被演绎得家喻户晓，从此一纸风行。一把题诗、定情、溅血的桃花扇子，成为中国经典文学永恒的意象。在凄风苦雨的晚明天空下，在历史文本与文学文本之间，剧场内外的历史人物又怎样扮演了自己的传奇角色？

第九章　柳色：迷楼女主人的情感传奇——顾媚与龚鼎孳 …… 198

"我原欲死，奈小妾不肯何？"龚鼎孳与顾媚的传奇姻缘因为这句话而成为后人的笑柄，在公元1644年最惨绝人寰的时刻，没有人知道他们经历了什么。我们只知道两人的乱世情缘历经生死考验，始终不离不弃。一部词集《白门柳》完整记录了他们的情爱传奇，可谓风情痴绝。执子之手，与之偕老，在厮守相伴的一生中，他们没有换来历史的谅解，却完成了与他们自己一生的和解，唯愿足矣。

第十章　史诗：青山憔悴卿怜我——吴梅村与卞玉京 ……… 216

风月藏诗骨，他用诗阅历兴亡，笔下词激楚苍凉。一个个奇女子的命运沉浮，一段段大历史的泣血沧桑，在他笔下，都成为千古传诵的史诗文本。诗人吴梅村与名妓卞玉京，几度相遇盘桓，终无缘相守，所谓"此生终负卿卿"。多年后，她刺血写经，他终生思念。可叹造化弄人，生逢乱世，抑郁情伤，吴梅村只能在"情忏"中终老了。

卷三　风流

第十一章　遗民·余怀：一生风月供惆怅 …………………… 238

清康熙三十二年，公元1693年，余怀完成了他晚年最重要的一部著作《板桥杂记》，这部经典文本深情再现了一种刻骨铭心的秦淮记忆，其渗透在情感深处的那种痴迷更是令人动容。"人间风月如尘土"，那些曾经风流的青春岁月与城市臻于极致的繁华逸乐交相辉映，即便经过半个世纪的沧桑巨变，依然色彩斑斓，触目可及。

第十二章　逃禅·方以智：苍茫犹可对狂生 …………… 254

明清几百年间，方以智的一生始终是一个巨大的谜团，传说他是《红楼梦》的作者，还是著名帮会组织"天地会"的总舵主。有人评价他是伟大的百科全书式的人物，美籍华人学者余英时则把考证他生死晚节的学术论著写得像一部推理悬疑小说。回望那个生死考验的大时代，正是世乱不遇的颓激和恢荡成就了他丰富多彩的人生。

第十三章　乞士·陈洪绶：一双醉眼看青山 …………… 271

老莲平生有两大爱好：做爱与作画。这个被称为"有明三百年无此笔墨"的绝世画家，一生放浪形骸，纵情酒色，而又古心如铁，情系家国。在明清易代的动荡岁月里，他用手中的精妙画笔留下了一个风情万种的时代图景。愈沉郁也就愈放荡，他的人生未始不是一幅朴拙清简、旁逸斜出的声色长卷。

第十四章　梦忆·张岱：忠愤之气浮于纸 …………… 286

一支笔，描摹出声色喧哗的纸上江山，一卷书，再现了风华不再的盛世光景，那种繁华靡丽中的苍凉，怎一个"梦"字了得。"而今醉眼看风月"，从青年时代的吟花弄月，醉卧名妓，到晚年生涯的穷困潦倒，苍凉避世，张岱心中挣扎着一个怎样的困境？

第十五章　雅趣·文震亨：纸上昙花偶自拈 …………… 302

读十七世纪文震亨这本探讨格调和时尚的书——《长物志》，让人经常会自惭形秽。原来，那时候的中国已经这样美了，美得任性，美得放肆。一块石头，一片园林，一杯茶，一炷香，构筑成一个异常精致的感官世界。晚明的奢靡是一种讲究，也是一种简约之美。这是一种无法回去的古典，没有变革的冲动，只有享受的贪图。

跋：诗酒醉花前 …………… 315

参考文献 …………… 320

卷首

那一年，那座城，那条河
——重温明末秦淮激荡颓废的时代气味

我要说的这一年是公元1644年，即崇祯十七年。我要说的这座城是南京，古称金陵。我要说的这条河，是秦淮河。

历史是一种本文，而其中时间、地点、人物则是三个巨大的历史常数，后世的一切因此而改变。总有一些时间节点，对历史改变尤其大；总有一些地点，对文明影响尤其大；总有一些人，能够不由自主地走进历史。我们总是抑制不住地去检阅过去的一切，而真正让我们为之着迷的并不是浩如烟海的各种记载、条文与朝代更替。正如西方一位历史学家所说："支配历史的绝不是一些空洞无物的形式，而是有血有肉有生命的人群。"

公元1644年，崇祯十七年，顺治元年，大顺元年。在中国的政治舞台上，这一年准确地说是四朝共存，五帝并现，各种政治势力光怪陆离，此消彼长，其局面之离乱，整个中国历史绝无仅有。这是一个奇异的时刻：除去张献忠的西朝可以多少忽略外，三个王朝，三个皇帝，命运各异。三月十九日,明朝皇帝朱由检自缢煤山,李自成入主大内;一个月后的四月二十九日,李自成弃京西逃;五月二日,多尔衮策马进京。短短四十三天,天崩地坼,江山易色,紫禁城两易其主。最终,明亡清兴,一个朝代沦落,一个王朝勃兴,史称"甲申之变"。到1645年6月7日(旧历五月十四日丙午),南明献舆图正式投降,大明宣告灭亡。这一年,颠覆、破碎、风雨飘摇,中华帝国这艘大船在惊涛骇浪中载沉载浮。个人的命运在惊惶绝望处或随波逐流或手足无措或艰难抗争,真可谓"滚滚横流水,茫茫末世人"(老舍语)。

在我看来,这一年,蕴藏了中华汉文明意味深长的衰败密码,面对外族入侵,汉民族如何应对,其行为与心理的表现颇可玩味。这一年,同样集中体现了中国式王朝更替的特色及规律,而面对历史巨变,皇帝、士人与百姓之关系及其表现,历史定式亦清晰可辨,尤其是作为文官集团的士人们的行为路径与思想脉络更加值得勘探。从那个甲申年开始,人们不断想象"民族国家",持续选择"历史"的叙事策略和话语方式,一直到郭沫若的《甲申三百年祭》。

公元1644年,同样是对汉民族心灵的巨大挑战,是对中国的一种预言和警示,同时也是一种历史的诅咒和惩罚。可惜,这个历史时刻就像历史上所有年份一样,写在历史里,却没有刻进后人心里。明清鼎革,最可嗟叹之处在于中国文明的陡然中断,拐弯,停滞,延顿,公元1644年的心灵史,值得大书特书。明清易代,某种意义上,标志着一个世界的终结。

有时候,地理远比历史真实。

对于南京,余怀在《板桥杂记》里有一个经典概括:"衣冠文物,盛于江南,文采风流,甲于海内。"这里是这个王朝的起点,也是终点;是这个王朝的福地,也是祸根。公元1421年,大明迁都北京,南京黯然神伤,自此落寞生长。迁都是一种冷落,也是一种严重的忽视,一旦权力被抽走,这座城市似乎一下子松弛下来,民间万物开始疯狂地生长,包括精神空间。看起来,南京成为一座孤独的城市,而且藏匿着某种前朝的原罪,但却代表着整个明朝的气质。三十三年后,公元1454年,中国最大的江南贡院建成,这是秦淮河历史上至关重要的文化标志,从此,旧院声色与贡院书香遥相呼应,女色男声,彼此意会情交,演绎出吐纳风流的千古传奇。在精神上,这座城市似乎依然是首都,依然是那个王朝的文化中心:科学、文学、教育、知识甚至情感的聚集地。从1454年到1644年,近两个世纪的金陵梦华,点染了诗意江南,成就了国色天香。

金陵二百年——

一个中国知识者自由结社,纵情天下的时代,空前绝后!

一个男女雅游,文采风流,灵肉合一的时代,同样空前绝后!

河流也许既可以被视为一种时间的浓缩形式,也是历史的一种流动叙述。

那时候,秦淮河成为文人的游猎场,它为这座城市提供了一面巨大的镜子,使自恋变得不可避免。一个特定舞台上的男人和女人，如此集中，如此任性，让历史一直沉浸在八卦里。如元人词中歌咏的："歌舞尊前，繁华镜里，暗换青春发。伤心千古，秦淮一片明月。"（萨都剌《念奴娇·登石头城次东坡韵》）

秦淮明月，流水落花，有明一代围绕南京核心地域的香艳熏风，并非仅限于男男女女的打情骂俏，颠鸾倒凤，其之所以风华绝代，与蕴积千年精华所注入的文化底蕴密不可分。而六段著名的爱情传奇：钱谦益与柳如是、冒辟疆与董小宛、侯朝宗与李香君、龚鼎孳与顾媚、吴伟业与卞玉京、吴三桂与陈圆圆之恋，浓墨重彩地勾勒出颓废年代的残酷、堕落与风流荣华。

传奇成就文本，晚明叙述的文本意义，在那个朝代之后就一再被历史学家注意到，这些文本成为十七世纪中国历史不可或缺的存在，文本中所展示的是一个时代的心理与精神轨迹。最后一个汉王朝的终结，在文人思想和心理层面的冲击是巨大的，深刻的焦虑感无时无刻不在折磨着他们，灵魂深处是莫名的狂躁忧郁，这些反映到叙述之中，所呈现的文本意义就格外突出。随着入清以后愈来愈严峻的文字狱态势，文人们对于历史的反思与寄托，就似乎只能渗透在风花雪月中，况且，晚明的风花雪月本来就达到一时之盛。这些风月文本里的爱情笼罩在悲剧性的命运之下，那种悲观主义的气质尤其打动人，其中闪现在记忆中的情感、思绪和场景，构建起一种完整的历史存在。从这个意义上讲，风月文本必然包含更为深刻的历史意义和现实感喟。这些经典的风月文本是王朝倾覆之下，新旧夹缝中文人生存与命运的一个典型样本，这样的怀旧与怀古就有了更为形而上的意义。晚明秦淮的风月文本不仅回应着文人的心理真实和历史真实,也回应着对存在合理性和意义追寻的渴求,某种意义上是一种心理治疗过程,是对自己安身立命的一种价值塑造。

著书惟剩颂红妆

1961年8月,一个炎热的夏天,吴宓自重庆千里奔波去广州探访老友陈寅恪,后来陈寅恪写下题为《辛丑七月雨僧老友自重庆来广州,承询近况,赋此答之》的七律诗,记载了二人的重逢,诗中云:

五羊重见九回肠,虽住罗浮别有乡。

留命任教加白眼,著书惟剩颂红妆。

锺君点鬼行将及,汤子抛人转更忙。

为口东坡休自笑,老来事业未荒唐。

其中陈寅恪自己加的注解中说:"近八年来草论《再生缘》及《钱柳姻缘释证》等文,凡数十万言。"而诗句"著书惟剩颂红妆"中的红妆,指的是秦淮名妓柳如是。

吴宓则在日记中这样记载:

寅恪细述其对柳如是研究之大纲,柳之爱陈子龙及其嫁牧翁,始终不离其民族气节之立场、光复故物之活动。不仅其才高学博,足以压倒时辈也。总之,寅恪之研究"红妆"之身世与著作,盖借以察出当时政治(夷夏)道德(气节)之真实情况,盖有深意存焉,绝非消闲风趣之行动也。

这两位从哈佛同窗、清华同事,到联大流亡,燕京授业,一直惺惺相惜的学人,面对荒诞的时势,彼此心照不宣。

进入二十世纪六十年代,中国学术已是政治挂帅,铁板一块。其时,社会正锣鼓喧天,淹没在欣欣向荣的大跃进运动之中。其时,知识分子已被反右之风扫进历史,个个灰头土脸。

而其时,陈寅恪选择了明末秦淮的一个名妓,用他的称谓是"女侠名姝"——柳如是;他选择了用文言,用古体诗去写三百多年前的个人遭际与天下兴亡。在《缘起》中他说:

披寻钱柳之篇什于残阙毁禁之余,往往窥见其阪怀遗恨,有可以令人感泣不能自已者焉,夫三户亡秦之志,九章哀郢之辞,即发自当日之士大夫,犹应珍惜引申,以表彰我民族独立之精神,自由之思想。何况出于婉娈倚门之少女,绸缪鼓瑟之小妇而又为当时迂腐者所深诋、后世轻薄者所厚诬之人哉!

陈寅恪是一个学者,也是个诗人。八十余万字的皇皇巨著《柳如是别传》,旁征博引,钩玄索隐,铺陈了秦淮名妓柳如是与当时文坛领袖钱谦益的惊世因缘。这是一部个人的情感与文采交融的作品，自始至终流露出作者的喜怒哀乐与价值判断。以如此博学之士，旷代之才，竟寄情明末风尘，演绎风月情怀，不得不说是一种令人费解的学术悬疑。黄裳先生说：

> 明清之际是一个极具象征性的时代，钱、柳则是在这个特定时代中产生的有代表性的历史人物。《柳如是别传》的意义当然不只局限于一本人物传记。作者是很重视这部著作的，他集中了晚年的精力加以研究，而且自述其开始研究的经过说，"然自此遂重读钱集，不仅借以温旧梦，寄遐思，亦欲自检所学之深浅也。"这绝不是泛泛的谦词。明清易代之际的著作，是很不易读的。

陈寅恪将其书斋及文集命名为《寒柳堂集》《金明馆丛稿》，显然与其激赏柳如是的《金明池·咏寒柳》词有关。纵观《柳如是别传》全书，这首词出现的次数最多，有学者就认为它是叙述的"主心骨"。陈寅恪在文中也有相关论说："河东君学问嬗蜕、身世变迁之痕迹，即可于金明池一阕约略窥见。"并认为这首词为晚明词坛最佳者。"是非谁定千秋史"，一个学贯中西的大学者竟然将晚年所有的精力与才识瞩目于一个身世并不高贵的女性，其学术情感颇可玩味。

一切则缘于一颗红豆。

1930年代中期，在昆明西南联大的陈寅恪偶然买到一颗常熟白茆港钱氏故园中的红豆，诗兴感发，学术灵感的琴弦也由此触动，产生了笺释钱柳姻缘诗之意。"迄今二十年，始克属草。适发旧箧，此豆尚存，遂赋一诗咏之，并以略见笺释之旨趣及所论之范围云尔。"到1950年代中期,二十年过去了,这一埋藏在内心的情结始终郁结不散。

他提到的这首诗就是七律《咏红豆》,作于1955年,诗的后二联云:

纵回杨爱千金笑,终剩归庄万古愁。
灰劫昆明红豆在,相思廿载待今酬。

三十年代,中华大地战火纷纷,烽烟遍地,民族之存亡尚不确定,此所谓兴亡之慨,有可感之。学术的情感原动力至关重要,也许正是作者此种与时代局势息息相关的心理状态导致多年后《柳如是别传》一书的写作。

1959年的8月,桂剧《桃花扇》在广州上演,陈寅恪前往观看,此时的他已双目失明十多年,他只能静静地听。当夜,他写了一首七言律诗记感。

兴亡遗事又重陈,北里南朝恨未申。
桂苑旧传天上曲,桃花新写扇头春。
是非谁定千秋史,哀乐终伤百年身。
铁锁长江东注水,年年流泪送香尘。

秦淮风月与明清易代的学术记忆再次被激荡。民国时期,民族危亡之时曾使很多知识分子联想到了明末的悲剧。事实上,清亡后,那种汉族文化之殇同样无时无刻不吞噬着他们的心。陈寅恪为王国维写的挽词也是道出了这种心态隐曲。

听完《桃花扇》后,陈寅恪还写了两首绝句。

其一:

> 桃花一曲九回肠,忍听悲歌是故乡。
>
> 烟柳楼台无觅处,不知曾照几斜阳。

秦淮风月与南明兴亡,某种程度上已成为中国汉文明传承者与坚守者的民族集体记忆。一部《桃花扇》痛感儿女柔情,阅尽亡国惨痛。

其二:

> 殉国坚贞出酒家,玉颜同尽更堪嗟。
>
> 可怜浊世佳公子,不及辛夷况李花。

《桃花扇》抑侯扬李,陈寅恪抑钱扬柳,结论都是乱世佳公子竟不如出淤泥而不染的两朵花:李香君与柳如是。

此时,陈寅恪已经在写《柳如是别传》了,这一笔下去就是皇皇八十余万言。

陈寅恪书中所谓"儿女情怀与英雄志略,亦未尝不可相反而相成",满纸沧桑言,一把辛酸泪,一部语言浓缩的学术著作将风月之消逝与国破家亡的沉哀合而为之,将女儿之坚贞侠胆与男人之退缩犹豫交相比对,要重申的其实是陈寅恪几十年坚定维护的"独立之精神与自由之思想"。深谙中华史籍的他,不会不知道,这正是我们民族思想中的稀缺资源。

自1930年代开始,至1960年代,从民族危亡到文化沦落,从城失地陷到扫除一切牛鬼蛇神,中华文明一直处于风雨飘摇之中,这不是一个人的命运悲鸣,而是一个民族的血泪洗礼。陈寅恪的感怀只能从历史中寻找叙事,民族忧思贯穿整个著述,在《别传》第五章《复明运动》中,他感慨道:

呜呼！建州入关，明之忠臣烈士杀身殉国者多矣，甚至北里名媛、南曲才娃，亦有心悬海外之云，目断月中之树，预闻复楚亡秦之事者。然终无救于明室之覆灭，岂天意之难回，抑人谋之不臧耶？君子曰，非天也，人也！

　　天道与人性，从来都是中国传统历史写作者纠结不清的一个学术命题，陈寅恪检视出的是一个带根本性的结论，没有独立之精神，自由之思想，中国走不出历史的循环。

是非谁定千秋史

　　有明一代，一条明显的剧情主线是皇族子孙纨绔自毁的政治崩塌与士人集团企图重建政治秩序的绞斗。大明王朝从一个皇帝到另一个皇帝，堕落愈来愈明显。皇权一方是几乎完全不负责任的挥霍自弃，士人一方是高度自觉的家国情怀。在这个过程中，本来可以成为执政力量的文官集团，完全被残酷的廷杖和森严的特务统治打断了脊梁，吓破了魂魄，彻底放弃了同进退的政治节操，而被皇族出让权力培育出的阉党集团，则是一股失去正常人伦本性的邪恶力量，四股势力胶着在一起，左右着中国这艘大船航行于汪洋大海之中，没有方向，没有航道，无目的地滑行。多股力量中,除了士人集团痛心疾首外,其他几种势力似乎都在挖掘自己的坟墓。只等民乱四起,只等边境域外异族这株稻草,更形象地说是一股狂风巨浪,将这艘船掀翻。从东林党人的誓死抗争,到复社同人的登高一呼,这些士人集团唯一的武器竟是思想与文学、集会与结社,国家的悲剧由此注定。当黄宗羲与陈子龙真正拿起武器的时候,只能是王朝沉沦之后的悲情抗争了。

许倬云先生分析说:明太祖登基以后,屡兴大狱,整批地杀害功臣;朱明开国的兵将和谋士,冤死者数万,淘汰尽净。燕王即位,是以武力篡夺,成功后,也大杀建文朝的文臣武将。他们父子二人,忌刻嗜杀,都是为了防堵有力者威胁皇权。制度方面,太祖在大杀功臣后,废除丞相,自己直接主持中央政务。明代文官体系,只是皇权的统治工具,没有可以抗衡君权的力量。"明代这种皇权不测之威,在中国历史上,前无古人,后无来者。廷杖的立威,再加上特务组织和宦臣依附在皇权上作威作福,明代的政府体系面对皇权,完全不能彼此制衡。""这一长时期的压迫,斫丧中国人的自由,扭曲中国人的人权,对中国民族性造成的伤害,至深至巨。"(《许倬云说中国:一个不断变化的复杂共同体》)吴晗的名著《朱元璋传》把这个问题说得极其透彻,他用了更形象的比喻说,自汉代以来至明朝,士大夫的地位经历了从股东、伙计到奴仆的持续下跌。

明代杀伐之威,极端的专制政权是我们讨论明朝一切话题的大前提,明代近三百年的流氓成性的统治手段也奠定了我们历史叙述的道德语境。即如妓女制度也是如此，南京从1368年到1421年作为五十三年的大明首都，最初的妓院，所谓"乐户""官妓"，竟是由大量的政治迫害作为填充的。1380年胡惟庸案和1393年蓝玉案同党的女眷，加上靖难内战时所有拥戴建文帝的文武大臣的妻女亲眷，为数甚多。朱棣在1402年7月称帝时，下令将所有敌人的妻子、女儿、亲戚等千余户，全部编入"乐户"，让她们荼毒衣冠，醇酒沦落，丧尽节义。《南京司法记》中记叙大量轮奸虐杀等惨绝人伦的流氓手段，令人发指。清人章学诚曾慨叹道："前朝虐政，凡缙绅籍没，波及妻孥，以致诗礼大家，多沦北里。"也就是说，当时名妓云集的秦淮河绝非真正的低俗草芥之地，而是有着极其特殊的政治文化根基。在我们惊异于秦淮女性能书善画、侠肝义胆的时候，不能忘了她们先辈的基因与出身，正是一个个知识女性的悲惨身世和残酷命运，浇铸出了一朵朵"恶之花"。她们愈鲜艳，也就愈沉郁，多少年后，她们未尝不是明朝灭亡的掘墓人，秦淮河也未尝不是明朝沦丧的坟墓。我们甚至可以得出这样的结论：秦淮风月的文化基因是由成千上万个士大夫家的悲剧女性奠定的。

考察十六、十七世纪明代的南京，一个不得不正视的事实是这里很像一座难得的思想和文化沙龙，政治环境宽松，文化畅达，风气奢靡，而更重要的是当时的知识分子团体选择了这里，并培育出一股不可小觑的政治力量，在他们身后则站着一众惊艳的丽人。很多时候我们很难将侠肝义胆与青楼名妓联系起来，可在那个国破山河碎的时代，那些风华绝代的窈窕丽影竟真的走进历史风尘,挺立在天地之间,乱世佳人于是才有了不凡的意义,她们不再是名士风流的陪衬,而成为一种精神之侠,在天地玄黄的晚明闪动着绮丽的传奇。从名动士林的诗画,到深明大义的劝诫,甚至零落成泥时,也如莲花般顽强开出花来。特定的历史时期,特定的场合,特定的机遇,生逢天崩地坼,遭受家国之痛,她们用爱去抗争命运,用爱去温存凋零,在风流与野蛮之间,怆然陨落。

每次读到各种史学家将明朝灭亡经常归结于党争党祸的时候,我会哑然失笑,将政治的衰败与士人的登高呐喊联系起来,实在是历史学家政治幼稚病的典型表现。政治溃败周期率的一再永劫复归,其实已经被《过秦论》说得再明白不过,为什么后人一边吟咏,一边自渎?是国民培育了皇帝,还是皇帝培育了国民?家国之下,王道轮回,难道真是中国永远无法回避的国情和命运?到底是我们选择了制度,还是制度塑造了人性?

一代代知识者的思想火花一再爆响在东方黑暗的天空,竟然永远无法落地生根,无法生长出有效的政治秩序,难以规整一个民族的自治行为,他们也一代代跪倒在君王脚下,任其杀戮,流放,于是家国不幸诗人幸,于是朝代更迭情场欢。当我们皓首穷经沉迷于寻章摘句、诗词歌赋的时候,实在不该忘记,它们只是开放在中国历史废墟上的芳草野花而已。

在《元白诗笺证稿》中,陈寅恪论及元稹"艳诗及悼亡诗"一章,对与此有关的问题即有极深刻的论述,他写道:

  纵览史乘,凡士大夫阶级之转移升降,往往与道德标准及社会风习之变迁有关。当其新旧蜕嬗之间际，常呈一纷纭综错之情态，即新道德标准与旧道德标准，新社会风习与旧社会风习并存杂用。各是其是，而互非其非也。斯诚亦事实之无可如何者。虽然，值此道德标准社会风习纷乱变易之时，此转移升降之士大夫阶级之人，有贤不肖拙巧之分别，而其贤者拙者，常感受苦痛，终于消灭而后已。其不肖者巧者，则多享受欢乐，往往富贵荣显，身泰名遂。其故何也？由于善利用或不善利用此两种以上不同之标准及习俗，以应付此环境而已。

面对乱世，知识者的选择本质上就是一个理想主义与现实主义的差别，而命运也就此不同。披阅陈寅恪《柳如是别传》的时候，你会意识到，面对又一个新旧嬗变的苍茫时刻，一个学贯中西的学者除了寄情"一代之兴衰，千秋之感慨"，又能如何？

《柳如是别传》对于荒芜半个世纪的中国史学是一部珍贵的著述。其启示在于：历史还有其他内容、其他方面、其他层次，历史的大河中无疑存在支流、潜流，甚至倒流，有时支流在其他时段将变成为主流。"文革"的狂风巨浪席卷中华的时候，老人一定在黑暗中露出过无奈的苦笑，正像他写的诗中所说：我今负得盲翁鼓，说尽人间未了情。

黄裳先生说：

> 《别传》的"缘起"和《论》的结尾都有作者近于自传性质的叙述，并附载了十多首诗。陈先生的诗写得极好，这些诗多成于抗战期间流离转徙之中，感情尤为深挚。他虽自嘲

"论诗我亦弹词体",但这实在是笔端沉痛,声韵凄楚,写尽了时代声音和家国之感的一组好诗。

以学术写自传,让问学与情感交融,成为陈寅恪抒发自我的一种别样形式,这让他的学术撰述有了温度,充满热血气息。早在1957年,陈寅恪在给刘铭恕信中说到过写作的方法:

> 弟近来仍从事著述,然已捐弃故技,用新方法,新材料,为一游戏试验(明清间诗词,及方志笔记等)。固不同于乾嘉考据之旧规,亦更非太史公、冲虚真人之新说。所苦者衰疾日增,或作或辍,不知能否成篇,奉教于君子耳。

对于"捐弃故技,用新方法,新材料",陈寅恪用了一个颇为自嘲的说法:"游戏试验"。事实上,陈寅恪的方法论与当时欧美正流行的新历史主义的"文化诗学与历史诗学"方法非常契合,新历史主义更加重视历史记载中的零散插曲、轶闻趣事、偶然事件、卑微或不可思议的情形等诸多方面,与陈寅恪从"明清间诗词,及方志笔记等"取材的意义是同样的自觉。

《柳如是别传》被誉为"其众体兼备,亦文亦史"。有学者也从"以诗证史"到"以史证诗"角度多所论述。台湾学者汪荣祖先生指出:"历史记忆往往由动人的文笔而非客观的史笔所凿造;故就影响力而言,文笔固胜于史笔,而史笔之客观公正又不时遭到质疑,纠正错误记忆的史笔是否能取代不实的记忆,也不无可疑。秦淮风月与南明兴亡的历史记忆,虽常相左右,却非尽真实的历史,也就不足为异。"陈寅恪选择这样的方法这样的题材,追求的是另一种"真实"。就像亚里士多德曾说过的:诗比历史更具有历史的普遍意义,学者刘梦溪这样总结:"陈寅恪综合运用传、论、述、证的方法,熔史才、诗笔、议论于一炉,将家国兴亡哀痛之情感融化贯彻全篇。作者更辉煌的学术目标是通过立传来修史,更准确而宽泛一点说,应该是用血泪写成的,即撰写一部色调全新的明清文化痛史。"

1953年写毕《论再生缘》,陈寅恪以两首诗作结,其一云:

地变天荒总未知,独听凤纸写相思。

高楼秋夜灯前泪,异代春闺梦里词。

绝世才华偏命薄,戍边离恨更归迟。

文章我自甘沦落,不觅封侯但觅诗。

诗里不乏自嘲的味道,讲的却是一种学术理路,就是希望在冰冷的历史叙述中找到更接近人心的解剖方式。读《柳如是别传》,所谓"胭脂泪中凝聚着民族魂",所谓"侠气、才气和骨气在柳如是身上,可说是三者合一",所谓"奇女志与遗民心的结合",本质上却是在民族精神和个人心理上下功夫,这就使该书成为可歌可泣的女性史颂。

余英时《陈寅恪晚年诗文释证》中的评价就与时代分析紧紧联系在一起。五六十年代陈寅恪栖身岭南,目盲足膑,在接二连三的政治运动中,他因"资产阶级学术权威"而遭到批判,于是愤懑和焦虑中,费十年心思完成《柳如是别传》,深刻阐释"独立之精神、自由之思想"。余英时认为此书是陈寅恪"'心史'的一曲双重奏",既是一部"明清痛史",又是他所经历的中国近现代"新痛史",真是知人之见。

1964年夏,该书完成初稿时,陈寅恪先生已七十五岁,距离1644年,历史又过去了三个多世纪。终稿之时,先生不禁感慨"草此稿竟,合掌说偈语":

> 剌剌不休,沾沾自喜。忽庄忽谐,亦文亦史。述事言情,悯生悲死。繁琐冗长,见笑君子。失明膑足,尚未聋哑。得成此书,乃天所假。卧榻沉思,然脂瞑写。痛哭古人,留赠来者。

助手黄萱说:"寅师以失明的晚年,不惮辛苦,经之营之,钩精沉隐,以成此稿,其坚毅之精神,真有惊天地泣鬼神的气概。"

1969年10月7日(旧历己酉年八月二十六日乙卯)晨五时半,陈寅恪在广州中山大学病逝,终年八十岁。先生仙逝后仅一个月零十四天,即1969年11月21日,其发妻唐晓莹也溘然长逝。他对自己的评价是:"默念平生,固未尝侮食自矜,曲学阿世。"1965年冬天,也就是陈寅恪先生逝世的前四年,他写了一首总括自己一生的哀伤与记忆的诗篇,这就是《乙巳冬日读清史后妃传有感于珍妃事为赋一律》:

> 昔日曾传班氏贤,如今沧海已桑田。
> 伤心太液波翻句,回首甘陵党锢年。
> 家国旧情迷纸上,兴亡遗恨照灯前。
> 开元鹤发凋零尽,谁补西京外戚篇。

病逝前几个月,他曾自作挽联:

> 涕泣对牛衣,册载都成肠断史;
> 废残难豹隐,九泉稍待眼枯人。

我有时候想,《柳如是别传》之后是否还可能或者还有资格再写秦淮河,这本身就是一个巨大的问号。我经常注视陈寅恪先生在中山大学坐在藤椅上的那张照片,感受他精通多国语言背后的幽深思维。一支拐杖似乎就是他铿锵点地的十个字:"自由之精神,独立之思想。"当他老了,"失明膑足,栖身岭表",黑暗的世界里竟然闪亮着一个不幸女子的身影,他在自己浩繁的知识谱系中,用他复杂绵密的大脑,为她考证辨识梳理,一点点接近那个丰富的女性世界,耗时十年。当身边喧嚣的"文革"气浪渐渐逼近的时候,他一定嘴角露出讥讽的皱纹,那是对历史又一次永劫复归的洞察吧。他用八十万字的古籍寻章,用古奥典雅的诗章讲述了一个故事,那个故事里是一颗饱受摧残的灵魂,有不屈,有抗争,有侠气,有担当,即便淫邪,即便糜乱,也是鲜活的,闪亮的,是羞煞须眉的红妆传奇,是点亮历史的卿本佳人。

有人说过:人生的舞台上只有两个主角,男人和女人。在苍黄的历史长河中,似乎只有人性可供反复探寻,当"武将上马定乾坤,文人执笔安天下"的承平理想被无数次撕成碎片在天空飘扬,对每个知识者个体而言,似乎只有沉溺于男欢女爱的销魂时刻,才是美丽的。于是我选择秦淮河的这些风月文本,重建一个个故事场,试图触摸千百年来不变的人性深度和广度。

卷一

风云

第一章
金陵梦：一座城市和一个王朝的兴与衰

秦淮河，一条凄艳的河流，从南京东部和南部汇入东水关后由东向西横贯市区汩汩西流，出西水关经石头山注入长江。桨声灯影，画舫凌波，在历史的影像中，秦淮河是蔷薇色的，每当华灯映水，朦胧的烟霭中，仿佛浮现出一片六朝烟水，叙说着一座城市前世今生的想象与记忆。千百年来，这是一个让人无法拒绝的故事。"古来流水一张琴"，我们借用地中海史学家费尔南·布罗代尔说过的一段极富深意的话：这片大海耐心地为我们重演过去的景象，将其放置在蓝天之下，厚土之上，我们能亲眼看见这天与地，它们如同很久以前一样。只消集中注意力思考片刻或者瞬间的白日梦，这个过去就栩栩如生地回来了。

秦淮河静水深流，仿若一座城市的历史。

建都：
帝王之宅

明朝洪武二十五年，公元 1392 年，朱元璋六十四岁，他统治这个国家已经二十五年。

每年腊月二十四日是祭祀灶神的日子，春节前这是一个极为隆重的仪式。这天灶神升天，朝廷百姓都要向灶王爷汇报一年的得失，祈祷上苍保佑风调雨顺，年年余粮。这一天，朱元璋在南京光禄寺亲自祭奠灶神，满朝文武匍匐在地，一篇昭告天下的祭文却显得异乎寻常，祭文里有这样的字句："朕经营天下数十年，事事按古就绪，惟宫城前昂后洼，形势不称，本欲迁都，今朕年老，精力已倦，又天下初定，不欲劳民，且废兴有数，只得听天，惟愿鉴朕此心，福其子孙。"文中透露了一个堪称国家机密的信息：皇宫南高北低，地势不稳。对于向来极为重视风水的王朝统治者来说，这可是天大的事，所以朱元璋才动了迁都的念头。

一个新王朝的建立，定都是头等大事，明朝初期关于定都地点也是经过反复论证的。朱元璋最初的意向是准备定都自己的家乡凤阳，遭到大多数人的反对。后来有个叫叶兑的算命先生的上书左右了朱元璋，据《明史·叶兑传》记述，此人"以经济自负，尤精天文、地理、卜筮之书"，他在元末群雄割据之时上书朱元璋言天下大计，说过这样的话："定都建康，拓地江、广，进则越两淮以北征,退则画长江而自守。夫金陵古称龙盘虎踞,帝王之都,借其兵力资财,以攻则克,以守则固。"从当时逐鹿中原的军事角度考虑,这一建议是有战略眼光的;从当时东南财力充盈,以及跟随朱元璋打天下的文官武将多系江淮人士的角度加以考察,定都南京也是必然之策。虽然此后,朱元璋还派太子朱标去过西安考察,据说也是为了定都的考虑。

秦朝以下,中华帝制两千多年,南京是一个意味深长的历史坐标。作为南方中国的物质、精神文明中心,南京是唯一堪与西安、洛阳、开封、北京等平起平坐的都市。汉唐长安与明清北京,是中国辉煌帝国的两个重要象征,而金陵南京则总是与"南渡"这个并不光彩的词联系在一起。黄宗羲反思明朝兴亡的著作《明夷待访录》里专门有"建都"篇,其中曾谈到长安和金陵之间历史地位的变化:

> 或曰:有王者起,将复何都?曰:金陵。或曰:古之言形胜者,以关中为上,金陵不与焉,何也?曰:时不同也。秦、汉之时,关中风气会聚,田野开辟,人物殷盛;吴、楚方脱蛮夷之号,风气朴略,故金陵不能与之争胜。今关中人物不及吴、会久矣……而东南粟帛,灌输天下,天下之有吴、会,犹富室之有仓库匮筐也。

时代确实不同了,与汉唐相比,此时的南京以及江南早已不是当年的蛮夷之地。所谓"象天设都",古之建都要顺应天意,没有阴阳测算是万万不能的。南京古城的山川形势有两个显著特点:一山一水,山水相依。从江苏南部的茅山延至南京镇江的宁镇山脉,其最高峰钟山以龙首之势,逶迤东来,由东北向西南延伸直至石头山,把整个南京城拢在怀中。古城南京稳坐钟山山脉环抱的盆地之中,四季温和,山清水秀。长江东流、秦淮西向,长江秦淮二水环绕钟山山脉逆向流淌,水托山势,终成山川形胜之姿,正好附会东南西北四宫之星象,以其钟山东来之紫气把古城南京打扮得妖娆美丽,气势磅礴。《魏书·李平传》中说:"金陵王气兆于先代,黄旗紫盖,本出东南,君临万邦,故宜在此。"这里说的"金陵王气"指的是以钟山山脉延及其余脉石头山所环抱着的东面钟山龙蟠(今紫金山)、西面石头山虎踞(今清凉山)、南面秦淮朱雀、北面玄武(即玄武湖)四星象之拱卫。据说当年诸葛亮路经此地,曾发出过"钟山龙蟠,石头虎踞,帝王之宅也"的赞叹。南朝萧齐诗人谢朓"江南佳丽地,金陵帝王州"的诗句,是对南京这块具有帝王之气的都城给予的最高界定。就中国建都史考察,南京从公元前472年越国大夫范蠡筑越城算起,至今已有近2500年的历史,先后有东吴、东晋,南朝的宋、齐、梁、陈等王朝在此建都,它曾是"六代帝王国、三吴佳丽城"的金粉之地,史称六朝。南京都城历史的每一页上似乎都写着皇恩浩荡与紫气凋零、经济繁荣与黍离之悲,演绎着人世间最美丽也是最苍凉的悲喜剧。

　　南京是永保我大明江山的福地吗?朱元璋对此一直犹豫不决。这时候,中国那个著名的阴阳先生刘伯温再次起了关键作用。1366年,在明建国的前两年,刘伯温亲自勘测宫城位置,他得出了一个重要结论:因为原六朝古都不在真正的龙脉上,所以才导致"六朝国祚不永",短命于斯,他按照星象方位而重新勘定了宫城的龙脉所在,这就是钟山龙头之前,古燕雀湖所在地,也就是古秦淮河的流域:从今天的中华门和通济门之间流入南京主城区。

十四世纪中国最大的工程就此开始,数十万民工涌入古燕雀湖,填湖造地。引秦淮河水入皇城以保王气,然后把金陵六朝皇城正式更名为"应天府"。到洪武十九年(1386)工程结束,整整建了二十年之久,凭空而起的都城傍长江,依山势,城垣高耸雄伟,平面呈葫芦状,周长号称九十六华里,堪称中国历史上最大的一座城池。洪武二十三年(1390)开始,又营建周长一百二十华里的外郭城,使南京城固若金汤,真正成为龙盘虎踞的帝都。"应天承运"的命名终于让朱元璋一统山河,四方朝贡。

然而朱元璋万万没想到,填湖造城的恶果是宫城几年后开始下沉,地势倾斜。今天从科学的角度完全可以解释的建筑问题,在十四世纪却成了天意。所以朱元璋才有了"废兴有数,只得听天"的感慨。再加上这一年的四月太子朱标病逝,朱元璋意兴阑珊,哪里还有迁都的精力。朱元璋的预感确实应验了,南京,这个龙兴之都很快迎来了剧烈的大动荡。

一个个短命王朝在此崛起与消失,不仅仅是政治的兴亡,也散发着文明沧桑、时代变迁的悲剧意味,这是南京每每被打上"金陵怀古"诗歌原型主题的主要原因,一个城市的兴衰背后总能清晰地看到文明沉浮的主线。有统计说古诗词中提到南京的有1500多首,千古文人游历南京,身后留下的诗情中都弥漫着山河感怀、王朝悼亡的意象和况味。有学者观察:"南京是历史上亡国惨剧发生频率最高的一个地方:明朝的建文、弘光,五代时期的南唐,以及三国孙吴、东晋,南朝宋、齐、梁、陈等的种种沧桑变故,迭见层出,诚所谓:'南朝自古伤心地'。因此,它既代表典雅的六朝风华,又是朝代兴衰的象征。"

江南形胜地,王朝短命兹,成为古都金陵历代王朝之命运。凡建都于此者,即便江山无限,却是国破家亡,非降即亡。王者天下,长治久安的梦想一直做不安稳。王安石《桂枝香·金陵怀古》有云:"六朝旧事随流水,但寒烟、衰草凝绿。至今商女,时时犹唱,后庭遗曲。"辛弃疾写有《念奴娇·登建康赏心亭》一词,中有"虎踞龙蟠何处是,只有兴亡满目"句,无限悲凉慷慨。元代萨都剌《满江红·金陵怀古》如此慨叹:"空怅望、山川形胜,已非畴昔。"如此吟唱:"玉树歌残秋露冷,胭脂井坏寒螿泣,到如今,只有蒋山青,秦淮碧。"

唐朝诗人刘禹锡在慨叹东吴败北于王濬大军时云:"王濬楼船下益州,金陵王气黯然收。千寻铁锁沉江底,一片降幡出石头。"另一唐朝诗人李商隐之《咏史》则有异曲同工之妙:"北湖南埭(即玄武湖)水漫漫,一片降旗百尺竿。三百年间同晓梦,钟山何处有龙盘?"两首诗描述的都是东吴最后一个皇帝孙皓举降旗而亡国之史实,借古讽今,警示兴亡盛衰。一座都城,即或虎踞龙盘,紫气东来,也定然逃脱不了淫逸丧志而亡国亡身的历史命运。

这山这水这城,从此成为历代诗文中最具历史深意的意象。

"杨柳风千树,笙歌月一船",这是桨声灯影里的秦淮风月。

"吴宫花草埋幽径",这是历史的深长忧思。

"六朝如梦鸟空啼",这是思古之惆怅。

"衣冠千古漫荒丘",说的是时间与空间的无情。

"英雄一去豪华尽,惟有青山似洛中",是满怀今古兴亡之感。

诗人们以悲怆哀怨的语调反复吟咏金陵的曾经沧桑,追忆昔日的繁华,表达对时空变换兴衰荣辱的感怀。

于是就有了唐代杜牧七言绝句《泊秦淮》:

> 烟笼寒水月笼沙,夜泊秦淮近酒家。
>
> 商女不知亡国恨,隔江犹唱《后庭花》。

于是就有了刘禹锡的《石头城》:

> 山围故国周遭在,潮打空城寂寞回。
>
> 淮水东边旧时月,夜深还过女墙来。

迁都:
废都王气

永乐十九年,公元 1421 年,正月。

大明王朝度过了一个难忘的春节。大年初一,明成祖朱棣在北京紫禁城恢宏庄严的奉天殿接受了群臣的朝贺,正式宣告天下:大明迁都北京,改名京师。坐在北京宫殿里的朱棣此时就像回到他熟悉的家里。

朱棣二十一岁那年,被封为燕王,坐镇北平。他通过"靖难之变"登上皇位,在北平待了十五年,这里可谓他的龙兴之地。从永乐元年(1403)正月,礼部尚书李至刚等大臣提议北平应建为京都,并改名北京,升格为陪都,到正式迁都,时间是十七年,整个北京城的营造从筹备到完工整整用了十四年的时间。朱棣在永乐七年、十一年和十五年三次巡幸北京,第三次的北京之行,朱棣再也没有回过南京。也许南京那场吞噬了侄儿建文帝的大火常常让他噩梦不断,也许南京百姓目光中的那一丝说不清道不明的质疑让他总是浑身不自在。常年北方征战的他更适应四季分明的北京,那里的空气更让他呼吸顺畅,他是这里永远的燕王。对于政治家而言,尤其是经过艰苦卓绝的争斗得来的皇位,很像足球场上的厮杀,主场如此重要。至于迁都的战略意义当然不言而喻:燕王在此,看哪个不长眼的敢觊觎我大明江山。

北京城以喧天的鞭炮焰火,庆祝这一辉煌时刻的到来。后世评价说:明成祖朱棣迁都北京——奠定了此后中国六百年政治格局。

对于南京人来说,这个春节是在凄惶、失落和黯然神伤中度过的。冰冷的"留都"两个字,让大明开国半个世纪以来的繁荣都城顿然失色,没有政治光环的南京仿佛一夜之间被抽走了灵魂。

事实上，明成祖将首都从南京迁至北京，表面上南京并没有成为废都，"金陵王气"似乎也没有完全"黯然收"，而是以陪都的身份仍然保持着部分昔日的尊严。作为陪都，南京仍然保留着与中央相差无多的官署设置，尽管权力大打折扣，属于闲官，但对于控制东南富庶地区的经济税收，其作用仍不容忽视。失去权力中心的城市总是失魂落魄的，而恰恰这种政治的空心化产生了另外一种政治空间。

明代后期，尤其是进入十七世纪后，南京作为东林党和复社的主要活动地，其全国文化重镇的地位再一次突现出来。根据谢国桢的研究，复社举办过的三次社员大会，第二次就是在金陵举行，时当崇祯三年（1630），是一时盛事。事实上，从前一年定逆案开始，金陵已经渐渐成为文人、名士云集的重心，有学者观察："那时崇祯初立，刚定了逆案，士大夫对老百姓都想望着承平。……东林被难杨、左诸君子的孤儿全都长大了，都到金陵来赶考，还有那些豪华的公子和复社的名士都聚集在金陵。"在明末激烈的党社斗争中，这种政治性格特别得到彰显，为南京的士大夫提供了重要的政治舞台。

和其他南方城市相比，南京由于其规模和地位，能吸引更多的物质和人力资源，促进了城市的繁荣富庶。秦淮的妓院便成为南京逸乐生活的重要源头。太学、贡院和妓院同处一地，一方面制造了许多名士风流的轶事，一方面也让秦淮河成为一种欲望的象征。"逢秋风桂子之年，四方应试者毕集，结驷连骑，选色征歌。……此平康之盛事,乃文战之外篇",金陵因此承载了太多甜美、放荡的记忆,成为一个逸乐之都。余怀在《板桥杂记》开篇,这样描述南京的文化氛围:

> 金陵为帝王建都之地,公侯戚畹,甲第连云。宗室王孙,翩翩裘马。以及乌衣子弟,湖海宾游,靡不挟弹吹箫,经过赵李。每开筵宴,则传呼乐籍,罗绮芬芳。行酒纠觞,留髡送客。酒阑棋罢,堕珥遗簪。真欲界之仙都,升平之乐国也。

余怀"欲界之仙都、升平之乐国",点出了明末南京城市氛围的精髓。曾经是帝国首都的南京,既不失王公贵族、甲第连云的气派,又没有了政治权力的桎梏,因为上接六朝金陵的传统,也就生发出有别于北京的城市风格。无论阶级贵贱,夜夜笙歌,日日宴饮,遍是耳环、发簪散乱遗落的场景,成为南京人恣情纵欲的颓废生活象征。

余怀《板桥杂记》中充满激情地描述了名倾一时、风姿秀丽、才情横溢的"秦淮八艳",同时描绘了一幅"一带妆楼临水盖,家家分影照婵娟"的梦幻意境。那种秦淮水生香,那种笙歌醉孤月,使天下风流倜傥之辈闻之心动,纷至沓来,庙堂显贵、商贾游人在此流连忘返,于是"六朝金粉地"南京也就逐渐被世人传诵美化,成为明末社会耽于欲望的一种象征。

台湾学者李孝悌的一系列富有创见的研究,勾勒出明末南京特有的精神气质:在明末南京,激烈的政治活动和放荡的逸乐生涯,在很多士大夫的生命历程中因缘际会地纠结在一处。旧院与秦淮的欢乐转头成空,个人和南京的颓废,却因为朝代的兴亡,意外地得到道德的救赎,而显得格外的沉痛、悲凉。

这是一个充满故事的舞台,也是一个流亡的应许之地。

应试举子、落魄文人、风流名士或是个性狂放的复社儒生,为明末南京平添了无数壮丽、传奇的色彩:"盖金陵为自古繁华之地,明代号为陪京、尤称重镇。当曼翁作记时,大江南北,名士才人,悉萃于此。如迦陵、密之、舒章、朝宗,人各踞一水榭,诗酒流连。"名士云集,让明亡国前的南京风云再现,这些名字闪烁如天穹星辰,秦淮河畔的六朝金粉,也再度焕发出斑斓耀眼的色彩。从太祖建都南京,到秦淮建十六座妓楼开始,这些妓院的命运就和楼台的主人一样,起起伏伏,或废或存,明末政局的演变,不但赋予金陵新的角色,也让秦淮河获得新生。旧院风流,一时称盛,金陵也再次成为欲望蔓延流动的城市。

随着南明小王朝的覆亡,在这些逸乐生活中扮演重要角色的名妓、乐师或公卿巨贾,或是与时代同归于尽,或是经历了个人生命中的巨大波折,更见证了一个时代、一个城市和一条河流的骤然断裂。

兴亡之地：
欲界仙都

正德十四年（1519）秋八月，一支队伍浩浩荡荡从北京出发，奔赴南方，这是皇上朱厚照御驾亲征的队伍。这一年，宁王朱宸濠叛乱，正德皇帝决定亲自率师征讨。事实上，这完全是一次小题大做的亲征，而且，出征前叛乱已经被平息，但正德皇帝南下的行程并没有改变。多种史书记载，这是一次寻艳之旅。先是十一月寻欢清江浦，十二月在扬州作乐。第二年春，到达南京，"武宗南征驻跸金陵，选教坊司乐妓十人备供奉"。南京城张灯结彩，热闹非凡，四方达官、士人、商贾聚集南都，秦淮佳丽云集，"人争求希以媚上"。这次旷日持久、肆无忌惮的南巡狂欢，让南京的风气自此改变，娼妓业迅速膨胀，到万历年间大盛。许多学者得出结论，金陵奢靡之风、狎邪之气正是从正德年间开始。

顾炎武认为，"江南之士，轻薄奢淫，梁、陈诸帝之遗风也"。这是从文化传统来找原因，事实上，这种奢靡之风完全是上层建筑长期熏染而成。"秦淮之地，金陵一衣带水耳。秦淮之事，金陵一北里平康耳。顾自明初设教坊司以来，而青楼管弦，风流不歇，绵历乃逾数百年"。正德年间，王阳明有感于"世衰俗降"，苦恼万分，在与友人的书信中他尖锐地指出："近世所谓道德，功名而已；所谓功名，富贵而已。"

皇帝对于声色的偏好，引领了整个社会的风气，到了明代中叶，上至京城、都会，下至地方州、邑，几乎无处不见风月，无处不闻歌乐，正所谓"上有所好，下有所效"。饱暖思淫欲，在社会迅速腐败的推动下，文人士大夫因"情"而"淫"，一发不可收。当其时，淫风弥漫天下，春药盛行朝野。东晋时代的谢安"每游赏必以妓女从"，这一所谓东山携妓的掌故，被明末文人视为江左风流，而纷纷效法，冶游之习，连一向标榜道德制高点的清流人士也不以为耻，而且有过之而无不及。

南京作为明朝的首都，在朱元璋主政期间是三十一年，而改南京为京师，时在洪武十一年正月，算是正式定都。南京作为明朝的首都，算上建文帝统治的四年，共计五十三年，那时的南京人口已发展到四十七万以上。其后两百年，南京人口迅速膨胀到百万。人口的繁衍，商业的兴旺，充分反映了十六世纪初叶以后商品经济的发展，提供了繁庶的物质享受和世俗逸乐。有学者对十六世纪晚期开始流行的城市画进行研究，指出以十六世纪南京为素材的《南都繁会图》，和其他城市图相比，无疑地具有更强的世俗性，充分展现出娱乐、消费、欢乐、繁华等特色。

稍微拉开一下镜头，将晚明放在全球的取景框里，你会更加清晰地看清一个朝代的历史机会。《白银资本》的作者弗兰克研究指出，当时的南京、北京、广州城市圈总人口相当于当时欧洲的城市人口总和。当时全球的白银都涌入中国，中国是世界白银生产的终极"秘窖"，商业经济之发达支撑着全球的经济。四百年前，明朝正迎来中国历史前所未有的机会，无论经济方式还是商业模式,抑或是文化发达、思想昌盛、社团活跃,都预示着中国历史转折的巨大可能性,只可惜,严重的内乱和外族入侵,打破了社会演进的自然逻辑。

风雨飘摇的1644年见证了明朝这艘大船是如何残破沉没的。当南京迎来朱由崧弘光政权的时候,没有人知道,这个朱家王孙给这座城市带来的不是荣耀,而是更大的耻辱。

李自成占领北京,崇祯自吊煤山,虽然宣布了大明王朝的灭亡,但此时清军入关,李自成被逐出京城,农民军与清朝八旗军的较量也正是大明收复河山的大好时机。况且黄河下游、整个长江流域和富丽堂皇的江南之大半个中国还在南明王朝的版图上,拥有三百万大明军队的南京王朝完全有能力有势力完成"兴灭国,继绝世"之中兴大明王朝的事业。然而历史又一次错了,竟然把一个不知有家更不知有国的荒淫之君推上南京陪都的宝座,大明王朝最后一线希望最后演变成一幕荒唐大剧。

刚刚继承大统的皇帝朱由崧让大学士王铎给自己写了一副对联悬挂在皇宫内:"万事不如杯在手,百年几见月当头",简直是明目张胆摆出一副酒囊饭袋的架势。计六奇《明季南略》卷二《朝政浊乱》云:"时上深居禁中,惟渔幼女,饮火酒,杂伶官演戏为乐。修兴宁宫,建慈禧殿,大工繁费,宴赏赐皆不以节,国用匮乏。"卷三《声色》更有"上醉后淫死童女二人,乃旧院雏妓马、阮选进者,抬出北安门,付鸨儿葬之"的记述。甚至在清人虎视眈眈、大兵压境的紧急时刻,阮大铖等为讨好弘光帝还派官到嘉兴、苏州等地广选淑女,只闹得嘉兴"合城大惧,昼夜嫁娶,贫富、良贱、妍丑、老少俱错，合城若狂，行路挤塞"，消息传到苏州，也搞得人心惶惶，"错配不可胜纪，民间编为笑歌"。当时兵部尚书史可法曾认为立福王有"七不可"，即贪、淫、酗酒、不孝、虐下、不读书、干预有司，这种五毒俱全的人做了皇帝定会误国误民，事实果然应验。

弘光帝是在内外交困、焦头烂额的危急形势下大肆荒淫无道的，如此大失民心，焉能不亡！当时南京的民谣即有"都督多似狗，职方满街走，相公只爱钱，皇帝但吃酒"，一副末世景象。夏完淳《续幸存录》说："南都之政，幅员愈小则官愈大，郡县愈少则官愈多，财赋愈贫则官愈富。斯之谓三反，三反之政，又乌乎不亡！"张岱《石匮书后集》中有个评价："自古亡国之君，无过吾弘光者，汉献帝之孱弱、刘禅之痴、杨广之荒淫，合而成一人。"

昏庸的皇帝，肆虐的奸臣，跋扈的将领，无能的督师，明朝的遗毒如党争、苛政、文人领兵都与前一百年一模一样，甚至有过之而无不及，明朝不灭哪有天理？只可惜，南京很不幸承接了王朝不堪的最后一末夕阳，再次背上亡国之都的骂名。

有学者这样愤慨道："曾有人戏言南京古都盛产两大特产，一是亡国之君，二是废墟文化。讥讽之余，实在不乏真知灼见。然而无论是亡国之君也好，废墟文化也好，都是各朝各代君主集权、政治昏庸、淫逸丧志的恶果。其中永远镂骨铭心的毁城之哭、内乱之哭、滥杀之哭所凝结而成的南京古都废墟文化，无不给今之世人以顿首疾心之痛，以卧薪尝胆宽容奋发之力。"从南京兴，到南京废，朱元璋创立的大明必须在这座城市完成自己的宿命。

废都最后的亮色属于那些为民抗命的抗清志士。清朝初年，南方的反抗斗争一直顽强存在，金陵作为大明留都，明太祖孝陵所在地，吸引了众多遗民。1659年，郑成功挥师北上，直指金陵，遭挫后不得不退入台湾。与此同时，清政府对于金陵的控制也最为严酷，金陵的文士陷入前所未有的恐慌与无助之中，南京开始进入不可避免的衰败之中。这一时期，战后金陵残破的景象让许多人泣血感伤。明亡后绝意仕进的吴伟业在清顺治十年（1653）被迫出仕前，重游金陵，作了一首《钟山》，诗云：

　　王气消沉石子冈，放鹰调马蒋陵旁。

　　金棺移塔思原庙，玉匣藏衣记奉常。

　　形胜当年百战收，子孙容易失神州。

　　金川事去家还在，玉树歌残恨怎休。

当他来到昔日文风鼎盛的国子监时，一派衰败残破之景令他感慨万千，写下《遇南厢园更感赋八十韵》：

　　……万事今尽非，东逝如长江。钟陵十万松，大者参天长。

　　根节犹青铜，屈曲苍皮僵。不知何代物，同日遭斧创。

　　前此千百年，岂独无兴亡？况自百姓伐，敦者非耕桑？

　　群生与草木，长养皆吾皇。人理已澌灭，讲舍宜其荒。

　　独念四库书，卷轴夸缥缃。孔庙铜牺尊，斑剥填青黄。

　　弃掷草莽间，零落谁收藏？……

吴梅村再次踏上南京已经是十年后了，这是四月的南京，细雨蒙蒙，天色迷蒙。四十四岁的他似乎苍老不堪，亲历了乱世凄煌,见证了山河易色,他的笔下满是"谁助老僧清夜哭"的兴亡之悲了。整个社会弥漫着令人窒息的末世气氛,人们在孤苦无告中茫然地等待,等来的是必然的大厦倾覆。

金陵南京的荣光,在异族践踏的惊悸与耻辱中,风流飘散。两千五百年来,金陵南京经历了太多的辉煌与悲凉,经历了太多的历史风云,因为有了惊艳的秦淮河,它的雄浑沉重就显得那么温情哀婉、优美怨愤,正所谓:"可怜兴废地,万古一伤情。"

第二章
末世情：公元1644年的历史密码

李自成：
兵临城下

一阵狂风吹过来，天空中一面猩红色的大旗猎猎地展开，旗上一个大大的"闯"字在空中浩荡舒展，肆意翻滚。

他伫立在旗下，头戴毡笠，身穿缥衣，坐下的乌驳马兴奋地甩动着鬃毛，四蹄不停地踏着地面，扬起阵阵尘土，他的背后是千军万马，如波涛般汹涌澎湃，就像他此刻难以平静的内心。

一个人和一座城，在公元1644年的春天，对峙着。

他是李自成，这座城是北京城。这一年，李自成三十八岁。

现在，他的头顶上是一个大大的王字，三个月前，在震天的鞭炮声中，他登上宝座，接受文武群臣的朝贺，这是他一生中一个重要的节点，既是一个感叹号,也是一个冒号。这个从贫瘠陕北黄土高原上起家的草泽莽夫,做梦也想不到他能有今天。

他至今还在为那次遭遇洪承畴的惨败而心有余悸,但他的运气实在太好了,愚蠢的崇祯居然将洪承畴调走,让他从全军覆没的困境中再次重生。

1640年,无数饥饿困境中的人们围拢于他的身后,这里面出现了举人牛金星、饱学之士宋献策和落魄书生李岩等人。

短短几年,他进河南,占洛阳,兵据开封。

他至今还为那次征战史上神来之笔深感得意。1640年开封失守后,他将黄河决口,水灌开封城,那是多大的水啊,摧枯拉朽,势不可当,站在高处的他亢奋异常,差点失声嚎叫起来。

从河南一路杀来,他身后的队伍已达四十万之众,大军一路高歌猛进,进山西,占太原,取昌平,马踏明陵。

冲天的大火吞没了群山怀抱中的明朝帝陵,一种复仇的快感再次充溢着他的内心。一路上,闯军凡朱明宗室与官员皆格杀勿论。那种权力压迫下的反抗如此暴烈,那种刻骨的仇恨如此锥心,似乎只有熊熊的大火才能舒解。从凤阳皇陵的大火到北京帝陵的大火,大明王朝在这样的狂风烈火中摇摇欲坠。

此刻,兵临城下的李自成,突然放慢了攻城的节奏,眼前巍峨的高大城墙,让他忽然感到了自己的渺小。

三月十七日,大军已将北京城团团包围,东路军到达高碑店,西路军开始进攻西直门。

这天中午,李自成猛攻平则门、彰义门、西直门,攻势如潮。

《明季北略》中写道:"四面如黄云蔽野","城上下炮交发,如万雷轰烈,天地震慑。城外火光际天"。稍有军事常识的人都看得出,北京城已如探囊取物,而就在这个时候,李自成下令停止攻城了,他做出了一个令人意外的决定:议和。

已经投降闯军的太监杜勋此时竟然表现出异乎寻常的勇敢,自告奋勇要进城面见皇上,《明季北略》中记载了他载入史册的铿锵"台词":"我杜勋,无所畏,何质为?"本来,北京守军将领李国桢打算先派下去一个人质,然后再让杜勋进城,杜勋的意思是,我不怕,没必要你押人质嘛。这个杜勋实在是太熟悉他伺候多年的崇祯皇帝了,也许他确实在诚心诚意为皇帝着想,议和的机会千载难逢,皇上你没有任何理由拒绝吧。

他向崇祯提出了李自成的议和条件,大明和大顺割地讲和,李自成只要西北,并犒赏三军百万银两。另外,希望不用每年诏觐,如果同意,他可帮助大明平定群寇,北制辽藩。

李自成的意思已经够优厚的了,而且相当本分,他只想当一个西北王而已。

种种迹象表明,李自成显然不是故作姿态,至少到目前为止,他的确没有取而代之的雄心壮志,他也许只想到此为止,用大军压境来换得皇帝的承认和赏赐。从此雄踞家乡西北,当一个风光无限的独立之王。这已经是一个农民所能想象到的最高荣耀了,也许在他看来,天下那么大,我哪能吃得下,有一亩三分地足矣!今天看来,他真是好傻好天真。

不过,更傻更天真的是崇祯皇帝。

面对这个救国的最后一丝机会，他竟然举棋不定，把决定权交给了大臣魏藻德，他是这样问的："此议何如？今事已急，可一言决之。"意思是就听你的一句话了。

魏藻德，时年三十九岁，崇祯十三年（1640）状元，一个月前刚刚被提拔为内阁首辅大臣，史书记载他擅长辞令，有辩才，当年是崇祯文华殿亲自点的状元，一直对他有很高的期待。此时的他恭手站立，一言不发，像根本没听见一样。

崇祯这位一国之主对杜勋说："朕已定，另有旨。"意思是：你先回去吧，我会传旨的。杜勋走后，崇祯的表现竟是一脚踢翻龙椅，拂袖而去。他像一个孩子一样，任性地摔摔打打，跑到后宫生闷气去了。

李自成一定好沮丧，好羞辱。他希望的圣旨竟如此虚无缥缈。那个端坐在皇宫里的皇帝与他这个农民距离实在太远了，直到现在他也没有资格和皇帝坐在同一张谈判桌上，他愤怒了。

这天，李自成下令全线攻城。

吴三桂：
冲冠一怒

夹杂在行军队伍中的吴三桂一直心事重重。

野外的阳光惨白耀眼,旷野的风一度吹得他睁不开眼。他此刻异常孤独,一路上,骑在马上的他很少说话,没有人知道他在想什么。

他能感受到来自各方的目光,这些目光交织在一起,像千斤重担,压得他透不过气来。此时的吴三桂年仅三十二岁。

在朝廷,经过几个月的争吵,崇祯终于下达了放弃宁远,入关勤王的诏书。接到诏书的这天是四月十日。二月的时候,崇祯任命他的父亲吴襄提督京营,三月封吴三桂为平西伯,整个大明王朝将所有的希望都交在了他手上。

在此之前,经过松山之战、锦州之战,明朝一批将才相继沦落,洪承畴、祖大寿降清,此时的吴三桂已是实力最强的大明将领。来自清廷的招降书一次次地放在他面前,言辞恳切,循循善诱,精辟天下大势,晓以情理之分,许以功名利禄,比如"大厦将倾,一木难支";比如"宁远全城归顺,城中十万生灵,俱获保全,而贤甥事业,正未可量也"。1643 年,皇太极的信更是入情入理:想想你身边的战友,有哪一个立功名,保身家,全忠义了呢? 不是战死沙场,就是被崇祯严刑峻法惩处。明朝精兵良将,已损失殆尽,将军又何必蹈覆前车之鉴呢? 不如就此"急图归顺,勉立功名"。

吴三桂一直不为所动,军事重镇宁远巍然屹立,成为大明北方坚不可摧的象征,也被所有人寄予厚望。这是崇祯最后一张王牌,说江山社稷系于一身毫不为过。

想当年,吴三桂自少随舅舅祖大寿、武状元出身的父亲吴襄征战边陲,战功赫赫。一次父亲被敌所困,吴三桂率家丁二十余人,冲进敌营,誓死拼搏,如入无人之境,竟然把父亲从四万满洲铁骑下抢了回来,威震天下。崇祯十二年,二十七岁的他就任总兵,英武少帅,堪称国之栋梁。

关于这位传奇少帅的故事一直受到后世的关注。康熙年间吴江人钮琇写过一本"幽艳凄动,有唐人小说之遗"的《觚剩》,其中对吴三桂有这样的描述:

> 延陵将军美丰姿,善骑射,躯干不甚伟硕,而勇力绝人,沉鸷多谋,弱冠中翘关高选。裘马清狂,颇以风流自赏。一遇佳丽,辄为神留。然未有可其意者。常读《汉纪》至:"仕宦当做执金吾,娶妻当得阴丽华。"慨然叹曰:"我亦遂此愿足矣!"虽一时寄情之语,而妄觊非分,意肇于此。

英雄多情,自古难过美人关,这段话的描述更是把吴三桂说得恨不能遇到美人挪不动腿了。这里说的阴丽华是汉光武的皇后,意思是说,我吴三桂功名利禄都不在话下,唯一惆怅的是,什么时候得遇红颜知己啊。

吴三桂像

放弃宁远,南下勤王,吴三桂带走了全城的人,几十万军民携家带口,行军速度极其缓慢。三月初离开宁远,三月十六抵达山海关,当京城沦陷之日,他只走了一半的路程。当崇祯死难的消息传来,吴三桂迅速返身回到了山海关。他辜负了崇祯的希望,也让京城的百姓大失所望,而大明王朝最后的机会也在他手里丧失了。如果他率三万铁骑,昼夜兼程,是有时间赶到京城的。如果他击退闯军,守护京师,明朝的历史或可改写。可惜,大明历史在他这里终结了。

此时的吴三桂夹在了李自成和多尔衮之间了。

他手里有四万五千名精兵铁骑,一座天险雄关,砝码足够换来政治资本。在大顺和大清之间,他选择了大顺。

此时,大明皇帝已死,他可能从来没有想过光复大明,从此次救驾以来的一系列行为本身判断,所谓大明社稷似乎没有在他心目中有过多重,重要的反而是簇拥在他周围的几十万军民,他像一只行动迟缓的老母鸡,只顾翅膀底下的这些势力范围。

决定归顺李自成的原因不仅是李自成带来的四万饷银和父亲吴襄等全家人质,还有一位美人在京城等着他呢。

接下来的历史细节因为吴伟业的一首《圆圆曲》而家喻户晓,这就是:冲冠一怒为红颜。

在入京归顺李自成的途中,惊闻爱妾陈圆圆被李自成大将刘宗敏所掠,吴三桂大怒。李自成没有想到,他毫不在意的一个女人,竟然断送了他的宏图伟业。

陈圆圆：
一代红妆

　　甲申鼎革，天地玄黄，这是 1644 年春天，历史在三个男人之间较力：三十八岁的李自成，三十二岁的吴三桂和同样三十二岁的多尔衮。就在这个时候，一个女人出现在历史的漩涡中——

　　胜负都将改变历史，创造历史，而历史偏偏因为一个女人拐了弯。

　　历史当然是复杂而吊诡的，人性当然是复杂而吊诡的，红颜祸水当然是简单而粗暴的。我们可以搬出许多政治的、军事的、现实的证据来评判历史的走向，但，既然历史是人写的，也就少不了女人，毕竟历史的舞台上只有两个人：男人和女人。

　　在分析中国朝代兴亡循环以及各种势所必然的社会与经济理论之外，某种人性层面的个人选择因素当然不可忽视。特别是中国历史的人治千年，江山社稷往往系于一身。而这个关键男人背后的女人，就显得至关重要。从武则天、杨贵妃到慈禧，中国历史不乏阴阳之诡。

　　此刻，公元 1644 年春天，风云变幻中，一个不容忽视的丽影闪烁其中，她就是陈圆圆。

　　明末传奇女人的出场，颇似好莱坞大片的节奏控制，中国历史的演义风格是伴着锣鼓和琴瑟的，且看下面的记载：

> 有名妓陈圆圆者,容辞闲雅,额秀颐丰,有林下风致,年十八,隶籍梨园,每一登场,花明雪艳,独出冠时,观者断魂。

(《觚賸》卷四)

陈维崧《妇人集》有陈圆圆小传:

> 姑苏女子圆圆(字畹芬),戾家女子也,色艺擅一时。如皋冒先生尝言妇人以姿致为主,色次之,碌碌双鬟。观其选也。蕙心纨质,澹秀天然。生平所觐,则独有圆圆耳。

归纳两篇历史小传,可以得出这样一个结论,圆圆属于雅致逸出型的美女,与性感无关。这样的女子在风尘世界里自然魅力无穷。

如果圆圆命运稍微好一些,也不至于卷进那么残酷的历史大剧中。此前,她遇到了冒辟疆,那是在崇祯十五年(1641)。

在苏州,冒公子第一次听到了圆圆的昆曲。

在《影梅庵忆语》里,冒公子这样评价圆圆:

> 其人淡而韵,盈盈冉冉,衣椒茧时,背顾湘裙,真如孤鸾之在烟雾。是日演弋腔《红梅》,以燕俗之剧,咿呀啁哳之调,乃出之陈姬身口,如云出岫,如珠在盘,令人欲仙欲死。

这次相见,二人便彼此有意,圆圆托付终身的心思表露无遗。冒公子因为家事缠身,并没应承。

这年秋天,冒公子再次见到圆圆,他惊艳不已,"如芳兰之在幽谷也"!冒公子还带她见了自己的父母,她亦表示希望侍奉他一辈子。冒公子似乎还没有做好娶她的准备,欢情过后,厮守终身的念头就没那么强烈了,他只留给她一首诗《赠畹芬八绝句》。

几个月后,等再找圆圆时,她已经被掠北上,冒公子听后说了这么一句:"然以急严亲患难,负一女子无憾也。"男人伪君子一面令人瞠目。

冒公子没想到,因为他的犹豫迟疑,抑或薄情寡恩,自此改变了圆圆的命运,某种程度上也改变了大明的历史。

关于圆圆被劫掠北上的说法有两种,一说是周皇后父亲周奎,一说是田贵妃之父田弘遇。崇祯不是个好色之人,共有一后二妃,偏偏两个岳父表现实在一般,圆圆就此与朝廷高层扯上了关系。以多数典籍记述而言,田弘遇之说更为接近真实。不管怎样,圆圆遇到吴三桂的情节是相似的,从被掠入京城豪门到吴家府第,历史演绎了一场惊世之缘。

陆次云的《圆圆传》对圆圆有两句著名的评价:"声甲天下之声,色甲天下之色。"可以说程度相当夸张了。据说她扮演的红娘角色,唱腔纤柔婉转,扮相体态倾靡,其魅力四射,没有人能够抵御。吴三桂就是在田府的酒宴上被迷住的。

男女之间的情挑过程也是可以想象的,眉目传情,心荡神怡,一个色迷心窍,一个倾国倾城。当此国难之际,一个手握重兵的大将军谁不巴结呢?

吴三桂拿出皇帝赏赐的三千银两中的一千两作为聘礼,陈圆圆可谓飞上枝头变凤凰。

北方军情告急,容不得婚娶礼仪,吴三桂披挂出征,陈圆圆苦守家中。

在决定历史命运的一个月中,关于吴三桂是否归顺过李自成,以及其中是否有陈圆圆的因素,历史学家一直有争议。既然没有定论,我们也只好沿着故事逻辑进行想象了。吴三桂在这段时间写的几封家书,里面多次提到陈圆圆,身处硝烟弥漫的战场,吴三桂一直牵挂着陈圆圆。二十二日信:"……并祈告知陈妾,儿身甚强,嘱伊奈心。"二十二日信:"……家口均陷城中,其势只能归降。陈妾安否,甚为念!"二十五日信:"惟来谕陈妾骑马来营,何曾见有踪迹?如此轻年小女,岂可放令出门?父亲何以失算至此?儿已退兵至关,预备来降。惟此事实不放心。"(《春冰室野乘》)

陈圆圆小影

在这样一场决定王朝命运的惊天巨变之中,吴三桂每封家书必提及陈圆圆,字里行间,儿女情长,爱意之深,跃然纸上,"冲冠一怒为红颜"看来并非虚言,于是就有了后面的历史惊情:

恨杀军书底死催,苦留后约将人误。

相约恩深相见难,一朝蚁贼满长安。

多尔衮：
胸怀天下

1644年农历四月二十二日，中午。长城欢喜岭威远台。

多尔衮手扶长城静默肃立，山脚下一场血战正在轰烈厮杀。前一晚他刚刚率队急行军二百多里赶到山海关下，对他来说，时间就是胜利。事实上，他昼夜兼程的这次急行军赢得的不仅是战场的主动，而且赢得了一个国家的江山。此时，山海关这个弹丸之地被李自成、吴三桂和清军二十多万军队填得满满当当。作为一个优秀的军事家，多尔衮知道他面对的一定是一场改变历史的大战。为了这一天，他和他的家族苦战了近四十年。

春天残酷的风沙一直在咆哮着，遮天蔽日。他看不到山脚下的战况，但冲天的厮杀声让整个大地在微微颤动。他刚刚逼迫吴三桂剃头受降，拿下了大明最后一支劲旅。现在他的同龄对手李自成虽然先入北京，但对方一系列的军事部署让他喜出望外。先他一步到达山海关的李自成本来下了一手妙棋，派兵两万进军一片石，在九门口长城这一京东首关切断了吴三桂的后路，同时挡住了清军的前进，可惜，李自成用错了人，唐通将军实在不堪一击。此时，李自成又急于求成，沿东北西三面一直到海边摆下一字长蛇阵，力图决一死战。一见这一阵势，多尔衮内心狂喜不已。

探报接连而来,说吴三桂军已然损失大半,战况惨烈。多尔衮岿然不动,一言不发。猛然间,身边的大旗扫过他的头盔,他仰头一看,风沙停了。多尔衮拿起令旗,奋力一挥,战鼓霎时震响,等待多时的大清骑兵如猛虎下山冲了出去。已经血战一个昼夜的李自成大军正在风沙里鏖战,风沙过后,眼前出现了一支数万铁骑:鞑子兵!绝望的惨叫迅速蔓延开来。

多尔衮何时得到崇祯死难的准确消息史书并无记载,但可以肯定的是他眼前的时局已经豁然开朗。防守锦州的清将艾度礼等从"逃人"口中获悉,"宁远一带,人心震恐,闻风而遁"。到三月十六日,沈阳已经完全证实了关内的政治巨变。多尔衮当即决定"修整军器,储粮秣马,俟四月初大举进讨"。多尔衮的决策既迅速又大胆,他下了死命令:"男丁七十以下,十岁以上,无不从军。成败之判,在此一举!"可谓破釜沉舟,倾巢出动。

历史即将属于一个英勇果敢而又格局宏大的英雄——多尔衮。

崇德八年八月初九日晚上(1643年9月21日),皇太极在乾宁宫的暖炕端坐时突发疾病而死,享年五十一岁。皇太极的突然去世对于清廷来说完全是措手不及,在准备定鼎中原的关键时刻,这是一个灾难。让他们更加手足无措的是皇太极并没有留下任何遗旨,也就是说连后继之君也没有确定下来。而随后在皇位的争夺中,多尔衮利用自己聪慧的头脑,冷静老练的处事,生生将皇位从皇太极长子豪格的手上夺了过来。

多尔衮满语里是"熊"的意思,他是努尔哈赤第十四个儿子,皇太极的异母弟弟,骁勇善战,功勋卓著。皇太极年仅六岁的第九子福临继位,背后起作用的正是睿亲王多尔衮。他对三朝元老、汉臣范文程言听计从,从善如流。对降臣洪承畴诚心倚重,礼遇有加。他将挥师中原的军事行动提到仁义之师的政治高度,目的只有一个:一统中原。

新旧交替,朝中未稳,没想到形势大变,京师沦陷,崇祯殉国。多尔衮不愧为旷世奇才,他敏锐觉察到挺进中原,建国立业的机会到了。

多尔衮在许多重大问题上的认识,独具慧眼,超出当时其他满洲贵族。早在天聪七年,多尔衮就明确表示要夺取北京,进而统一全国。而一般的满洲王公大臣,却缺乏这一战略目标,胸无大志,专肆杀掠。但多尔衮已敏锐地看到形势的剧变,果断地采用范文程的建议,迅速应变。范文程指出:明亡在即,"我国虽与明争天下,实与流寇角也",并要求一反清军过去对明战争中的烧杀屠掠,而"严申纪律,秋毫无

多尔衮像

犯"以收揽人心，官仍旧职，民复其业，以此招降纳叛；并应率大军直驱北京。但在当时清廷内部，赞成此论者寥寥无几。其实范文程此策，对于清朝开国定基关系巨大，而多尔衮也能凭非凡的政治洞察力，嘉纳其言，于数日之内争聚兵马，率满洲、蒙古军的三分之二，汉军孔有德、耿仲明、尚可喜诸部，共计十余万，倾国而动，向关内进发，并公开打出"复仇灭贼""仁义之师"的旗号，同时明确指出，此次用兵是要"定国安民，以希大业"，最终定鼎中原。

面对李自成大兵压境，吴三桂已没有别的选择，他上书大清皇帝，用了四个字："泣血救助"，救助也好，降清也好，到这个时候，吴三桂只能如此。也许他还想只是借兵一用，也许他只是觉得大清会得财而去，也许他确无引狼入室的主观目的，但是他面对的却是一个已怀天下之志的多尔衮。

四月十五日的清晨，吴三桂的使者来到大清西征军的大营向多尔衮请求支援。

在回复吴三桂的信函中多尔衮答应：率仁义之师，沉舟破釜，誓必灭贼，出民水火。并赞美吴三桂"思报主恩，与流贼不共戴天，诚忠臣之义"。同时不忘许以优厚待遇：如果愿意率众来归，必封以故土，晋为藩王，国仇可报，身家可保，世世子孙，长享富贵。如此将心比心，吴三桂哪有不感恩的道理。

此后，多尔衮决策改变进军路线，南下山海关。同样在这一天，李自成也改变路线，倍道东进，直扑山海关。四月二十一日，大顺军比清军早了一个白天抵达山海关下，随即对关城发起攻击。

公元1644年农历四月二十一日早晨，一场惊心动魄的大战开始了,这场战争对于当时乃至以后的中国历史发展起到了举足轻重的作用,它的结果决定了中国的未来。

这日黄昏,清军也已赶到关外十五里处下营。八旗军驻扎在城外的欢喜岭上,多尔衮的大帐扎在不远处的威远台上面,坐山观虎斗。《明季北略》中描写的这段多尔衮在处理山海关一战的故事时是这样记载的:一以观三桂之诚伪,一以觇自成之强弱,欲坐收渔人之利。这场惊心动魄的山海关大战最终以李自成的惨败而告终。

京城百姓闻听山海关大战吴三桂取胜,心中再次燃起了希望。当天晚上,"京城之外,遍张吴三桂榜。约士民镐素复仇,一时都人皆密制素帻"。他们知道,吴三桂全家被李自成屠戮殆尽,他们要全城披麻戴孝,迎接王师凯旋。

一个令人兴奋的消息在京城传开,"哄传吴送太子入城,令都人服丧出迎"。

然而,当官绅士民出城迎驾时,迎面而来的却是大清的摄政王多尔衮。他们不知道,吴三桂已从卢沟桥渡河往西追击李自成去了。

五月初二日,多尔衮率清军从北京的朝阳门进入北京内城,入主紫禁城。其后,清军南下,纪律严明,秋毫无犯,声称:"义军之来,为尔等复君父仇,非敌百姓也。"进入北京后,下令将士皆乘城,毋入民舍,与李自成军队形成天壤之别。多尔衮随后的举动再次显示出长远的战略眼光,他下令公开为崇祯发丧,易梓宫,备仪卫,议谥号,为文记其事。得民心者得天下,这就是帝王气象,统治中国长达二百六十八年的大清王朝从此揭开了序幕。

命运：
丹心已负红颜改

李自成怎么也不会想到，一代霸业竟毁于一个弱女子手中。

虽然这个结论有些绝对，但说陈圆圆成为压垮大顺基业的最后一根稻草并不为过。

走进京城，骑在马上的李自成迷失了自己。

几十万农民军进城，一场空前绝后的恐怖浩劫席卷了北京。

一个既无政治头脑又无长远眼光的农民土豪立刻显露出他的本相。面对大批投降的官员，又没有一套完整的中央政府班底，李自成选择了蔑视、羞辱和仇恨，在他眼里，这三千多名狗官没一个好东西，"此辈无义如此，天下安得不乱"。于是他大开杀戒，严刑拷打，目的在于一个字：钱，这就是有名的刑拷派饷。"人人皆得用刑，处处皆可施刑"，一时间，京城之内哀号震天，士兵搜索民宅，抢劫私产，奸辱妇女，与土匪无异。

刚刚进城的李自成也许从来就没打算久居北京，他意识不到北京的战略意义，以及京师稳定的大局意义。《明季北略》记载下李自成说过的一句话：

"陕，吾之故乡也，富贵必归故乡，即十燕未足易一西安。"

十个北京也抵不了一个西安，这就是他的心态。

当得知吴三桂不降后，李自成又做出了一个决定：亲征。意图在山海关与吴三桂决战,完全想不到吴三桂与多尔衮联手的可能性。

山海关一战,清骑突袭,大顺军大溃败,兵倒如山,李自成败归京师,四月二十九日匆匆登基。这大顺永昌皇帝既不顺也无昌,两天后就仓皇西撤。逃之前再施暴行,下令放火将宫殿与寓宅焚毁,携带大批金银财宝,狼狈而去。从进城到出城,前后四十二天。

京城百姓恨透了这群土匪,面对溃败的李自成部众,百姓进行了残酷的报复,近千人死于非命。

吴三桂杀红了眼。

在山海关与李自成拼死一战,清军的最后一击,渔翁得利。多尔衮出兵的一个重要条件就是剃发易服,俯首称臣。吴三桂英雄气短,一个英气逼人的大将军从此由忠臣孝子成为贰臣逆子。

大军一路追杀李自成,到了山西,一个好消息传来,陈圆圆找到了。

史书记载:吴三桂闻之大喜,遂于玉帐结五彩楼,列旌旗箫鼓三十里,亲往迎接。

眼前的陈圆圆,"虽雾鬟风鬟,不胜掩抑而翠消红泫,娇态愈增"。(钮琇《觚剩·圆圆》)

对吴三桂来说,这个仪式太重要了。他要用这种披红挂彩来冲抵一家三十几口死难的大悲。本来一无所有的他又背上了乱臣贼子的骂名,而现在这个女人终于回来了。

七年以后的1651年,诗人吴伟业写下了被称为"一字千金、情韵俱胜"的史诗《圆圆曲》,一时洛阳纸贵,天下传颂。吴三桂与陈圆圆的这段惊世情缘,也因为风云历史的离奇沉浮而传遍千家万户。

吴伟业的诗笔犀利无比:"妻子岂应关大计,英雄无奈是多情。全家白骨成灰土,一代红妆照汗青。"

为了一个女人,或者为了爱情,一世英名的大将军赔上了一个国家,全家性命。

吴伟业的诗写成之时,吴三桂正如日中天,据说欲重金贿赂吴大诗人毁版,被断然拒绝。于是,陈圆圆,一个柔弱的歌姬,因为走进明清易代的铁血大戏而名扬青史。这名,不是英名而是骂名。多年后,清人丁传靖一部传奇剧《沧桑艳》,让陈圆圆现身舞台,她说出了这样一句话:"我现此色相,误人家国。"这也许是历史赋予她的不公平吧,乱世佳人,无辜卷入枭雄争斗。末朝死路,与一个风尘女子又有何干呢。作为身负拯救乾坤之任的明朝大将,七尺男儿,吴三桂本应不惜一切代价护驾救国,但他却选择了自己的利益,自己的情感。

他引清兵入关,彻底葬送了家国,明亡清兴后,他又兴兵反清,再次葬送了自己的儿子。国破,家亡,身败名裂,历史上吴三桂终成孤魂野鬼。他的辽东旧友谢四新听说他再反,送了他两句诗:"丹心早为红颜改,青史难容白发人。"

更为奇特的是,大诗人吴梅村写于1651年的那首《圆圆

曲》,竟预言了 1673 年吴三桂起兵反清的命运。诗的最后六句是:

> 香径尘生鸟自啼,屟廊人去苔空绿。
> 换羽移宫万里愁,珠歌翠舞古梁州。
> 为君别唱吴宫曲,汉水东南日夜流。

诗中化用李白诗《江上吟》中"功名富贵若长在,汉水亦应西北流"两句,预言了吴三桂和陈圆圆的悲惨结局。

据说,晚年的陈圆圆谢绝了吴三桂扶正的好意,请求另置别院,吃斋念佛,独居静修,法名寂静,别号玉庵。

也有传说,吴三桂经常来此探望,红颜知己,无话不说。

1678 年,吴三桂反清兵败,圆圆是生是死,史无记载。

清代诗人张茂稷写有《读史偶感》一诗,对这段乱世佳缘作了形象的总结:

> 李陵心事久风尘,三十年来诓卧薪?
> 复楚未能先覆楚,帝秦何必更亡秦。
> 丹心已负红颜改,青史重翻白发新。
> 永夜角声知不寐,可堪思子又思亲。

乱离时世,人生无常,历史的乖谬,时代的跌宕,一个风尘女子无奈飘零,一个多情英雄为爱进退,载沉载浮的故事哪里会有终结,男人与女人,从来一对冤家情敌。

第三章
帝王劫：最是仓皇辞庙日

关键时刻：
甲申之变

崇祯十七年，岁在甲申。

这一年的正月初一，是公元1644年的2月8日。

翻开《明季北略》，这一年是第二十卷，本卷前五节是这样的一些题目："元旦文武乱朝班""风变地震""降乩""清朝改元""李自成僭号"。

写历史的人写到这一年真是兴奋，年初即是大事不断，乱象丛生，各种神秘的景象铺天盖地。

新年第一天，崇祯皇帝早早地起床，传诏鸣钟上朝，这一年，他三十四岁。等崇祯走进皇极殿也就是今天的太和殿的时候，他被眼前的一幕惊呆了：殿前空空如也，只有一个卫士束手站立，寂静的大殿与殿外巨钟的轰鸣形成了强烈的反差。

崇祯走出殿外,一股狂风袭来,把他差点吹倒。

关于这一天的天气,《明季北略》这样描述:"大风霾,震屋扬沙,咫尺不见。"据说有相士做了这样的占卜:"风从乾起,主暴兵至,城破。"北京春节多风沙并不是稀罕的天气,以此占卜预言都城即将沦陷,显然是史学家的事后诸葛亮。

崇祯命令将东西宫门打开,仍然看不到一个大臣。过了不知道多少时候,文武百官终于赶来了,场面一度失控。明朝的官员选择居所是有规定的,文居西城,武居东城。朝班上正好相反,文东武西。这一天,急急忙忙赶来的众臣完全乱了方寸,队形大乱,连滚带爬,狼狈不堪。

《明季北略》的作者这样评论:"绝非佳兆。不出百日,上手撞钟,百官无一至者,兆已见此矣。"

估计这一天并非照例上朝的日子,大年初一,都在拜年吃饺子呢,皇帝心急如焚临时击钟上朝,风沙之大,通知传不出去也是不奇怪的,倒是朝中之乱显示出一朝大明的混乱之象。

此前一天的大年三十,崇祯见风沙狂刮,心里毛毛的,特意请了占卜师问问吉凶。他沐浴焚香,拜过天地后,祈祷说:"方今天下大乱,欲求真仙下降,直言朕之江山得失,不必隐秘。"

据说这位大仙的占卜是这样的几句五言偈语:

帝问天下事,官贪吏要钱。

八方七处乱,十灶九无烟。

黎民苦中苦,乾坤颠倒颠。

干戈从此起,休想太平年。

据说,崇祯皇帝看到五言诗后,"默然不语"。

这是不可考的史书记载,也有的传说是民间谚语,属于舆情的一部分,能不能传到皇帝这里,很难说。不管怎么说,这个大仙也是胆大包天,皇上没有震怒杀头,真是幸运。

也就是这一天,崇祯得到了凤阳守祖陵的官员谷国珍的奏报:凤阳地震了。凤阳是大明开国皇帝朱元璋的老家,祖籍之地地震,看来是根上要动了,抑或是先帝地下显灵了。

中国的史学家很有意思,在崇尚实录写真的同时,往往喜欢记载一些诡秘的现象。《明季北略》就是如此,不少奇异的地理、天象、谚语一并进入视野,并用来解释历史的宿命。这是中国文化中的神秘主义,仔细梳理也会发现,这似乎也是历史勘查的有趣之处。《明季北略》中关于亡国之象的记载几乎随处可见。

有一天晚上,崇祯做了一个梦,梦里有人在他掌心写了一个"有"字。大惑不解的他上朝后讲给百官听,皇帝要求解梦,大臣们当然要拍马屁,"众皆称贺",大意都说是吉兆,代表"贼平之兆"。众声附和之际,忽然有人大哭起来,这个人就是太监王承恩。崇祯大惊,忙问何意?王承恩长跪不起,请求皇帝免其不死之罪,然后哭着说:这个"有"字,上半部分是"大"字少一捺,下半是"明"字缺一日,是在暗示"大明江山将失过半"。崇祯皇帝此时估计早已不会震怒了,可能连他自己都不得不相信上天的旨意。不过,他除了烧香拜佛,已经一筹莫展。

在崇祯十六年（1643）的记载中，《明季北略》单列一章《志异》，集中记载了一些神秘现象：

这年二月二十四日，京师大风霾。这天晚上，天津城门不启自开。

这年夏秋之季，每晚月亮上都有颗大星，光芒耀眼，有人说这是"天下将乱"的兆头。

这年七月二十三日夜，雷震太庙，电闪雷鸣，狂风暴雨一天不息。整个太庙栅栏折毁，神位炉台都被掀翻在地。主牌位是纯金打造，用珠宝镶嵌而成，花费巨资，结果发现被盗。

这年十一月初六，崇祯亲自祭拜稷坛谷神。刚刚念完祭词，准备行礼，忽然平地刮起暴风，天地骤然黑暗，现场一片狼藉，不得已草草完成。君臣只好借着烛光走回城里。

这年的新科状元是杨廷鉴，常州人。常州城形状像龟，自古有言："龟若出头龙脱壳"，"如出鼎元，则有易君之事，果然应了甲申之变"。

这一年山东曲阜的孔庙中的孔子塑像流出眼泪，大家不胜惊惧，焚香拜祝。难道圣人孔子也有了天地倾覆的忧虑吗？

也是这一年，有个无锡人从北京回乡，途经山东，忽然天地漆黑一片，伸手不见五指，过了好大一会儿，只见四周红雾弥漫。

大大小小的异象传闻，在社会动乱的时候自然真真假假，莫衷一是，这是一种社会崩溃的象征，大明到这个时候可谓气数已尽。

这年的元旦,李自成在西安宣布称王,国号"大顺",年号"永昌"。一个有意味的细节是,李自成把自己的名字改成了李自晟。在他的心中,一轮新的太阳正在冉冉升起。

北方的满人定国号"大清",改元顺治,多尔衮为摄政王,以辽宁人范文程为大学士。

李自成大年初二发兵,一路上基本遇不到抵抗,可谓摧枯拉朽,明军望风而逃。三月一日到大同,八日至宣府,十五日过居庸关。这天中午已到昌平,大明江山对闯军来说真是一马平川。

从大年初一开始的三个月来,崇祯几乎每天早早地上朝,看起来是天天紧急应对危情,而事实上,一件事也定不下来,众人一筹莫展。崇祯像热锅上的蚂蚁,史书描述:"天下之势,如沸如蒸",真可谓危如累卵。

我们先看看此时崇祯的家底——国库,一个令人惊讶的数目是"不及四千金"。当时一位初来乍到的工部营缮司员外郎,相当于财政部的一位司长,名叫赵世锦,清点完国库后,有句感叹:"国家之贫至此。"没有钱,打什么仗?没有钱,保什么国?崇祯的国家其实早已破产,这是1644年的大明王朝。这时候许多大臣都不约而同想到了宫内皇帝自己的钱,所谓"内帑":"库藏久虚,外饷不至,一切边费刻不容缓,所恃者皇上内帑耳。"崇祯对这样的建议,回答了这样一句话:"今日内帑有难以告先生者。"说完便大哭起来。崇祯有什么难言之隐,史无记载,只能是一个谜了。

从二月中旬开始,崇祯严令大臣、国戚、士绅捐饷筹资。大敌当前，共赴国难，本该是众志成城的常识，然而，崇祯又一次绝望了。

崇祯的老丈人周奎，周皇后的父亲，捐了一万两。崇祯又命他再加一万两，这个国丈竟向女儿求援，周皇后便把自己五千两私房钱偷偷交给父亲，结果这个周奎又从中扣了二千两，只拿出三千两交差。而一个月后，北京城破，李自成的闯军从周家搜出五十万两银子，加上珍宝等折合十万两，这是当朝国丈的家底。

我们再举一个例子。东厂提督大太监王之心，捐款数额是一万两，后来闯军拷打用刑，王家献出的现银是十五万两，外加无数的金银珠宝。

没有人觉得这个国家、这座城市是他的。敌军就在城外了，崇祯朝的这些中流砥柱竟然紧紧守着自己的家财，袖手旁观，当朝皇帝竟也无计可施。崇祯"仁义"至此，看来只能将江山拱手出让了。

几个月来，一个敏感的字眼一直盘桓在崇祯的脑子里：迁都。三十六计走为上，面对北京危急，弃城而去，另图他日，当然是一个明智的选择。

甲申初年，崇祯帝并非毫无回旋余地。明军虽然连连败退，但中国大部分地区并未失控，特别是经济富饶的江浙地区尚在手中，大明可调动的人财物比李自成和多尔衮加起来都多。

弃北京而南迁，退守长江，完全是可行的选择。历史上唐玄宗入蜀，宋高宗南渡，都使王朝再续。而且，更重要的是朱棣还在南京给他这位倒霉子孙保留了一整套政府机构，迅速投入运转毫无问题。

崇祯的确想到了迁都。

刚刚进入甲申这年的正月初三，崇祯在德政殿特地召见了一个人——左中允李明睿。这位起于田间，出身贫寒的南昌人，现在在崇祯眼里无疑是位栋梁之材。《明季北略》记载了这段问政情节，大有《史记》之风，声情并茂。当崇祯急问御敌良策的时候，李明睿让他屏退左右，"趋进御案"，走到皇帝跟前低语道：臣自从被提拔以来，一直观察时局，广泛搜集信息，目前贼寇已逼近京都，形势危急，可谓生死存亡关头，"只有南迁一策，可缓目前之急"。一句话把崇祯吓了一跳，他说："此事重，未可易言。"这么重大的事，可不是开玩笑的，他用手指指天，低声问："上天未知如何？"李明睿说："天命微密，当内断圣心。"意思是天命我们不知道，还是希望圣上赶紧决断，只有这样才不至于陷入亡国危机。

崇祯小心地四周看看，见没有人才说：此事我早就想过，因为朝中没人赞同，所以才拖到现在。你说出了我的心事，但大家都不听怎么办啊。此事重大，你马上秘密去办，切不可泄露，如果泄露我可饶不了你。更让人意外的是，崇祯这一天连续三次召见李明睿，反复询问细节，看起来决心已下。

可是迁都动议却遭到以内阁大学士陈演、魏藻德为首的朝中重臣的严词劝阻，他们冠冕堂皇、义正词严、慷慨陈词、声泪俱下，站在道德的制高点上，完全用道德绑架了崇祯。问题在于这几位不同意南迁的大臣后来证明无一不是胆小懦弱之人,全无血性忠贞之气,大明由这些人辅佐何以不亡呢?

向来刚愎自用的崇祯犹豫了,曾经撤换过五十多名内阁大学士的崇祯胆怯了,杀过那么多人的崇祯退缩了。自视甚高,操劳一生的崇祯在这生死攸关的大事上优柔寡断,迟疑不决,轻率虚荣,不仅误了王朝,失了江山,还最终丢了性命。

此时此刻,他不如一个身边的女人,这个女人正是崇祯的皇后周氏。

《明史·后妃传》中关于周氏有过这样一段记录,"尝以寇急,微言曰:'吾南中尚有一家居。'帝问之,遂不语,盖意在南迁也。"短短的一段话描述形象,含义丰富。微言,低声说,小心翼翼的样子,意思是说,我们南边不是还有一个家吗?崇祯一问,"遂不语",又不吱声了,皇后看起来一副欲言又止的情态。

周皇后在历史上的形象相当正面,容颜秀丽,不施粉黛,所谓"后颜如玉,不事涂泽",而且性情端庄,持重贤淑。她是崇祯做信王时的王妃,二人同甘共苦,最艰难的时候,都是周后陪伴左右。入宫后,内宫管理有序,不事奢华,倡导勤俭持家之风,实为崇祯的贤内助。

平心而论,崇祯一生最可称道者正是他的个人自律,"先帝屏声色,鲜佳丽",不恋声色,勤勉朝政,作为个人道德品质,崇祯可圈可点。除了皇后,崇祯还有二妃,分别是田贵妃和袁贵妃,都是登基时照例选定的。崇祯政治上用人问题相当严重,在对女人的判断上却很有眼光,田贵妃美貌聪慧,袁贵妃灵巧机智,都是知大体、明事理的女人。

面对王朝危难,周皇后小心翼翼的一句提醒,没有成为左右崇祯选择的枕边风,是历史的一大遗憾。严令后宫不干政的崇祯,在女人面前似乎更爱惜自己的面子。

听到风声的懿安皇后张氏,也就是天启皇帝的皇后,崇祯的嫂子,这样斥责周皇后:"宗庙陵寝在此,迁安往?"意思是,列祖列宗都在这里,你要往哪里走?这一质问是相当严重的责难,丢了江山不说,背弃祖宗是谁也不敢承担的罪责。同样,面对这样的南迁大略,大多数朝臣都选择了沉默。责任重大,谁敢轻言,一旦不慎,轻则丢官,重则失命,据说大学士周延儒被杀就与此有关。

从正月初到二月下旬,两个月过去了,关于迁都之事议了无数次,却迟迟议而不决,期间崇祯的煎熬可以想见,最后他用一番漂亮的慷慨陈词结束了争议:

> 祖宗辛苦百战,定鼎于此上,若贼至而去,朕平日何以责乡绅士民之城守者?何以谢失事诸臣之得罪者?且朕一人独去,如宗庙社稷何?如十二陵寝何?如京师百万生灵何?逆贼虽披猖,朕以天地祖宗之灵,诸先生夹辅之力,或者不至此。如事不可知,国君死社稷,义之正也。朕志决矣。

"国君死社稷,义之正也",崇祯选择了悲壮的坚持,决计与这个王朝同归于尽,他这番慷慨赴死的决心改变了整个国家的历史。

心里话：
朕非亡国之君

―――――――――――

十七年前，崇祯皇帝朱由检被招进宫里的那一天是在极端恐惧中度过的。

那是一个艰难的时刻，他垂手站立着，双腿有些发软，微微颤抖着，周围厚重的围幔，无限高大的屋顶，散发着朽木气息的幽暗，压迫着他，让他喘不过气来。人们悄无声息地进出，几乎没有人注意到他的存在，偶尔，会传来帷幔背后的窃窃私语，像深夜中捕捉不到的蚊鸣，让人不安，烦躁。一种不祥的预感，在他和这个世界之间颤抖着。他是读过史书的，他知道这是古往今来最诡异的时刻，死亡与杀戮，阴谋与突变，会随时迸发，就像旁边的烛光，没有方向地摇摆着，跳跃着，不知道什么时候会熄灭。烛油无声地融化，坍塌，颓然地流淌，像他此刻忐忑不安的心境。

朱由检，一个十七岁的青年，此刻站在命运的某种关口，他不知道是凶是吉，是福是祸，不知道帝位在等着他，不知道他将在这个位子上，不多不少正好坐十七年。

终于有人向他招手了，他有些恍惚，不由自主地挪动步子，眼前是龙床，床上躺着的是他的哥哥，当今皇上，这个只有二十三岁的青年已经瘦得脱了人形，声音细若游丝。

皇上微微抬起手,来,我的弟弟。朱由检近前来,双膝一软跪了下去。皇上拉着他的手,两双同样冰凉的手,你是我的好弟弟,以后会像尧舜一样,成为一个好皇帝,祖宗家业靠你了。

朱由检听清了,仿佛又什么也没听见,他的大脑一片空白,思维一片混乱,不知道该说什么,他接不住,也不敢接。他能听到皇上不停地喘息,周围寂静无声。过了好一会儿,他才想起磕头:"臣死罪!陛下怎么说这样的话,臣更该万死了。"

皇上咳息不停,试图用力握住他的手:"好好对待中宫,魏忠贤可用。"这是他最后的遗言。

朱由检,这个十七岁的少年吓得浑身哆嗦,一个劲地磕头。

古代的史官不会漏掉记载这样的情景,这属于传位时刻,是后代皇帝继位合法性的重要证据。最后,史官关于这次会见的结束语是"求出",言外之意是求求你放我出去吧。

这是大明王朝历史的转折点,十天后,朱由检接过了哥哥的接力棒,是为崇祯皇帝。

崇祯没有留下画像,史书记载崇祯是一个不折不扣的美男子。清陆圻写的《纤言》这样描述崇祯:"年可十七八,为人白皙而美,善应对,其足骭骨皆双,上甚爱之。履云冠,绿绨袍,白纤缟袜,风姿龙采,纤好白皙,截发类头陀,手爪似春葱,语言若震洞箫,见者疑为神仙,自非寻常佳公子所及也。"曾经亲眼见过崇祯的吴梅村在其《绥寇纪略》中说到崇祯:"……白皙丰下,瞻瞩非常,音吐如钟,处分机速,读书日盈寸,手笔逼似欧阳率更,有文有武,善骑,尝西苑试马,从驾者莫能及……"

史书这样描述崇祯刚入宫时的处境:"烈皇昔由藩邸入继大统,毒雾迷空,荆棘满地,以孑身出入于刀锋剑芒之中,不动声色,巨奸立扫,真所谓聪明睿智,神武不杀者耶!"(《烈皇小识·序》)

野史的好处就是绘声绘色,宫廷八卦似真似假,不过,这何尝不是历史叙述的魅力呢?

写《烈皇小识》的作者文秉,是文震孟之子,乃东林派重要代表人物,曾任崇祯侍讲,经常陪伴皇帝左右。文秉的记载绝非道听途说,在他的笔下,崇祯栩栩如生。这本史书用了四个字描述朱由检入宫的那天夜晚:"秉烛独坐"。多么难熬的一个夜晚啊。

面对命运的垂青,崇祯竟然毫无惊喜,简直是怀着必死之心走进深宫的。那天晚上,他对送来的山珍海味不动一筷,据说,来时悄悄还在袖中揣了些食物。他害怕的是魏忠贤。"帝初虑不为忠贤所容,深自韬晦,常称病不朝。"(《崇祯长编》)

这一年,是公元1627年,这一天是9月30日。

七年前的公元1620年,大明启用了一个年号:天启,天启者,上苍之警示也。这一年明朝乱象已现:1620年,死了两个皇帝,出现了三个年号:万历四十八年,泰昌元年,天启元年。

在位四十八年的万历皇帝乃中国皇帝中的极品,为了立太子,长子朱常洛与朱常洵整整宫斗了十五年。朱常洛立为太子时已经十九岁,等到万历驾崩,他在太子位上整整三十九年。

压抑既久的太子一旦登上龙床,报复性的喜极而欢要了他的命。日夜狂欢的朱常洛,八天后一病不起,三十天后一命呜呼。野史作者的八卦记录展开了各种想象,《罪惟录》《国榷》《三朝野纪》等书都对此津津乐道。归纳起来,当年的情形大概是这样的,政敌郑贵妃精心挑选了八位美艳"女乐",也就是受过职业训练的妓女,在朱常洛登基当天就送进宫里。这位光宗皇帝一下子迷失在前所未有的极乐世界中,野史作者寥寥数语描绘了这位皇帝的狂欢:"是夜,一生二旦俱御幸焉,病体由是大剧。"现在想来,这八位美女,一定是接受了贵妃的特殊任务,一生二旦,三位美女化妆宠幸,媚术非同一般,目的只有一个,要皇帝的命,"是夜,连幸数人,圣容顿减"。《光宗实录》中记载了这位可怜皇帝的悲惨状态:"头晕目眩,四肢软弱,不能动履",典型的被掏空的症状。

朱常洛死后,他的儿子朱由校匆匆即位,年仅十六岁。大明王朝的滑稽荒唐一个接着一个,这位十六岁的少年天子竟然是位文盲,而且生性顽劣,典型的野孩子。不过,这个不识字的野孩子却是大明出了

明光宗朱常洛

名的怪才,擅长领域:工程学。对此,野史也有生动的记载,说他"斧锯凿削,引绳度木,运斤成风","虽巧匠不能及",可以说工程所需的木、瓦、漆、雕无一不精,而且各种发明创造令人称奇,天天在宫中领着一帮太监设计施工,叮叮当当,乐此不疲。

很显然,这个文盲皇帝是一位天才的建筑学家,却偏偏坐上了政治家的位子。《崇祯遗录》记载:"熹宗在位七年,将神宗四十余年蓄积搜括无余,兵兴以来,帑藏空虚。"宫中之乱可想而知,于是就有了中国历史上大名鼎鼎的大太监魏忠贤。这是皇帝个人的悲剧,亦是大明的悲剧。后世有史学家把大明的最终灭亡归为熹宗,明史大家孟森说:"熹宗,亡国之君也,而不遽亡,祖泽犹未尽也。思宗,自以为非亡国之君,及其将亡,乃曰有君无臣。"(《明清史讲义》)

明熹宗朱由校

从万历到光宗,到熹宗,三位皇帝一个比一个极致,大明之政已形同儿戏,江山之败如断崖，人心沦丧如地狱，此乃十七世纪之中国啊。现在接力棒出人意料地落在了崇祯手里，他成了悲剧的绝对主人公。

惶恐之中登上帝位的崇祯起初运气不错，他的对手魏忠贤实在不是一个难对付的枭雄，但凡有些历史常识和勇气机谋，估计崇祯都难以应付。偏偏魏忠贤只是一个得纵升天的奴才，三下五除二就束手就范。轻易的胜利对崇祯并无好处，这位青年自此自信满满，很快流露出他急躁、多疑、迫切的本性。

就登基之初政治大局的掌控而言，崇祯的能力才学也算是合格的，他对本朝形势判断还算清醒，最初几年拨乱反正，方向正确，也深得民心。

他的个人品质比起前几代君王应该给予高度肯定，勤奋操劳，不贪酒色，相当严于律己。他自以为"夙夜焦劳"，希望"一洗欺玩颓靡之习"，中兴大明。每天清晨，他早早等在朝堂，事必躬亲，这一景象往前数六代先皇已经基本绝迹，几代以来大明像无舵之船，随浪漂浮，侥幸的是一直没有触礁。

而这位勤奋的皇帝接手时，大明已行进到险境，可谓明礁丛立，暗礁密布。当务之急的三大政治问题：军队缺饷，辽东外患，内乱纷起，将整个国家拖入绝境。不少人看得非常明白："天下事至此，已不可为矣。"（张岱《陶庵梦忆·祁世培》)《明史·流贼传》曾总结明末天下大势说："庄烈之继统也，臣僚之党局已成，草野之物力已耗，国家之法令已坏，边疆之抢攘已甚"，又说："加以天灾流行，饥馑洊臻，政繁赋重，外讧内叛……病入膏肓，而无可救，不亡何待哉。是故明之亡，亡于流贼，而其致亡之本，不在于流贼也。"

更严重的是,整个官僚系统已经腐败不堪,文官阶层毫无操守底线,国家机器完全失灵,大明二百多年的严苛专制,让官僚阶层彻底丧失了治国理政的责任。没有担当,没有真话,没有信仰,对待皇帝只有"瞒和骗"。用今天的话讲,绝对是形式主义、官僚主义、享乐主义和奢靡之风盛行。

《烈皇小识》中记载了崇祯朝堂之上的几次拍桌子:

"你们每次给我写来奏章,话说得都挺漂亮,但现实没有任何改变,全是形式主义,何曾做得一件实事来!"

"朕自即位以来,孜孜以求,以为卿等当有嘉谋奇策,召对商榷时,朕有未及周知者,悉以入告。乃俱推诿不知,朕又何从知之?"

他的刚愎自用,他的苛刻多疑,他的固执偏狭,在一群得过且过、庸庸碌碌的朝官面前,愈发不可收拾,几乎明眼人都发现了问题的症结:崇祯"求治过急"。他用人不彰、疑心过重、驭下太严,历史上有"崇祯五十相"之说,意思是说崇祯一朝十七年,光内阁首辅就换了五十多人,而阁臣受死者四人,将领几十人被杀,数以百计官员入狱,等到最后,崇祯无人可用,不得不依靠身边的太监。

"大臣不足倚矣""群臣不足信矣""边臣不足任矣""举外廷皆不可恃,势不得不仍归于内",内,就是宦官,《烈皇小识》作者为此仰天长叹:"痼疾已成,不复可药矣。"大明王朝到了 1644 年,真可谓病入膏肓,四面楚歌,山穷水尽了。

更糟的是，天不佑明。

科学家考证说，明帝国之亡，农民起义与边患的背后，其实有生态环境的原因。十七世纪的"小冰期"致使气候异常，加剧了生态的恶化，民不聊生，以致盗贼蜂起，国亦不保。明亡清兴的原因很多，但是与十七世纪严寒的气候不无关系。崇祯统治的十七年间几乎每年都有大灾发生，以至于崇祯屡屡郊外祭祀，拜天拜地，甚至为此下罪己之诏，可"天意"就是放不过他。

崇祯的绝望从内到外，以至于当庭放出了这样的狠话："朕非亡国之君，事事皆亡国之象。"（陈鹤《明纪》）

最后的四天

公元1644年三月十六日，崇祯这天上朝，亲自接见了一批从县里刚刚提拔上来的官员，亲自给他们任职，并发表了重要的讲话。在此期间，他接到密报：昌平失守。史书说："上览之色变，即起入内。"崇祯回去发愁了。

三月十七日，崇祯早上五点上朝，"召文武诸臣商略"，大家沉默不语，面面相觑。崇祯哭了，群臣哭声一片。据说，崇祯一边哭,一边在御案上写下了这样的字句"文臣个个可杀",故意让旁边的太监看了看,又用袖子抹去。这时候,守城总指挥李国桢飞马前来,汗流浃背,跪倒在地,哭着奏上:"守城士兵都已经不肯抵抗,用鞭子把一个人抽起来,另一个人马上又趴下了。"原因竟是军中已经五个月没有粮食了,士兵饥饿难耐。崇祯听完,又哭着回宫了。

三月十八日,外城破。"上闻外城破,徘徊殿庭",崇祯独自在院里徘徊,夜不成寐,这意味着只剩下皇城和紫金城两道防线了。

在王朝危急存亡的关键时刻,崇祯最信任的竟然是宦官,他将十名太监派往各镇充当监军。在最后几天,崇祯又命司礼太监王承恩提督内外京城,也就是担任守城总指挥。崇祯的周围已无可用之才,曾经的军事栋梁袁崇焕、孙承宗、孙传庭、洪承畴,不是被他杀死,就是迫降大清。崇祯自行其是,用人多疑,刚愎自用又狐疑不决,独断专行又喜阿谀奉承,最终他的身边只剩下唯唯诺诺、虚与委蛇的庸臣小人和一帮太监。

最后的时刻来到了。

崇祯召集全家,周皇后、袁贵妃及三个儿子和女儿长平公主,他要做最后的安排。

他命人找来平民的衣衫,亲自给三个儿子换上,含泪嘱托:你们要记住,走出宫,你们就是平常百姓了。在外,遇到年长者要叫"老爷",年轻的就叫"相公",见到老百姓,年长者叫老爹,年轻的叫兄长,对读书人要以先生相称,对军人要叫长官。然后让人把三位皇子送到他们的外公家,一边送别,一边哭着说:你们为什么不幸生在了帝王家啊。

三个儿子走后,崇祯请周皇后、袁贵妃坐下,摆酒痛饮,连声哀叹:"大事去矣。"三个人抱头痛哭,史书用了四字形容当时的氛围:"慷慨决绝"。他最后的叹息是"苦我民尔",真是一个爱民如子的皇帝啊。

最后,他命周皇后回宫自尽。皇后行礼辞别,对他说了最后一句话:"我嫁给你十八年,你从来没有听过我一句话,以至才有今天啊!"

《明季北略》记述了皇后悲壮的最后时刻:临终前,她再次履行了掌管后宫的责任,"手内持节,绕宫行走",一边大声哭喊:"天灾已降,大祸临头,汝等有志者,须速寻门路。"她整整绕行了两圈,才回到坤宁宫,从容自缢而死。

袁贵妃自缢时,绳索断裂,"坠地复苏",崇祯发现后拔剑砍杀,连砍三剑未死。崇祯此刻已经疯了,他手持利剑,一路向他宠幸过的女人砍杀过去。

他把女儿长平公主叫到跟前举剑就砍,长平公主年仅十五岁,惊恐得大哭不已,她不敢自杀,也没有力气自杀。崇祯左袖遮面,右手砍向公主,长平公主吓得急忙用手去挡,左臂应声而断,公主昏倒在地。崇祯大哭:你为什么要生在我家啊?!他双手颤抖不止,高高举起的剑最终掉在了地上。

袁贵妃没有死,后被清廷赡养。

长平公主也没有死,后被送至国丈周奎家,终日以泪洗面。很多年后,她出现在武侠小说家的笔下,成为一个神秘莫测、武功超群的独臂公主。

四天后,人们在景山皇家后苑的寿皇亭中,发现了两具自缢身亡的尸体。一位是太监王承恩,另一位正是崇祯。据目击者说,崇祯吊于一海棠树干,头发披散着遮住面孔,蓝袍,白绸裤,一脚穿靴,一只脱落,在他身上发现了一封遗书,是用血写成的:

诸臣之误朕也,朕死,无面目见祖宗于地下,自去冠冕,以发覆面,任贼分裂朕尸,无伤百姓一人。

这一天是崇祯十七年三月十九日,公元1644年4月25日。

据记载,这一天北京"飞雪满城"。

《明季北略》的作者计六奇这样写道:"自洪武戊申年至此,凡二百七十八年云。"

宿命:
一人之国家

回望大明二百七十八年历史,我实在没有勇气历数明代后期的几位皇帝,太祖、成祖之后英主稀少。开国之初,朱元璋个人总揽国家政务,朝廷大臣都几乎成了闲员,历史上记载,他八天内处理批阅的文件高达一千六百六十件,共计三千三百九十

一件事，平均每天两百份文件，四百多桩事务，史书上说他办公时只能"传餐而食"。这份皇帝的苦差事到了他的子孙后代简直不可想象，只能交给太监应付了。这个王朝对自己祖先的创世神话很快就淡漠了，对朱元璋的一代代子孙们来说，这个国家的一切都似乎是理所应当的。

明太祖朱元璋

　　从正德、嘉靖，到万历、天启，一百多年之间，除了张居正掌权的十年算是励精图治，皇帝基本上不管国家大事，甚至连上朝这件事也免了。有明一朝，惟有开国之君朱元璋活到了七十一岁，他的儿子明成祖朱棣活到了六十五岁，在朱棣之后有七个皇帝没有活到五十岁，有好几个甚至只有三十岁出头就没了性命。到了明世宗朱厚熜似乎有点起色，他活了六十岁，但他的儿子穆宗却在三十六岁死去。接下来是神宗，他虽然活了五十八岁，在位时间也最长，早期曾有些励精图治的架势，其后则任性妄为，荒怠政务。大臣中更少高瞻远瞩之辈，万历一朝种下了致命的

明成祖朱棣

祸根。从明神宗即位到崇祯之死,前后七十二年,整个大明已病入膏肓,《明史·神宗本纪》有"明之亡,实亡于神宗"之论,是清代史家的洞见之语。

从军事国策看,洪武以后军权全由文官统辖,朱元璋为了自己政权的稳固,对军人的地位、声望、权力大力削弱。军人不被重视,保家卫国的尊严又从何而来?到晚明,光食俸禄的皇族已达八万人之多,国家财政问题日趋严重。民众不堪税收之重,而欠饷又使兵变不断,作为国家命脉的财政最终因为财源枯竭而崩溃。永乐后士大夫被宦官钳制,到魏忠贤达到极致,士人集团性命悬危,廷杖之惨烈,最为残酷,于是就成了"钩党几作甘陵部,相将同入黄门狱",谁还敢为国力争?

崇祯一朝,末世已成,性格有着极大缺陷的崇祯哪能担起即将倾覆的乾坤。再看看匆忙逃到南京的末代朝廷,京都沦陷后,福王在江南建立的弘光小朝廷不到一年即告云散,这一直是后来史学家们的深切遗憾。理论上讲,作为留都的南京,无论疆域还是正统都不亚于六朝和南宋。当时南直隶、浙江、江西诸省,整个长江中下游地区地广人众、物产丰饶,再加长江天堑,如何不能抵挡一阵子呢?

事实上,当君王昏庸,人才缺乏,整个行政体系崩溃之后,所有的地理条件已是形同虚设。即便有左良玉、陈子龙这样的武官,也已无能为力,正如陈子龙感叹的:

> 君不见龙山置酒桓宣武,参佐风流映千古;
> 又不见宋公秉钺真奇才,横槊赋诗戏马台;
> 江左英雄安在哉?彭城南郡生蒿莱!

谈迁的《石头城》说:

> 片石狰狞据虎头,六朝雄镇划江流。
> 遗城扼险非容易,何不重生孙仲谋。

别说有个孙权这样的君王,就是能有个意识到生死之忧的正常智商的人也行啊,这位福王小皇帝刚刚坐上皇位,就想着去找后宫佳丽,马士英、阮大铖之辈一旦有权就想着剪除异己。他们眼里既无国家,更无百姓,甚至连自己的身家性命都没意识到危机,一个南明笑柄还有什么可研究可遗憾的?

"春色不随亡国尽,野花只作旧时开。"公元1644年的改朝换代,只是中华历史周期律的一次极端爆发,无论是外族还是异族,无论是唐装还是宋服,即使被迫剃发易装,你的膝盖仍然会跪下去,山呼万岁之声依然会响彻天空,悲夫!

第四章
士之道：家国天下与生死选择

1630年：
一次金陵大会

崇祯三年，即公元1630年，金陵南京迎来了具有历史意义的一年。这一年是农历庚午年，为三年一期的乡试之年，也是崇祯登基以来的第一次乡试。四方举子齐聚南京，南京贡院打破了三年的沉寂，人潮涌动，喧嚣一时。

三年前，崇祯皇帝从自己兄长手里接过帝位，青年才俊，意气风发。他频频出招，妖惑大内、扰乱朝政的魏忠贤和那个邪恶的女人客氏走向末路。两百多名魏忠贤阉党官员杀的被杀，流放的被流放，说一举粉碎阉党集团一点也不为过。一举扫除阉党集团之后，崇祯又掀起规模巨大的平反冤假错案运动，乾坤逆转，大明政坛一时间气象一新。

崇祯初年，出现了令人动容的一幕，被迫害

致死的魏大中之子魏学濂为替父申冤,徒步从浙江入京,手捧血书,一步一磕头,进宫上书,让崇祯大为感动。黄尊素之子黄宗羲更是上演了一幕惊天动地的大戏,先是上书皇帝为父申冤,接下来在庭审阉党许显纯、崔应元时,他出庭作证,见到仇人分外眼红,黄宗羲从衣袖中抽出隐藏的铁锥,扑向许显纯,把他刺得浑身流血,并将他的胡子愣是拽下一小撮。在会审李实等人时,黄宗羲再次上演了同样一幕,他还联合几位子弟活活将两个残暴的狱卒打死。这些东林弟子的悍勇与彪猛可谓惊世骇俗,连崇祯皇帝都不得不"念忠臣遗孤子,不加罪"。由此,这批血性男儿"名震天下"。他们同仇敌忾,联合申冤,显示出巨大的影响力。

这年秋天,黄宗羲扶着父亲的灵柩回到家乡,在父亲的坟前,他摆上了从奸臣身上揪下的一缕胡须,焚香祷告,泣血含泪,几年过去他终于为父报了仇。

1628年为崇祯元年,著名学者张溥出现在文坛上。他是著名社团应社的发起人。这一年,他借恩贡进京,抓住入国子监的机会,联合贡生在国子监召开了成均大会(成均,国子监别称),号召大家"尊贵经,贬俗学",积极倡导为崇祯新朝出力,一时名满京都。

第二年,1629年,张溥再次登高一呼,在苏州尹山湖举行了"尹山大会",发出了组建全国性社团的倡议,将社团命名为"复社",提出的口号有两个,一是兴复古学,二是致君泽民。企图通过对古代圣哲原典的阐发与弘扬,达到重振日益衰颓的文风与世风的作用,从而影响腐败的政治环境和气氛,当然,根本的目的,还在于维护君王统治,泽惠百姓黎民。由此可以看出,其政治诉求相当明显。

从确立社规、制定课程、设立领导制度来看,复社可谓是组织严密的党团性质了。尹山大会的声势很快使朝野为之震动,四方学士皆以不能参加复社为耻,复社声名远扬,被时人称为小东林。事实上,从其组织性、纪律性和纲领性的特点来看,复社的政治属性应该说已经远远超越了东林党。

崇祯三年(1630)的南京乡试正是在这个形势下拉开了序幕。

明代乡试每三年为一科,在各省城举行。考期在秋季,故又称"秋闱",上榜者即为举人。这一年复社同人相约南京,街头巷尾,酒肆红楼到处是他们的身影。

考试从阴历八月八日开始,共考三场,第一场为经文,须用八股文,第二三场兼考论、表、诏、诰、判、策等,都是为官公文的基本格式。每三天为一场,头一天发卷入场,中间一天为正场,最后一天交卷出场,全部考试用时九天,到八月十六日结束。阅卷一般不超过十五天,多数考生都留在南京等待发榜。

汤显祖的弟子,人称"临川四才子"的艾南英也来到了南京。三年前,四十一岁的他终于中举,却因为试卷中有讽刺魏忠贤的词句被停考三科九年,此前他当了二十年诸生,乡试十四年,七试七败。崇祯即位后,艾南英终于可以再次参加乡试了,当然,等待他的又是漫漫失败路。多年后,他将自己的科考试卷结集出版,在《自序》中仰天长叹道:没有人像我这样备尝诸生之苦啊!文中极为写实地描绘了考试之苦:

考试那天,先是敲响三通鼓。三九寒天,考生冒着寒风站在门外,监考官则穿着厚厚的棉衣,围坐在炉子旁。考生要解开棉衣,左手拿笔墨砚台,右手拿着布袜,听到喊叫自己的名字,就走到走廊上,两名检查人员从头到脚脱鞋检查,考生被冻得瑟瑟发抖。遇到大热天,考官都坐在伞下,摇着扇子,喝着茶,考生则拥挤在一起,闷热异常。等坐到席上,数百人围坐在狭小的空间里,汗流浃背。考场有茶水供应,但没人敢喝,一旦发现去喝水,考卷上就会被盖上章,有作弊之嫌,是会被降级的。早年命题都有宣读官,是为了方便近视之人,或者写在题板上,举着在考场游走。后来不知为什么废除了宣读,只举题板,艾南英是高度近视,根本看不清题目,只好问旁边之人。考场之上两边各有四名监考人员,一旦发现有交头接耳的行为,就会在考卷上盖章。连上厕所都是有嫌疑的。坐席是要现场购买的,又小又脆极不舒服,一起考试的十几个人都用竹子串在一起,谁也动不得。砚台需要考场购买,都是劣质石头,不受墨。如果不幸坐在考棚的屋檐下,遇到下雨,只好用衣服盖着快快写完。到了乡试好一些,但也是囚首垢面,夜露昼曝。

这些场景都是属于整个士人阶层深刻且周而复始的体验。考试是一场炼狱,但这也是难得的雅聚欢会的半个月。在南京,张溥再次召开了一次复社大会,史称"金陵大会",声势之浩大,更是影响深远。

放榜之日,复社同人扬眉吐气。复社重要成员杨廷枢列"龙虎榜"首位的解元,张溥名次很靠前,吴伟业则是第十二名,陈子龙、吴昌时等几十个复社同人上榜。这是复社力量的一次集中检阅和展示。

在第二年的北京会试中,吴伟业等中头元(会元),殿试再中榜眼,张溥也位列前五位,为会魁。北京会试一般是阴历二月举行,考三场,二月八日入闱,三天一场,十六日结束。这次胜利再次让复社同人声名大振。借助于进京会试的机会,士子们聚于张溥、吴伟业、姚希孟等人斋中,载酒飞觞,雅集赋诗,彻夜深谈。激昂处,谈古论时,感慨系之,一派书生本色。

再过一年,崇祯五年,张溥又发起了"虎丘大会",张溥为盟主,合并诸社为一统,定名复社。

接连几次大会,可称为历史上空前的知识分子大联合,说是一次难得的知识分子启蒙运动也不为过。声势之大,能量之强,已能左右舆论和政治风气。后世学者大都认为有足够的理由,将明末的知识分子团体看作是中国历史上空前的力量展示。张溥、张采等人发起组织的文人社团——复社,规模一度达到两千余人。看起来这是一个文学性团体,但本质上却是一个政治性组织。

每三年就迎来一批批士子的金陵,作为帝王旧都的富贵之地,作为秦淮粉黛的温柔之乡,作为人才渊薮的风流之泽,成为复社团体的大本营。从崇祯三年(1630)起,几乎每三年都在此有一次较大规模的社集,称国门广业社。

他们集社游宴、诗酒酬唱,他们以文会友、觞咏自娱,其主题常常围绕訾议时政、裁量公卿,其舆论力量不可小视,甚至在政治上形成了声气倾动海内的气势。这些复社文人沉浸在山水之游、诗文之会,风流倜傥,才情并茂,以自己的人格魅力和文学素养,影响着社会思潮。

冒襄晚年对1630年庚午之年的回忆尤其深刻。那个时候,他与同人"追随旧院","名姝擅誉者,何止十数辈",那种"把臂同游,眠食其中,各踞一胜,共睹欢场"的景象,直到晚年仍让他感喟不已。

秦淮灯船、名姝欢场只是他们思想运动的一个场所,他们真正的目的还是政治,吴伟业的描述相当有说服力:

> 往者天下多故,江左尚晏然,一时高门子弟才地自许者,相遇于南中,刻坛坫,立名氏。阳羡陈定生、归德侯朝宗与辟疆为三人,皆贵公子。定生、朝宗仪观伟然,雄怀顾盼,辟疆举止蕴藉,吐纳风流,视之虽若不同,其好名节、持议论一也。以此深相结,义所不可,抗言排之。品核执政,裁量公卿,虽甚强梗,不能有所屈挠。

"品核执政,裁量公卿",显然是一股强大的舆论监督力量。1630年,离这个王朝的终结只有十四年了,末日景象已现,那种社会的绝望与精神的颓废已经弥漫既久。一群正当年的知识者正是企图用这种抱团取暖的方式,重振朝纲,他们可能走不进庙堂,但身处秦淮灯船,仍然不忘议论朝政,裁量公卿,一腔报国之情殷殷可鉴。崇祯朝伊始，勤勉中正的皇帝，给了他们政治清明的幻想，通过思想激荡影响未来政治走向，就显得尤为急迫。

1638年：
一张大字报

1638年，一张著名的大字报把南京城搅动得异常热闹。一份名为《留都防乱公揭》的宣言铺天盖地张贴在了城中各个角落。上面是吴应箕、陈贞慧、侯方域、黄宗羲、沈寿民、顾杲等一百二十四名复社同人署名，几乎全是知识界的名流。这张《公揭》由陈贞慧、吴应箕执笔，"东林子弟推无锡顾杲居首，天启被难诸家推宗羲居首"，目的是为了打击阉党气焰，挽救朝局，精确目标是阉党余孽阮大铖。

阮大铖，字集之，号圆海、石巢、百子山樵，生于明万历十五年（1587）。年少的阮大铖抱负远大，机智灵敏，文采出众，十七岁中举人，三十岁举进士，可谓才华横溢，风流倜傥，有"江南第一才子"的美誉。明天启元年（1621），阮大铖官居户部给事中，因为轻浮暴躁、品行不正，为东林党人所不容。阮大铖本来是想依靠东林党的，没想到自己飞黄腾达的仕途之路却受阻于东林党人,于是怀着对东林党人的仇恨,投靠了掌握朝政的魏忠贤。据说,他向权阉魏忠贤呈献了《百官图》,上面都是东林党人的底细。崇祯即位后,颁布《钦定逆案》,粉碎了魏忠贤集团,阮大铖被定在逆案之中,罪定四等,革职还乡为民,永不录用。崇祯八年(1635),名列阉党的阮大铖为逃避战乱从家乡怀宁来到南京,为了争取复出,他没有顾忌逆案,一到南京,照旧联络各种关系,广交士人,创立群社,频繁活动,与一帮名士诗酒唱和,"假借意气,多散金钱,以至四方有才无识之士,贪其馈赠,倚其荐扬,不出门下者盖寡矣"。他在秦淮河边裤子裆买了块地,花费上万金,请冶园大师张南垣营造了一所"石巢园",每天"延纳游侠、选事之流","谈兵说剑,坐客常满",园中蓄了个唱戏的家班,教优伶们排演他自己写的传奇剧《燕子笺》和《春灯谜》,一时风光无限,大有东山再起之势。

崇祯九年(1636)八月,魏大中之子魏学濂等东林遗孤到南京参加乡试。乡试场毕,"吴应箕与冒辟疆、陈定生、顾子方等大开桃叶寓馆,悉会天启阉难死者诸孤十三人",这就是有名的复社桃叶渡大会,主要目的就是为了声讨阉党阮大铖。冒辟疆于桃叶渡大会后赋诗放歌,头四句说:

　　昨日浪饮桃花南,今日浪饮恶木西。
　　自笑飘流若无主,逃酣寄傲天地宽。

那时候,笑骂阮大铖几乎成了文人聚会的必备话题,吴梅村说,陈贞慧、侯方域、冒襄三人"置酒白下鸡鸣埭,招大铖家善讴者,歌主人新制新词,大铖初闻之甚喜,既而夜半酒酣,三人大骂:若当儿媪子,乃欲以词家自赎乎?相与狂笑达旦,大铖乃大懊丧"。黄宗羲在陈贞慧的墓志铭中也有过这样的回忆,他们经常在一起"连舆接席,酒酣耳热,多咀嚼大铖为笑乐"。

1638年的大字报是酝酿已久的一次大反击。

这份公揭送抵阮家时,石巢园里正大宴宾客,台上粉墨登场,上演着主人的《燕子笺》传奇,众人读了此公揭,"不待席终,拂衣散尽"。经此打击,阮大铖"内衔日惧,独身逃匿于牛首之祖堂",他指使心腹企图收买檄文,却"愈收而布愈广"。《留都防乱揭帖》是复社知识分子政治斗争的一次重要胜利,在南京呼风唤雨的阮大铖,最终被逼得落荒郊外,复社同仁自此震动朝野。

由此看来,作为一种以文学为武器的复社团体,显然具备了独立政治力量的雏形。而里程碑意义的"金陵大会"则让整个士林组织与秦淮风月产生了相辅相成的连带关系。"秦淮之舟"作为一个象征,成为士人雅集欢会的主要场所。有人这样记载当时的盛况:

> 闻复社大集时,四方之士之挈舟相赴者,动以千计。山塘上下,途为之塞。迨经散会,社中眉目,往往招邀俊侣,经过赵李。或泛扁舟,张乐欢饮,则野芳浜外,斟酌桥边,酒尊花气,月色波光,相为掩映。(《五石脂》陈去病)

想象一下,这是何等壮观的景象,青春学子,带着叛逆之精神,壮健之体魄,书生意气,激扬文字,放浪形骸,壮怀激烈。这些人中,张溥、吴伟业、陈子龙、侯朝宗、黄宗羲,个个是名载史册的文坛之星。他们相互邀约,宴酒,狭邪,于秦淮灯船,风雅而又轻狂。

晚明东林诸君子与阉党的争斗，已成朝野的性质。但东林的君子，重于讲学以抒发政治的主张，并非秦淮的常客，待到后继东林的复社君子，与先辈的生活已经迥异，看起来一切都肆无忌惮，清议时政，他们更多选择的是花舟水阁。

志同道合的盛大集会，狭玩雅集中的嬉笑怒骂，诗文酬答间的政治倾向，把一群充满革命情结的年轻士子与名姬名媛的风流结合在一起。秦淮河的花房灯船也就成为一种特定意义上的思想与文化沙龙。相比较北京的庙堂，这里更像是江湖之远，既远离政治中心，又盛于文采风流。身体的放纵与思想的解放彼此呼应，散发出迷人的自由激荡。黄宗羲有一幅亲笔手迹，说得很典型："初锢之为党人，继指之为游侠，终厕之于儒林，其为人也，盖三变而至今。"

党人—游侠—儒林，很能概括许多复社同人的身份。作为一种选官制度，明清科举制度除了具有政治上的重要功能外，对这些参与的个人而言，它也提供了一套人生价值观，吸引一般士人通过此途径，得以光宗耀祖、实现自我，绝大多数的士人也因此将科举事业的经营作为一种"志业"，借此实践个人的生命意义和人生价值。由于人数的激增，这个管道日益狭窄，大多数的士人沉滞其间，导致这种价值的追求坎坷难行。部分士人试图超脱于科举制度捆绑下的狭窄人生，另寻人生的出路，他们透过建构新的人生想象，拓展出新的生命活动场域，从中建立新的人格类型、人生价值与生活风貌。

黄宗羲四次乡试，屡战屡败，和他一样，名震江南的冒辟疆、侯朝宗都是屡试不中，但几乎每三年他们都要去一次南京，丝毫不影响他们的交友雅会，追求名媛。一轮又一轮乡试，一次又一次失利，却始终乐此不疲。而崇祯年间风起云涌的民间结社运动，则让这些失意的文人有了一展抱负的机会，越是失意，越是拥抱爱情，周旋于士林中的秦淮名姬们便超越了肉体，被赋予了更为全面的意义，更何况当时的她们亦有着鲜明的政治倾向和精神寄托，正如清代诗人秦际唐读《板桥杂记》后写到的那样：

笙歌画舫月沉沉，邂逅才子订赏音。
福慧几生修得到，家家夫婿是东林。

放诞颓废的晚明，给予士子们难以排解的心灵痛苦，大明王朝千疮百孔，天地沦陷的恐惧像咒语一样，不可摆脱地回响在耳边，绝望的乱世情怀将名士名姬命运般连接在一起。他们济世救民的意识经常在冰凉骨感的现实面前被撞得支离破碎，于是敏感脆弱，于是放浪形骸，于是金樽玉液，于是红妆缠绵。那一句"忍把浮名，换了浅酌低唱"也就具有了深重的命运之感。方以智有诗云：

少年挟剑走江湖，近在秦淮傍酒垆。
难道读书千万卷，只宜努力作狂夫？

诗中满是一腔报国无门的愤懑抑郁之情，这也是他们流连诗酒、沉醉风月的理由吧。陈子龙说方以智："密之名家，盛年多才负气，又当乱世，不能为人主建一奇，立一策，故不禁其言之颓激而恢荡也。"这种忧时伤世的家国情怀,一旦遭遇山河破碎,怎能不慷慨激烈。盘点那些"好狭邪游,纵酒高歌"的名士,明亡后,大多采取了与清朝不合作的态度,颇能说明问题,即便沉浸在花明月艳之中,仍让不失英雄气、男子气。正如陈寅恪先生言:"儿女情怀与英雄志略,亦未尝不可相反而相成。"

明朝中期伊始,阉宦专权,奸逆当道,特务横行,党争迭起,致使内忧外患、贤能被逐、忠直遭戮。以王艮、李贽为代表的思想家,公开标榜利欲为人之本性,主张童心本真、率性而行,反对理学家的矫情饰性,在思想界助长了一股反理学、叛礼教的思潮。很多置身于黑暗气氛中的文人士子,藐视恶俗又不甘绝望,纷纷追求个性解放、自由天地,欲在风花雪月、山水园林、虫鱼花鸟、丝竹书画、饮食茶道、古物珍异、戏曲杂耍、博弈游冶中,寻找朦胧雅逸又悠闲脱俗的胜境。

崇祯后期,政治废弛,家国危机,日益深重的忧郁弥漫在士子中间。胸怀报国之志的知识分子宏图难展,只好留恋于秦淮青楼之中,沉浸于吟风弄月之下。余怀的笔下勾勒出当时的盛况:

> 旧院与贡院遥对,仅隔一河,原为才子佳人而设。逢秋风桂子之年,四方应试者毕集。结驷连骑,选色征歌。转车子之喉,按阳阿之舞;院本之笙歌合奏,回舟之一水皆香。或邀旬日之欢,或订百年之约。蒲桃架下,戏掷金钱;芍药栏边,闲抛玉马。此平康之盛事,乃文战之外篇。

身处颓废的时代,恣肆纵情就成为文人士大夫阶层不得已的选择。晚明名士到旧院狎游放纵,如果仅仅是满足肉体之欲,便不足以让后世史家如此演绎阐说。引起史学家兴味的恰恰是名士与名媛之间文学的互通、心灵的互动,两性相悦之时,沉迷逸乐之余,不仅仅是表面的放浪形骸,也在寻求精神上的纾解和感情上的慰藉。更因为从明末崇祯朝的灭亡跨越南明小朝廷的速亡,作为大明龙兴之地的金陵可谓见证了惊心动魄的兴与衰,风月的凄艳与易代的悲壮,在这里聚焦,上演。背景惊心动魄,剧情一波三折,悲欣交集,他们将情爱销蚀,儿女情长融入国破家亡,才有了悲情长远,历史永怀。

清代史学家全祖望有《秦淮河房追怀复社诸公》一诗,颇能刻画秦淮士子的状态:

横议多缘世道衰,党人亦自蹈危灾。
宾寮艳说四公子,芒角犹传三茂材。
历诋太牢原过激,得沉白马有余哀。
秦淮水畔行游地,呜咽寒潮带雨来。

整个十七世纪上半叶,也就是明末的半个多世纪,从东林党到复社运动,党争成为政治历史的主旋律。本质上是士人集团企图抗拒腐朽皇权统治的自救行为,这一过程相当惨烈,但我们还是能感受到中国知识分子的那种誓死抗命的力量。

1644年：
愧无半策匡时艰

1644年的春天，整个北京城陷入一片混乱之中，此刻倾城，到处火光冲天，哀号遍地。在紫禁城前的金水桥，魏学濂、陈名夏、方以智撞到了一起。他们衣衫不整，气喘吁吁。其中一个是庶吉士，一个是给事中，一个是检讨，都是翰林院的青年才俊，干部储备的优秀分子。此时，他们商量的一个重要问题是：怎么死？魏学濂极力摇头，反对寻死。他说：死很容易，我不会轻易去死，我们得想如何救国，太子尚在，不能说没有办法。他的意见成为大家的共识。三人最后的结局各不相同，魏学濂先是短暂投降，后自缢而死。方以智几次寻死未成，被家人代为报名投降，后出家为僧。陈名夏先是投降李自成，后投降大清，很受朝廷器重，最后做到吏部尚书，太子的老师，显赫一时，最后被处以绞刑。

公元1644年，即崇祯十七年三月十九日这天来临的时候，人们的内心、情感和人格都受到极大的煎熬和考验，在这个绝望残酷的易代之际，其纠结反复，否定之否定尤为惨烈。士人集团中以死殉国的人被历史郑重地记载下来，正所谓："几家阖门自焚死，几人投缳从天子"，在这个腐朽透顶的末世，英雄传奇仍然是最震撼人心的旋律，那些悲壮的故事，高贵的人格是这个王朝最后的光芒。

大学士范景文——

此前一周即已绝食,在双塔寺古井殉难。这座创建于金世宗大定二十六年(1186)的著名古刹,见证了这位忠良之臣最后的悲壮。古井旁留下了他手书的几个大字:"身为大臣,不能灭贼雪耻,死有余恨。"他是内阁大学士中唯一为国殉难者。他有句名言:"天地人材,当为天地惜之。朝廷名器,当为朝廷守之。天下万世是非公论,当与天地万世共之。"

户部尚书倪元璐——

在京城陷落后,他向北跪拜皇宫,为自己身为大臣不能报国而自责;又向南跪拜,辞别住在南方的母亲;然后换上便服,祭拜关公,在案头题字:"南都尚可为,吾死分也。"他对家人说:必须等到大行皇帝殡殓,才可以给我收尸。随即在厅前自缢。仆人想上前解救,老仆哭着劝阻:主翁再三嘱咐,不要阻拦他殉难。他的儿子遵照父亲愿望,直到崇祯皇帝殡殓后,才给父亲合棺下葬。史书说:"三日后,贼突入,见之颜色如生,贼惊避他去。一门殉节,共十有三人。"

都察院左都御史李邦华——

十八日这天他率领御史上城墙巡视,遭到太监阻挡,归途遇见同僚吴麟征,握手挥泪,互相鼓励,誓死国难。次日,获悉国难,抱头痛哭,在门上写下了这样几个大字:"堂堂丈夫,圣贤为徒,忠孝大节,矢死靡他。"随后带了印信、官服,前往吉安会馆(江西吉安同乡会),祭拜文天祥,并题写绝命诗:"人生自古谁无死,留取丹心照汗青。今日骑箕天上去,儿孙百代仰芳名。"而后上吊自杀。

左副都御史施邦曜——

闻变他恸哭不已,在桌子上题词:"愧无半策匡时难,但有微躯报主恩。"遂自缢,仆人将他救下来,他怒斥道:"若知大义,毋久留我死。"最后喝下毒药而死。

大理寺卿凌义渠——

闻难,以首触柱,流血破面,随后烧毁了其生平所著述及评骘诸书,穿戴好官服,朝拜紫禁城,又向南祭拜父母,留下遗书曰:"尽忠即所以尽孝,能死庶不辱父。"乃系帛奋身,绝吭而死。

——刑部右侍郎孟兆祥全家投井自杀。

——御史陈良谟全家投井自杀。

——吏部许直投水自杀。

——兵部成德全家上吊自杀。

——户部吴甘中全家自杀。

——兵部主事金铉全家自杀。

殉难者在历史上留名的还有吴征、王章、于腾蛟夫妇总计不下百人,尚有无法统计者。全家自杀有马世奇、刘理顺、周凤翔、汪伟等不下百家,太监自杀者以百计,大部分连名字也没留下。"愧无半策匡时艰,惟余一死报君恩。"这是当时他们最响亮的气节绝唱。遍索历代改朝之时,明代士人文官集体中,殉国者之多称得上是一个空前绝后的奇迹了。

大约十年后,清朝顺治皇帝对于为明朝殉节的大臣,也给予了高度评价。顺治九年，他下达圣旨，表彰前朝忠臣，要求政府部门对范景文、倪元璐、李邦华、王家彦、施邦曜、凌义渠、吴麟征等二十人，拨地七十亩，为他们建造祠堂，给予祭祀。

三月三十日，李自成设计了一个颇有仪式感的场面，他命人将崇祯的遗体收殓入棺，陈放在东华门一座道庵里，命令明朝官员来做遗体告别。文秉的《烈皇小识》描述了当时的情景："诸臣哭拜者三十人，拜而不哭者六十人。余皆睥睨过之。"数字如此精确，可见当时有人在做观察统计，几千人的公务员队伍，真正如丧考妣的悲伤人数少得可怜。

北京城陷落的时候，侯方域的父亲侯恂从狱中被放了出来，他因失职被崇祯关了八年。这位前户部尚书投诚李自成，深得器重。李自成羞辱降官很有一套，让他们骑驴。而庶吉士周钟获得了骑马的资格，李自成尊称他为周先生。另一位庶吉士张家玉被大顺军严刑拷打不降，最后被抓来了父母，无奈屈服。

大学士魏藻德、陈演等首席大臣，在李自成入主紫禁城的第二天，就前往拜谒，跪拜宣示效忠之意。这让李自成大为不齿，他训斥魏藻德：你受皇帝重用，应当为社稷而死，为何偷生？魏藻德连忙叩头说：如果陛下赦免，一定赤胆忠心相保。对于这些朝秦暮楚的人，李自成不屑一顾，命令士兵将他们统统囚禁起来。

当时明朝在北京的官员有三千多人，除了一小部分自杀殉国以外，大部分人躲藏起来不敢出面。三月十九日，李自成张榜公告:"勋戚文武各官,俱于二十一日朝见,愿为官者量才擢用,不愿者听其回籍,如有隐匿者,歇家邻佑一并正法。"官员们无法躲藏,只好按照李自成的榜示,青衣小帽奔赴会极门报到。

李自成对这批降官十分反感,对处理此事的牛金星说:官员们在城破之日能够为国殉难,才是忠臣,怕死偷生者都是不忠不孝之人,留他们干嘛?

连李自成都知道嘲弄这些国家的栋梁,却很少有人从忠孝所产生的本源考虑问题。价值观的形成不仅仅是一个主观修养的单向选择,而是与整个社会的影响密切相关,明代士林的整体性堕落,根源是统治集团的思想逻辑和行为方式。

明代士林的精神结构和身份认同是历朝历代中最为奇特的,这与明代奴仆一样的对待文臣的执政恶习密切相关。钱穆在《国史大纲》里面曾经指出,明代专制政权是中国历史最为黑暗的时期,因为从制度与政策讲,朱洪武罢黜了宰相的制度,然后由皇帝来独裁,是一个专制独裁的政治体系。朱元璋、朱棣都是极有能力的独夫,对大臣很不尊敬,经常在朝廷上施行廷杖,而且变成明朝的制度。士大夫知识人动辄得咎,身为庙堂大臣,这么有地位的人,脱了裤子就挨打,打得皮开肉绽的,这算什么?实在是非常专制,非常专横,最独裁黑暗。余怀曾就此叹道:"发象房,配象奴,不辱自尽,胡阉妻女发教坊为娼,此亘古所无之事也。"(《板桥杂记》上卷)朱棣如此嗜杀成性,折辱文臣无所不用其极,与乃父如出一辙。朱元璋的后代子孙执行廷杖更是变本加厉,明世宗嘉靖帝,朝臣因"议大礼"被杖者多达一百三十四人,其中十六人死于非命,令人发指。明代诸帝对待大臣如此刻薄寡恩,实为斫丧士气之举。孟子有一句话:"君之视臣如手足,则臣视君如腹心;君之视臣如犬马,则臣视君如国人;君之视臣如土芥,则臣视君寇仇。"(《孟子·离娄下》)大明朝是一个对儒生漠视几近侮辱的年代,从肉体到心灵莫不如此。廷杖大臣、薄俸制是大明时代的一个常识性话题。在《明史》中,我们经常会看到这样的句子,"诸臣晨入暮出,累累若重囚,道途观者无不泣下",这哪里是光宗耀祖耀武扬威的政府官员,分明是朝不保夕的可怜虫。史书中说"笞罚廷臣,动至数百",严厉苛酷的惩戒政策让文官集团人心丧尽,责任与担当更无从谈起。在强权高压之下,他们弃节改操,随波逐流;或趋炎附势,助纣为虐;甚至欺君害国、败政残民。这整个官场,当然已谈不到什么志向和理想,不过是一些蝇营狗苟,得过且过的行尸走肉而已。

　　明亡之后,士大夫面临了严苛的考验。他们要在生死之间做一个最根本的抉择,选择活下来的人,则又面临着仕清或退隐的难题。有一批遗民,"因为亡国而产生反省、追忆、悔恨、舍弃的意识",因而出现了大量士人不入城、不赴讲会、不结社的现象。前面提到的那位屡试不中的艾南英死后就宁肯将棺木悬在树上,也不葬在清朝的土地上。阅读很多人诉诸文字的内心写照,你会感到一种巨大的历史虚无。整个末世王朝蔓延一百年的腐烂,仿佛耗尽了他们最后的心力,绝望由里到外,将所有的信念吞噬,他们附着于之上的这个政权千疮百孔,大厦将倾,没有人可以自救。

随着清军南下,南明福王政权、唐王政权、鲁王政权相继崩溃,江南抗清义士表现出可歌可泣的宁为玉碎不为瓦全的精神。黄道周被唐王政权任命为大学士,临危受命,他主动请缨,前往江西招募抗清义旅,以图恢复。从广信出衢州,到达婺源,遭遇清兵,战败被俘。清军把他押解到南京,路过东华门,他坐地不起,淡然地说:此地离高皇帝陵寝最近,就死在这里吧。监刑官只好把他就地处死。

这些人都曾在明末的江南,恣情纵欲于一个发展到极致的士大夫文化,但在明亡后,或以身殉,或则避世,过着清苦孤寂的生活。冒辟疆对新朝采取了一种断然不合作的态度,屡屡拒绝征召,而得以成全其英名。但他又不像方以智那样,采用激烈的行动来表达对明朝的效忠,而在水绘园中重建了一个笙歌不断、访客川流不息的乐土,让明末江南的风华声色得以延续,成为乱世遗民中难得的归宿。

明末清初的思想家顾炎武、黄宗羲、王夫之也没有以死明志,作为明遗民的代表,他们以卓越的学术成就与思想光辉青史留名。顾炎武以经学见长,黄宗羲以史学名世,王夫之则以哲学思想影响后世,开清代朴学风气之先河。"无以异国臣子"的顾炎武为亡妻写的《悼亡》诗,有"地下相烦告公姥,遗民犹有一人存"的誓言。作为一名思想家,黄宗羲在他的《明夷待访录》一书中对君主专制进行了激烈批判,其"为天下之大害者,君而已矣"

之论可谓石破天惊。王夫之一直拒绝清廷的征召，抵制清人的剃发令，在穷乡僻壤间隐居著书，其"石烂海还枯，孤心一点孤"的气节为天下人传诵。

第五章
美人图：曾经的华艳与怆然

秦淮诸艳：
废墟边的盛开

崇祯十一年（1638），冬。南京郊外牛首山。

风寒料峭，层林尽染，一阵呼啸而过的马蹄声打破了牛首山的寂静。一支近百人的队伍驰骋在山林中，他们从金陵南门浩浩荡荡出城的时候，引起大批市民驻足观看，英武的铳箭手一边高声吆喝着，一边打马飞奔，特制的几十面旗帜在迎风飘扬。引人注目的是其中色彩炫目的丽人，她们身穿大红锦狐箭衣，昭君披风，座下各色骏马，英姿飒爽，器宇轩昂。一些熟悉的身影不时闪动：顾媚、董小宛、王月、董十娘……

这场大型狩猎是张岱等著名文士发起组织的，这天，一行人出现在献花岩，当晚集体住在祖堂。

第二天午后，一群人浩浩荡荡进城，猎枪上

挑着各种战利品:一只鹿、三只麂、四只兔子、三只野鸡、七只猫狸,收获的喜悦洋溢在每个人的脸上,红妆绿袖,策马扬鞭,在金陵街道引起一阵阵惊呼。当晚,在隆平侯家又是一个通宵狂欢,白天收获的野味成为盘中餐、下酒菜。

这是张岱记录在《陶庵梦忆》中的一个情景,活脱脱一幅艳猎图、盛宴图,更像一幅五彩缤纷的美人图。这是秦淮风月场上渐次上演的逸乐图景,用张岱的描述是:"极驰骤纵送之乐"。

张岱是中国历史上罕见的语言大师,其用语之准确洗练堪称一绝,"驰骤纵送"四个字将晚明秦淮的逸乐气氛概括得生动性感,秦淮艳名就是在这些语言大师笔下,驰名历史。那是一个灿若星辰的历史天空,名士诗酒风流,文采与清谈共举;名妓高张艳帜,才华与美貌并重。二者惺惺相惜,水乳交融,不论纵论世事,抑或臧否人物,都在这秦淮河畔一座座精巧华丽的小楼里演绎出一个个绝世传奇。

今天人们耳熟能详的"秦淮八艳"之称源于叶衍兰的《秦淮八艳图咏》,她们指的是晚明名妓中的马湘兰、卞玉京、李香君、柳如是、董小宛、顾横波、寇白门、陈圆圆。收录的八艳图像共九幅,为编者和题咏的组织者叶衍兰所绘制,依次是马湘兰小影、卞玉京道人重帘香锁图、李香君小像、柳如是谒半野堂小影、董青莲小像、顾横波梅花小影、寇白门小像、陈圆圆小景、圆圆晚岁入道小景。书中对八艳各有一传,也是叶衍兰撰著的。《图咏》的题咏部分,包括叶衍兰、张景祁、李绮青、张僖四人分别以《国香慢》《女冠子》《三姝媚》《疏影》《月下笛》《眉妩》《翠楼吟》《庆宫春》八调依次吟咏八艳词作共计三十二首,这部书代表了清后期对于晚明秦淮风月的经典想象和描绘。

叶衍兰(1823—1897),史载禀赋过人,多才多艺,"于制艺、骈体、诗词之外,凡篆隶各体以及钟鼎文,俱能临摹逼肖。又工写花卉,善画美人,精刻印章"。"像传"作为一种历史叙述方式,已经引起学术界的关注,有人认为:画中态、词中意、传中情兼具,图、文、词三位一体,相得益彰。这是一种全新的经典重构模式。

书中说:

> 因思前明末造,士大夫多以文藻、气节相高下,章台柳枝、清溪桃叶亦皆负盛名、擅绝艺。虽流传未尽于是,而此八人或以明慧著,或以节烈彰,或以任侠倾动一时,或以禅悦忏修晚景,其人其事均足千秋,且皆出于风尘沦贱之余,莲挺污泥而性仍高洁,不为金钿所染,尤觉歆奇。彼须眉男子,遭逢时变、委曲求全以带宠遇,或幸际升平、恩礼殊渥而背弃天常,卒致屠戮者,对此能无愧面耶?写灵芬于舞衫歌扇中,弥觉玉台生色也。有同好定能抒发幽怀,却不仅《板桥杂记》而外续添佳话也。

《板桥杂记》对秦淮丽人的追记一直是后来历史文本的基本依据。该书中卷"丽品"记载,当日脍炙人口且为作者余怀"得而见之"的秦淮佳丽,实际上包括旧院中尹春、尹文、李十娘、李媚、葛嫩、李大娘、顾媚、董白、卞赛、卞敏、范珏、顿文、沙才、马娇、马嫩、小马嫩、顾喜、朱小大、王小大、张元、刘元、崔科、董年、李香等二十四人,另附珠市中王月、王节、寇湄等三人。

在明代中期以后,士阶层中狎妓宴饮成为风流之举,开花榜,品名妓作为副产品更是风行一时。虽然起初品藻名妓乃无聊时的游戏,但正因为一些文坛名士的广泛参与,而使之成了一种风雅时尚。当时又有"金陵十二钗"之说,《亘史钞·马姬传》云:"平康诸姬先后若,而人风流艳冶、鹊黑鸦黄,倾人城国者,何限在马姬。先者刘、董、罗、葛、段、赵,与姬同时者,何、蒋、王、杨、马、褚,青楼所称十二钗也。"马姬即马湘兰,生于1548年,卒于1604年,所以这里说的十二钗,都是嘉靖、万历年间人物。

马湘兰小影

马湘兰,是万历年间南京地区最负盛名的名妓,算起来应该是柳如是、董小宛等的奶奶辈级别了。钱谦益《列朝诗集小传》中介绍她说:"马姬,名守真,小字玄儿,又字月娇,以善画兰,故湘兰之名独着。姿首如常人,而神情开涤,濯濯如春柳早莺,吐辞流盼,巧伺人意,见之者无不人人自失也。……有诗二卷。……至今词客过旧院者,皆为诗吊之。"

马湘兰虽"姿首如常人",

但善画、能诗,可见这个名妓在艺术方面的涵养极高,诗文的写作也是其专长之一。她也是许多盛大文艺集会的常客:

> 承彩,字国华,齐藩宗支,散居金陵。……万历甲辰(三十二年,1604)中秋,开大社于金陵,胥会海内名士,张幼于辈分赋授简百二十人,秦淮伎女马湘兰以下四十余人,咸相为缉文墨、理弦歌,修容拂拭,以须宴集,若举子之望走锁院焉。承平盛事,白下人至今艳称之。

秦淮河北岸,明远楼。

这座迄今依然伫立的门楼已经是一个象征,在长达四五个世纪里一直是明清两代士人们的图腾。"江南贡院"四个字匾额至今仍霸气十足。"江南贡院"是清初南直隶改江南省后而得名,在明代,它叫"应天府贡院"。江南贡院始建于宋乾道四年(1168),经历代修缮扩建,明清时期达到鼎盛,清同治年间,仅考试号舍就有两万多间,加上附属建筑数百间,占地达三十余万平方米。其规模之大、占地之广居中国各省贡院之冠,创中国古代科举考场之最。据统计,从江南贡院落成直至晚清废除科举,共计为国家输送了八百余名状元、十万余名进士、上百万名举人,仅明清时期全国就有半数以上官员出自江南贡院,金陵文化之昌盛由此可见一斑。

从现存的一些照片,我们仍然可以领略贡院的壮观:排排号舍,密密麻麻,栉比鳞次,一望无际。同时两万多人考试,这是一个多么壮观的情景!

稍稍回顾一下金陵南京的风月史,几个重要节点非常明显:明代初期,首都南京在行政力量的支持下,建了十六楼,官妓业之兴盛达到最高峰。迁都之后,南京的娼妓业随之转衰,而后宣德的禁官妓,使之更加衰颓。明中期后,江南地区在经济力量的带动下,娼妓业又再度兴盛,"秦淮之地,金陵一衣带水耳。秦淮之事,金陵一北里平康耳。顾自明初设教坊司以来,而青楼管弦,风流不歇,绵历乃逾数百年"。

江南地区因为经济条件优厚,声色事业易于发展,政治上又因远离权力中心,所以成为突破官妓禁令的始作俑者。在江南成士大夫们寄情声色之温床不久,因为行政力量未能适时发挥纠正作用,到最后天子脚下的官员们也狎妓成风了——严思庵的《艳囮二则》卷首说:"明万历之末,上倦于勤,不坐朝,不阅章奏。辇下诸公亦泄泄沓沓然,间有陶情花柳者,一教坊妇女,竞尚容色,投时好,以博赀财。"至此,即便身处权力中心的官员们都已不顾禁令,那么禁令也就差不多形同虚设了。天子脚下犹然如此,其他地方也就可想而知了。这以后,决定妓院发展的已非行政力量,而是商业因素和文化因素共振的结果。

景泰五年,即1454年,贡院的建成是秦淮风月史的一大转折点,"旧院与贡院遥对"格局正式确立,标志着秦淮妓院逐渐成为"雅游"之所。余怀《板桥杂记》上卷"雅游"说:"旧院与贡院相对,仅隔一河,原为才子佳人而设。"百年秦淮传奇,自此开始。

据学者李洁非研究:

> 贡院之建,加上金陵文化和历史中固有积淀,两者相互氤氲,再经百余年含英咀华,终于崇、弘间达到绚烂的极致。而其为时并不算长,从头到尾不过十几年光景;换言之,真正播

于人口的秦淮香艳,不过是明代之尾转瞬即逝的事情。我们耳熟能详的秦淮名妓,无一出现在崇祯以前。《板桥杂记》所记,为"崇祯庚、辛"即庚辰(1640)、辛巳(1641)年之前余怀在秦淮的闻见,这是基本的时间窗。而它所提到的诸姬,时龄多为十来岁。如董小宛、卞赛(玉京)十八岁,李香、李媚都只有十三岁,顾媚(横波夫人)稍长,亦仅二十多岁。据陈寅恪《柳如是别传》:"崇祯十三年庚辰之冬,河东君年二十三。"从年龄看,很显然,明末这一群星璀璨的名妓群体,都是崇祯年间涌现出来;此前,她们或甫临人世,或尚处幼齿,不可能操此业。

这是"繁华公子""佻达儿郎"之类豪客云集之地,有人用了这样形而上的概括来描述进进出出的文人心态:"剑客藏名,托兹以砻侠骨,文人失职,借此以耗壮心。"无论是块垒难平,壮怀激烈,还是郁郁寡欢,怀才不遇,都可以在这里找到发泄和纾解的渠道。对江湖中的剑客、游侠来说,这里更是绝佳的处所,是他们消耗壮心或展现豪气的舞台。

年少的夏完淳所作《青楼篇》被誉为寄托兴衰之慨,诗中有"醒来锦袖飘歌院,醉后红牙唱酒楼"之语,一个年轻人的放荡不羁是有来由的:"二十年来事已非,不开画阁锁芳菲。那堪两院无人到,独对三春有燕飞。"妓院正是个人展现豪气,以博取侠名之处所。

"轻财结客"的侠气与情场艳女的洒脱相映成趣,这让妓院成为城市中重要的社交场域,是士人相互结交应酬的地方。《板桥杂记》中曾载:妓院中较具规模之集会"每集必费百金",因此余怀感叹道:"此亦销金之窟也。"这个城市繁华荟萃的"销金窟",事实上有着极高的门槛,除非有相当之财力,加以"轻财"之豪气,否则是很难进出其中的。

这是一个五光十色的江湖,末世乱象,人们已经等不及要加紧放纵和挥霍了。青楼的声色场所提供了一个逃避的空间,让人沉迷其中,暂时忘却现实科举下的挫折困顿,许多人在此消磨耿耿于怀的雄心壮志。当然,如果妓院只是具有迷醉个人心志的作用,成为躲避现实的场所,那么,进出其间的落魄士人,恐怕难以豪侠自许。事实上,妓院除了供人暂时迷醉外,它还有更积极性的意义:妓院也可以是一个自我展现的场域。妓院是明代商业城市中极重要的社交场所,这个社交场所的存在,可以作为个人表现的舞台,特别是具有文艺才华的士人,更可以在一些高级妓女所参与的艺文活动中展现个人才华,借此以证实个人的存在感、价值感。当然,这也是他们年轻的问题,年轻的答案。

风月之乡:
士人名姬的艺文沙龙

崇祯十二年(1639),秦淮河。

这一天是传统的七夕节,当晚,一场盛大的雅集艳会正在举行。东道主是方以智,他在侨居的水阁大宴宾客,二十多个名妓参加选美大赛,时称"开花榜"。那天晚上,经过激烈的角逐,王月脱颖而出,在二十余美人之中,名列第一,余怀当即题诗:"月中仙子花中王,第一嫦娥第一香",王月自此而名动公卿。张岱说王月"曲中三十年,决无其比也",关键是美貌之外,又具才艺,"善楷书,画兰竹水仙,亦解吴歌"。秦淮一隅,水软香温,流连其中者大都是风流名士,既有"秦淮四媛",亦有"明末四公子",从此成为口口相传的风月之乡。

那时候,秦淮河畔这样的大型雅集频频上演,大多是主题固定的艺文活动。像王月一样,这些名妓卖艺重于卖身,绝非赤裸裸的性交易,其所擅长,或琴棋、歌咏,或书法、绘画、诗词,与一般大家闺秀不相上下。名妓入座后,酒阑之余,皆能书写小令。她们装扮素雅、清洁幽香、笙歌燕舞,互为手帕姊妹,遇节做会,赴会时携带珍奇的食物一盒用以佐酒,称之为"盒子会"。自明中期以来,高级妓院已经不再是一般的社交场所,而成为江南不可或缺的文艺中心。这些风月场所有一个高雅的名字:曲中,再早一些,又称"女乐",因为她们色艺双全,擅长诗文、书画、琴棋和烹饪,充满吸引文人墨客的艺术氛围,因此,南京的旧院成为一种独具特色的社交沙龙,也堪称城市中较为高级的消费场所,除了它的声色之华,其空间形式的安排,浓厚的自由空间文化也至关重要。

明嘉靖以来,南京的士大夫们开始热衷于各种艺文集会活动,而且这些集会活动已无所禁忌地招引妓女参与其间,雅集活动之中，诗歌酬答之际，女人的身影既是陪衬又是主题，如钱谦益《金陵社集诸诗人》中言："秦淮一曲，烟水竞其风华；桃叶诸姬，梅柳滋其妍翠。此金陵之初盛也。"

可以想象这种形态的活动兼有文艺、娱乐，将文人之间的聚会形式与妓院声色游宴结合为一。当文人与名妓的往来日益热络时，名妓所主持的妓院也随之衍变出另一种文艺性质，它已不完全是个声色场所，而演变为一个重要的文艺中心。

科场考的是八股文，是思辨策论，是政治思考，规矩严肃，正襟危坐，他们自己都经常觉得面目可憎，而大型雅集则诗文唱和，性情随意，快意恩仇。文人们更愿意在此场合中，展现其诗文长才，借此以抒发其豪情壮志，将其受压抑之情感"大畅于簪裙之间"。同时，这种有别于科举制义的诗文写作，也因为可以成名于已然成形的文艺社会，获得文化价值上的认定，因而这种写作才能的展现，也成为个人追求价值实现的一个重要舞台。

这些寄身于社交场域中的名妓，她们也可能融于社交文化中，也因"轻财""结客"，而博得豪侠之名，如李贞丽以"一夜博输千金立尽"显示其"豪侠气"；寇湄的"女侠"之称，则来自其"筑园亭，结宾客，日与文人骚客相往还"的交际；姿色、曲艺俱称一时之选的顾媚，所居住的眉楼因此被称为迷楼，除了耳目声色之娱，迷楼更以精美的食物闻名遐迩："当是时，江南侈靡，文酒之宴，红妆与乌巾紫裘相间，座无眉娘不乐，而尤艳顾家厨食品。——以故设筵眉楼者，无虚日。"

这是一个属于他们的世界，由社交文化所衍生出来的"侠"

是一种普遍的社会价值,它意味着可以跳脱现实利益的经营与盘算,而纵身于社交场域,以一种挥霍的姿态展现个人生命力。

这种"文""酒"之宴,在酒宴中进行文艺活动,士大夫间伴随着妓女,已经成为一种新的活动形式而蔚为风尚,名妓所在之妓院也就成为艺文活动的重要聚集地。文人之外,一些艺人也往往在此展献其才艺,如当时最著名的说书人柳敬亭就"常往来南曲,与张燕筑、沈公宪俱,张沈以歌曲,敬亭以谭词,酒酣以往,击节悲吟,倾靡四座"。这类艺术活动有时演变为更豪奢的艺术集会:"曲中狎客有张卯官笛,张魁官箫,管五官管,子吴章甫弦索,盛仲文打十番鼓,丁继之、张燕筑、沈元甫、王公远、宋维章串戏,柳敬亭说书。或集于二李家,或集于眉楼,每集必费百金,此亦销金之窟也。"音乐、说唱加上诗文酬答,让这里已经不只是简单满足欲望的地方,其声色之外的文艺性质已极为明显。

妓女参与诗文写作逐渐形成风气,成为与士大夫往来的新时尚,而具备文艺写作能力也成为活动于文士间妓女的新要求。如金陵南市楼的马如玉:"修洁萧疏,无儿女子态。凡行乐伎俩,无不精工。熟精文选唐音,善小楷八分书及绘事,倾动一时士大夫。"

真正决定一个妓女的名声与身价的,关键是能否进入文人社交圈,而进入文人社交圈最"正当"的路径,是模仿文人的社交模式,扮演文人的同志,操弄文人熟悉的语言,以诗文与文人相酬答。诗画这种文士的才艺逐渐成为她们最重要的特质。

《列朝诗集小传》中介绍王微道:"微,字修微,广陵人。七岁失父,流落北里。长而才情殊众,扁舟载书,往来吴会间。所与游,皆胜流名士。"

　　一个能书善文的女子一旦得到文人的认同,很快可以同志的身份在文人社会中活动,而非只是其中的陪衬者,不少人也可能成为文会中的主角。在这种情况下,整体社交活动的发展中,除了男性士人之间的交游外,又增加了女性的角色,而女性的加入,无论就社交文化,或是对传统男女关系的发展,都是一个新的模式,一种新的社会文化——"情色文化"也随之孕育成长。学者李洁非指出:

> 这样的场所,明显不仅是男欢女爱之地,而演变为公共思想的空间。它的出现,证明了南京公共思想的活跃,也证明了开展这种思想交流的强烈需求。它是对"庙堂"式思想空间的打破、破除,这里所论所谈,必非冠带之说,茧挤之思,而无忌无拘、放任自由。它是自由思想地带,也是个性地带,"狭邪之游,君子所戒",青楼非书斋,君子可留书斋不必来此,来此即不必道貌岸然,而要嬉笑怒骂、真性示人。然而,秦淮河畔的个性,不再是"独坐幽篁里,弹琴复长啸",不再是魏晋风度,不再是孤高自许、自外于世,这里的个性解放指向社会解放,以历史变革为己任,追求群体价值认同……

色欲江湖：
不负风月不负卿

这一晚，大知识分子黄道周喝醉了。地点是余怀的寓所，外面雨雪交加。同席几个朋友将他扶进客房，他无知无觉地沉沉睡去。一觉醒来已是半夜，他翻了下身，手却触到一团柔软，一股幽香袭来，他吓了一跳。身旁躺着一个裸女，蓬松的秀发半遮住柔美的脸庞，杏眼惺忪，唇如樱桃，芬芳的呼吸近在咫尺……他恍惚间哼了一声，翻身继续呼呼大睡。

这是一个流传很广的故事，这位女子就是后来嫁给龚鼎孳的名妓顾媚，在秦淮诸艳中她是公认最妖艳性感的，所谓"鬓发如云，桃花满面"，"见者莫不心醉"，这天晚上，她是肩负使命的，那就是用肉体挑逗黄道周。这位号称"目中无妓，心中无妓"的大儒让一帮复社士子大为疑惑，才导演了一出醉酒遇美人的好戏。黄道周坐怀不乱，自此声名远扬。后来，明亡之际，他率军抗清，被捕后坚贞不屈，咬破手指写下血书："纲常万古，节义千秋，天地知我，家人无忧。"果然非常人可比。

如果都像黄道周这样坐怀不乱，也就没有秦淮风月的历史传奇了。恰恰相反，那个时代"狎妓非士大夫恶德，且为韵事"，秦淮之盛与文人士子的风流天性相辅相成。

风月场所的风靡之处在于气质与氛围，秦淮河畔的妓院，号称河房,绿色的窗,红色的门,隔岸辉映成趣。张岱这样描绘:"秦淮河房,便寓、便交际、便淫冶,房价甚高,而寓之者无虚日。画船箫鼓,去去来来,周折其间。河房之外,家有露台,朱栏绮疏,竹帘纱幔。夏月浴罢,露台杂坐。两岸水楼中,茉莉风起动儿女香甚。女客团扇轻纨,缓鬓倾髻,软媚着人。"《板桥杂记》中说到"河房"用了四个字形容:迥非尘境,可谓:屋宇精洁,花木萧疏。这是一种隐秘的家居、私人的空间形式,其所提供的奢靡享受是以清静、优雅、舒适的形式,不着痕迹地铺陈出来,这与酒楼喧嚣的华丽大异其趣,虽然两者可能都提供奢侈的酒食声色享受,但表现的方式截然不同,造成气氛相异、各自满足不同的活动需求,从而区隔开两者在城市开放空间中的角色。

明末名妓的房间格局,基本上是仿效当时文人对书房的布置,装潢摆设相当考究,这是一种典型的空间经营上的"文人化"。除"书桌""书籍""牙签玉轴""诗稿"这些书房的基本陈设外,一把悬挂在墙上的古琴让整个房间充满韵味。《遵生八笺校注》中言:"琴为书室中雅乐,不可一日不对。清音居士谈古,若无古琴,新琴亦须壁悬一床。无论能操,总不善操,亦当有琴。"房中置香几,几上摆设古玩、香炉或清供花草,这些都是文人书房的典型嗜好。

高濂在《燕闲清赏笺》有《香几》专文曰:"若书案头所置小几,惟倭制佳绝……斋中用以陈香炉、匙瓶、香合,或放一二卷册,或置清雅玩具,妙甚。"而其《书斋清供花草六种入格》文中言:"六种花草,清标雅质,疏朗不繁,玉立亭亭,俨若隐人君子,置之几案,素艳逼人,相对啜天池茗,吟本色古诗,大快人间障眼。"至于香几上置香炉以焚香,香炉以铜炉为佳,这都是文人所特别讲究的。墙壁装饰也是书房所特别重视者——在李渔眼里,"厅壁不宜太素,亦忌太华。名人尺幅,自不可少","书房之壁,最宜潇洒。欲其潇洒,切忌油漆……壁间书画自不可少"。

许多研究者注意到了明代妓女的文人化现象,认为这类"文人化"妓女形成的重要意义,除了"闺阁之内"的传统女性角色外,有一种女"士"的新角色,她们有文艺知识和才能,主要的往来对象是文人,居住空间的布置也以士大夫的书房为范本,这种女"士"角色的形成,才提供了士大夫与"红粉知己"经营情感世界、情艺生活的可能。

我们不妨从明末很多小说的描绘来领略妓院空间形式。小说《卖油郎独占花魁》中,杭州名妓花魁娘子所居的妓院,卖油郎秦重从外面看来是这样的:"近人家,面湖而住,金漆篱门,里面朱栏内,一丛细竹。未知堂室何如,先见门庭清整。"而入门之后,"中间客坐上面,挂一幅名人山水,香几上博山古铜炉,烧着龙涎香饼,两旁书桌,摆设些古玩,壁上贴许多诗稿"。这种空间特色正与南京旧院的装扮不无二致——在整体空间上具有园林趣味,而房间内的布置堪称是精致的文人书房。

著名的写大太监魏忠贤的笔记小说《梼杌闲评》中写到素馨住处:"一幅单条古画,一张天然几,摆着个古铜花觚,内插几枝玉兰海棠。宣铜炉内焚着香,案上摆着几部古书,壁上挂着一床锦囊古琴,兼之玉箫、象管,甚是幽雅洁净。"

《金瓶梅》第五十九回，西门庆走进郑家妓院，小说是这样描述的："原来郑爱香儿家，门面四间，到底五层房子。转过软壁，就是竹枪篱，三间大院子，两边四间厢房。上首一明两暗，三间正房，就是郑爱月儿的房，他姐姐爱香儿的房，在后边第四层住，但见帘拢香霭，进入明间内，供养着一轴海潮观音，两旁挂四轴美人，按春、夏、秋、冬……西门庆坐下，看见上面楷书'爱月轩'三字……进入粉头房中。但见瑶窗素纱罩淡月半浸……旁设褪红小几，博山小篆，霭沉檀楼鼻；壁上文锦囊像窑瓶，插紫笋其中……鸳鸯榻，高阁古今之书。西门庆坐下，但觉异香袭人，极其清雅，真所谓神仙洞府，人迹不可到者也。彼此攀话之间，语言调笑之际，只见丫鬟进来安放卓儿。四个小翠碟儿，都是精制银丝细菜。"

这些风月之所整个空间的安排是在繁华之中制造出一种素朴典雅的文艺范儿，并通过林木、回廊、曲径、水池、亭阁等的设计来营造氛围，阻隔城市世界的喧闹。这意味着要在城市中另创一个独特的世界，与今天许多都市的高级会所不相上下。当时的妓院是个既狎邪又高雅的空间，它既对外开放却又自我封闭，既属于城市的繁华，制造城市的繁华，又隔绝城市的繁华，疏离城市的繁华。

在秦淮，最好的时光是夜晚。余怀是这样描述的："每当夜凉人定，风清月朗，名士倾城，簪花约鬓，携手闲行，凭栏徒倚。忽遇彼姝，言笑宴宴。此吹洞箫，彼度妙曲，万籁俱寂，游鱼出听。洵太平盛事也。"时逢端午秦淮灯会,"士女凭栏轰笑,声光凌乱,耳目不能自主"。

李大娘、李十娘和顾媚的宅院,是秦淮河畔的几个著名中心。李大娘性豪侈,有须眉丈夫之气,"所居台榭庭室,极其华丽"。家中侍从十余人,整日笙歌不断。她对于自己提供的声色之娱非常自豪,曾经夸下这样的海口:"世有悠闲公子、聪俊二郎,至吾家者,未有不荡志迷魂、没溺不返者也。"李大娘的豪迈作风,以及让公子、儿郎荡志迷魂的风月手段,为她在莫愁、桃叶之间,赢得侠妓的声名。

李十娘,"性嗜洁,能鼓琴清歌,略涉文墨,爱文人才士"。余怀描述她"生而娉婷,肌肤玉雪",李十娘的宅院同样令人流连忘返:"所居曲房秘室,帷帐尊彝,楚楚有致。"宅院中建构了一条长廊,长廊左边种老梅一树,右边种梧桐二株,一丛高大的竹子,"晨夕洗桐拭竹,翠色可餐"。在旧院的诸多名妓中,余怀本人和李十娘交往最密切,余怀每有同人诗文之会,都选在十娘雅致的宅院里举行。规格是这样的,客人进门都配有一名美丽的侍女,随伺左右,磨墨焚香。宴席中茶果不断,"暮则合乐酒宴,尽欢而散"。其时天下大乱,像侯方域一样渡江而南的北方名士不绝于途,李十娘的秦淮院落,遂成为谈笑有鸿儒的避世之所:"于时流寇讧江北,名士渡江侨金陵者甚众,莫不艳羡李十娘也。"

借助于文人之笔,一个个艳名得以走进青史,留给后人无限的想象。

卞赛,知书,工小楷,善画兰、鼓琴。

沙才,善弈棋,亦能吹箫度曲。

马娇,知音识曲,妙合宫商。

寇白门,人称之女侠,"娟娟静美,跌宕风流,能度曲,善画兰,粗知拈韵,能吟诗","筑园亭,结宾客,日与文人骚客相往还,酒酣耳热,或歌或哭,亦自叹美人之迟暮,嗟红豆之飘零"。

作为一个文化沙龙,士人们在此"妖冶之奇境,温柔之妙乡中会旧友、结新知、开诗会、吟咏唱和,以至品评时政,商讨国事",表面上的风月场所却具备了文人参与社会的所有功能。

那些复社文人纷纷捉对沉吟,石榴裙下,演绎出一幕幕名士风流:尹春与余怀,李十娘与姜垓,王月、葛嫩与孙临,董小宛与冒襄,马嫩与陈名夏,李贞丽与陈贞慧,李香君与侯方域,顾媚与陈梁等。陈寅恪先生在其《柳如是别传》总结说:

寅恪尝谓河东君及其同时名姝,多善吟咏,工书画,与吴越党社胜流交游,以按男女之情兼师友之谊,记载流传,今古乐道。推原其故,虽由于

寇白门小影

诸人天资明慧,虚心向学所使然。但亦因其非闺房之闭处,无礼法之拘牵,遂得从容与一时名士往来,受其影响,有以致之也。清初淄川蒲留仙松龄《聊斋志异》所纪诸狐女,大都妍质清言,风流放诞,盖留仙以齐鲁之文士,不满其社会环境之限制,遂发遐思,聊托灵怪以写其理想中之女性耳。实则自明季吴越胜流观之,此辈狐女,乃真实之人,且为篱壁间物,不待寓意游戏之文,于梦寐中以求之也。

在一片风流跌宕中,青楼粉黛、士女酬唱与政治纷争、国家兴亡建立起难以割舍的联系,平添了风月的凄艳与易代的悲壮。

卷二 · 风月

第六章
追忆：影梅庵里的情爱史
——董小宛与冒辟疆

相遇：
生不相从死相从

────────────

　　场景一：崇祯十二年，公元 **1639** 年，苏州半塘，夏，白天。

　　苏州城外西北方的山塘河一带，两岸民居鳞次栉比，粉墙黛瓦，隔河相望。靠近虎丘一带有一条街，名叫山塘街，繁华异常。河边有一处静幽的院落，竹篱茅舍，环境优雅。

　　一位书生装扮的青年男子走上台阶，此人丰神秀姿，气度不凡，他是冒襄，字辟疆。宅门打开，一位丰润秀美的中年女性迎来，一脸惊喜地说："您来了几次都没见着小宛，这次巧了，我的女儿正好在家，就是喝了点酒，还没醒呢，您在这等一会儿，我这就去喊她。"

　　过了一会儿，幽深的小径上，中年妇女扶着

一位少女走过来,她是董小宛。走到近处,小宛依着栏杆,睡眼蒙眬,面晕浅春,秀姿玉色,神韵天然。二人四目相对,也可能是宿醉太深,也可能是天生矜持,小宛勉强笑了笑,算是致意,但懒懒地始终没说一句话。

这是冒襄回忆中描述的和董小宛初次见面的情景。这一年,董小宛年方十六,冒襄长她十三岁,时年二十九岁。奇怪的是,两人见面都没说话,情景相当深沉含蓄,对他来说无非是一次寻欢之旅,在她亦应是寻常的应酬。总之,浅浅的初次相见,就这样擦肩而过,他的解释是:"余惊爱之,惜其倦,遂别归。"

最初听说小宛的艳名是在南京秦淮河畔,冒襄是从与他同称明末四公子之一的方以智口中得知,小宛"年甚绮,才色为一时之冠"。在南京考试期间,侯朝宗等人又不止一次对他感叹小宛的英名,冒公子不以为然地说:"我没见过,要眼见为实才信吧。"

初次见董小宛,冒公子果然惊为天人,用他的话讲是:"此入眼第一,可系红线。"

余怀的《板桥杂记》用了八个字形容小宛:"天姿巧慧,容貌娟妍",对她的性格气质这样描绘:"性爱娴静,遇幽林远涧,片石孤云,则恋恋不忍舍去;至男女杂坐,歌吹喧阗,心厌色沮,意弗屑也。"

从这些印象来看,董小宛厌烦热闹,喜欢安静,而且常常顾镜自怜,自怨自艾:我这样的一个姿慧脱俗的人,落此庸俗之地,真是飘花零叶啊。性格气质整个一林黛玉。读小宛流传下来的

几首诗,也可见其多愁善感、自命不凡的气质:

小庭如水月明秋,天远窗虚人自愁。

多少深思书不尽,要知都在我心头。

(《秋闺词》之一)

残柳凋荷绿为沉,一池春水澈如心。

楼前几日无人到,满地槐花秋正深。

(《秋闺词》之二)

诗写得轻巧灵秀,静远疏淡,哪里像是风月场上的名妓啊。所以,冒公子后来感叹道:"在风尘虽有艳名,非其本色。"心高气傲的董小宛哪能适应天天赔笑醉卧的皮肉生涯,她的白马王子何时才能出现呢?

当冒公子出现在她眼前的时候,她知道,救星来了。

她很早就听说了冒公子的大名,也打听过此人,只知道"此今之高名才子,负气节而风流自喜者也",对于冒襄,时人是这样评价的:"其人姿仪天出,神清彻肤。"有人形容他为"东海秀影",可见他气质非凡,是清清爽爽的一个美男子,以至于江湖传说"所居凡女子见之,有不乐为贵人妇,愿为夫子妾者无数",意思是说,见过他的女人,宁肯给他当妾,也不愿嫁给富人,女粉丝无数。

三年后。

场景二:崇祯十五年,公元 1642 年,仲春,苏州虎丘,夜晚。

春风沉醉,江南夜色迷人。冒襄与友人夜游山塘河,小船驶过一座小桥,眼前一栋小楼孤身立在水边,冒襄向身旁的友人打听:这是什么地方,里面住着什么人啊?友人说:这是双成馆。冒襄惊喜万分:双成馆不就是董小宛的住处吗?他立刻命人停船靠岸。友人说:别打扰了吧,听说人家刚刚因为被有钱有势的人骚扰过,病重已经十八九天了,母亲又刚过世,据说闭门谢客了。

冒襄哪顾得上这些,三年前的所有印象历历在目。

他敲了很长时间的门,才有人应声。里面黑灯瞎火,他沿着楼梯曲曲折折上楼,一股浓烈的中药味扑面而来,走进房间,桌上也满是药饵。绣帘深处,躺在床上的董小宛似乎已经奄奄一息。

她强撑着问:先生何人?

冒襄:三年前和小姐有过一面之缘,我是如皋冒广生。

小宛一听,立刻支起身子,眼泪扑簌簌落下。

"自从上次和先生一见,母亲常常说起你,为我没有和你交往感到遗憾,三年过去了,母亲刚刚过世,看到你又想起母亲的话来,先生这是从哪里来?"

以上的情景对话是冒襄的回忆录里写到的,将他的文字转化为白话,实在毫无意境。小宛当时的音容笑貌,确实给冒公子留下极为深刻的印象。与上次的矜持不同,这一次小宛十分主动。她强撑起身子,揭开帐帘,上下打量冒公子,并拿过灯来,让他坐到自己床边。聊了一会儿,冒襄因为她身体虚弱,一再辞别,小宛拉住他的手说:"我已经十八天水米未进了,整天昏昏沉沉,惊魂不安,今天一见先生,病好了多半,觉得神清气爽。"

小宛让人摆上酒席,款待冒公子,她只是喝酒,一口饭菜也不动,期间冒公子多次起身告辞,小宛就是不让走。

冒襄只好说:父亲在襄阳有急事,实在不能留宿,小宛这才同意。

第二天,因为牵挂父亲,冒襄急着离去。友人和随从都不忍心了,劝他无论如何要去向小宛告别,人家那么一往情深,总要告别一声吧,不能这么辜负姑娘家。

没想到,船到楼下,小宛早已穿戴整齐,正在那等着呢,船一靠岸,便跳了上来。冒公子好说歹说,希望就此作别,小宛说:我已收拾好了,一定要送你。冒襄无奈,只好带着小宛上路。后来,关于这一场景,他用了这样的表述:"却不得却,阻不忍阻。"也许对冒公子而言,这不过是一次猎艳寻芳而已,对小宛来说意义则完全不同,困顿不已、濒临绝境的她仿佛抓到了一根救命稻草,哪里还能放手?

这一路,整整送了二十七天。从苏州、无锡、常州、宜兴、江阴,又到了镇江北固山。一路上,这对才子佳人赢得了相当高的回头率,当董小宛披着薄如蝉纱、洁比雪艳的西洋布退红轻衫,和冒辟疆"观渡于江山最胜处"时,"千万人争步拥之,谓江妃携偶踏波而上征也",真可谓惊艳四方。

"越二十七日,凡二十七辞,姬惟坚以身从",晚年冒辟疆真实记录了当时的情形,二十七天里,他几乎每天都在说服她回去,她则铁定心就是要跟着,对他说:妾身就像这江水东流,再也回不去苏州了。

冒公子听罢,不耐烦地拒绝,说了一大堆理由:科举、父亲处境、母亲立下的规矩,况且,你债务缠身,怎么还钱也是一个问题。等我考试完了,看看结果再说。那时候,我们一起去南京吧。

小宛依然徘徊不去。

场景三:崇祯十五年,公元 1642 年,镇江,船上,白天。

一艘小船,江水东流。

一个月以来,同样的情景再次发生,冒辟疆和董小宛一直在争执,一个朋友开了一个玩笑:你如果想实现愿望,就掷五木(赌博的工具,类似今天的骰子)吧。如果是一个大满贯,就是命数了。

小宛郑重其事地祈祷半天,忐忑不安地扔下五木,结果是不可思议的五个六,大家都惊呆了。

董小宛临江发誓:"妾此身如江水东下,断不复返吴门。"

冒襄说:既然天意如此,更不可仓促,我们从长计议,你还是先回去吧。

小宛不得已,只好痛哭而别。

董小宛小影

多年后,冒襄讲述自己心态时,毫不避讳地说:"余虽怜姬,然得轻身归,如释重负。"

拒绝了二十七天,终于摆脱了小宛,这就是他的心态。冒公子如此一定有他不得已的苦衷吧。从后来的经历看,冒公子此人极孝,而且家教甚严,可能更关键的是他有一个贤淑明理的妻子。对于他,寻花问柳可以,真带回家他不想也不敢。还有一个因素,冒襄自幼有神童的美誉,十六七岁即中秀才,可谓少年得志。但不幸的是,从1630年到1639年,他连续四次乡试,全部落榜。科场的打击让他的功名事业屡屡受挫,功名不成,哪有脸抱得美人归呢?怀才不遇,对于一个自视甚高的年轻人的打击往往是致命的。

回到苏州的小宛闭门谢客,每日吃素静养,专心等待公子来接,满心期待夏天的金陵之行。可是几个月过去了,一点音讯没有。情急之中,她雇了一条小船从苏州赶往南京。

一路上备尝艰辛,先是遇到盗贼抢去了所有财物,一贫如洗,两手空空。接着船又坏了,躲在芦苇丛中忍饥挨饿,困厄了三天。终于赶到南京,知道冒公子正在参加考试,她只好耐心等待。

八月十五一早,冒襄的首场考试一结束,董小宛已在寓所等他了。

场景四:崇祯十五年,公元 1642 年,金陵桃叶渡水阁,中秋之夜。

这是一次盛大的聚会。八月十五中秋夜,冒襄在桃叶渡水阁召集四方同社诸友刘履丁、陈梁、魏学濂、李雯等人，顾媚、李十娘等秦淮名姬都纷纷现身，为他们贺喜，魏学濂即兴画了一幅《美人图》。大家还请来了戏班，演出阮大铖的名剧《燕子笺》，哀艳曲折的剧情，让董小宛泣不成声，在场的佳丽也唏嘘落泪。此时，距离冒辟疆上次赴金陵乡试，初识董小宛，正好三年。

那一夜，冒辟疆后来用了十六个字做了描述："才子佳人，楼台烟水，新声明月，俱足千古。"

两天后，冒襄突然接到父亲的消息，说已经从襄阳弃官回家了，而且，船已经到了江边。冒襄急急追随父亲而去，与小宛不辞而别。

黯然神伤的小宛写了一首为爱绝命的表白诗：

事急投君险遭凶，此生难期与君逢。

肠虽已断情未断，生不相从死相从。

红颜自古嗟薄命，青史谁人鉴曲衷。

拼得一命酬知己，追伍波臣作鬼雄。

这是一首血泪情诗，如此哀怜、如此卑微、如此决绝，为了爱，小宛真是把命都豁出去了。她认定了眼前这个男人，不惜死缠烂打，不惜以死相随。

"天下才"：
翩翩明末一公子

崇祯九年，冒辟疆以一种近乎招摇的姿态，来到歌舞升平、不知大乱之将至的南京。这是他第一次参加科举，那一年他二十六岁，"时先人与冒先生来金陵，饰车骑，通宾客，尤喜与桐城嘉善诸孤儿游，游则必置酒，召歌舞"。从那时起，他就开始在金陵与东林子弟结为志同道合的生死之交。为了招待来自四方的同人，甚至"出百余金，赁桃叶河房前后厅堂楼阁凡九，食客日百人"，充分展现了疏财仗义，慷慨豪迈的侠士风格。

得遇冒辟疆，是董小宛之幸。他容貌俊逸、风度蕴藉，有人评价他是"天际朱霞，人中白鹤"，还说他是"淮海俊人，江皋韵士，秉乾坤之秀，灵气独钟"，简直就是一个天地间少见的美男子。美貌也就罢了，偏偏还是一个惊人的天才，这样一个翩然而至的白马王子她怎么会让自己错过。

冒襄，字辟疆，号巢民，万历三十九年（1611）生于扬州府如皋县，记载中说他"幼有神童之誉"，十三岁辄能赋诗。表面看起来，很像是一种溢美夸张，但从当时知名文人的背书和冒本人的交游考证，不难想象他早熟的才华如何赢得众人的称誉，以至于在十四岁时，就以诗作被当时知名的文人所赏识，这其中就有大画家董其昌和大隐士陈继儒。冒辟疆少年诗集《香俪园偶存》刊刻印行,竟然由这两个画坛宿儒同时作序。

崇祯九年(1636),冒辟疆赴金陵参加乡试,年迈的董其昌为了表示对爱徒的期待,用五天画山,用十天画水,花了两个月的时间完成了一幅山水轴,成为艺林佳话:

> 金秋得辟疆冠冕南国,真足再造文运,觅佳缣作画,以待高捷为贺。五日一山,十日一水,八十八老人竭两月经营之力,必有以抒写生平,足当巨眼,且留作艺林佳话。

董其昌这段动人的真情记叙,反映出冒辟疆在他心中的分量,一个八十多岁老人的爱惜之情溢于言表。

二十九岁那年,冒辟疆自己有段自述:"时襄以老泉发愤之年,五困场屋,无能自致于亲。谬以虚名,受知当世海内名流,诗文书画不胫骈集。"

从1630年开始,五次科举考场不第,是他一生的持续挫折,但这丝毫没有影响到他文坛上的威名。诗文书画上的卓异,固然让冒辟疆名震明末江南,但他痛批时政的儒生风范和慷慨激昂的侠义品格,才是受到人们尊敬的重要因素,再加上他风流蕴藉的举止风度,才成就了他在明末金陵的贵胄传奇。冒辟疆有感于朝政的混乱,继东林党人之后,加入士大夫清议的行列,并因而和方以智等人并入明末四公子之列,这四个人虽然个性不同,但都高自标置,对现实政治有强烈的关怀,因而奠定了卓越的地位。

和冒辟疆同辈的吴伟业,对冒的个性有如下的描述:

> 往者天下多故,江左晏然,一时高门子弟,才地自许者,

相遇于南中,列坛墠立名。阳羡陈定生负早岁盛名,与辟疆为至交,皆贵公子。定生为人仪观伟然,雄怀顾盼。辟疆举止蕴藉,吐纳风流。视之虽若不同,其好名节,持议论一也。以此深相结,义所不可,抗言排之,品核执政,裁量公卿,虽甚强梗,不能有所屈挠。

关于冒辟疆的评价文中用了八个字:举止蕴藉,吐纳风流。

崇祯九年夏天,通过方以智的介绍,和冒辟疆结交的陈名夏,对冒的才情同样佩服不已,认为是"天下才":

> 时辟疆以终军弱冠之年,擅羽猎长杨之誉,岳峙渊停,玉映霞举。南中自三事以下,皆式庐倒屣,即吾党称辟疆与密之、子一鼎足文苑,亦咸目其为天下才也。

这里用了八个字:岳峙渊停,玉映霞举。

陈瑚崇祯十五年在扬州第一次见到辟疆,更是被他的风采震慑而惊叹为神仙中人:

> 昔崇祯壬午,于游维扬……因得识冒子。冒子饰车骑、鲜衣裳,珠树琼枝,光动左右,予尝惊叹以为神仙中人。

评价又是八个字:珠树琼枝,光动左右。

余怀的《板桥杂记》以充满温情的笔调,这样追忆那个属于他们的大时代和冒辟疆动人的形象:

> 当是时,东南无事,方州之彦,咸集陪京,雨花桃叶之间,舟车恒满。余时年少气盛,顾盼自雄,与诸名士厉东汉之气节,燄六朝之才藻。……巢民以兀傲豪华,睥睨一世。

评价同样是八个字:兀傲豪华,睥睨一世。

冒辟疆的才华、仪表、风姿、侠气,让他当仁不让地成为明末江南众所瞩目的人物。而明室覆亡,对于冒辟疆慷慨激昂、名动公卿的前半生,自然成为一个无可弥补的巨大断裂,那一年他只有三十四岁。仕途、举业和经世济民的雄心壮志,都因为1644年而一去不返。晚年,他开始构筑一个日后著名的精神家园——水绘园,营造出一个远近闻名的世外桃源。他一方面利用有限的资源,赈济乡里,并多次拒绝清廷的征召,忠实地履行儒生的志业;一方面又在水绘园中广纳宾客,纵情于耳目声色之娱与山水诗文之乐,恢复了明亡后江南的风雅之盛。这种系声华、风雅与名节、操守于一身的特色,和那些悲苦卓绝的十七世纪遗民相比,实属不同凡响。有学者指出:"从这个角度来看,冒辟疆的水绘园似乎可以看成是十七世纪明末士大夫文化和十八世纪盛清时期士大夫文化间的桥梁。在这个乱世桃源中,冒辟疆一方面找到了寄托生命、成就令名的据点;一方面也借着丰富的士大夫园林生活,在另外一种时空环境中,重演昔日金陵的繁华岁月。"(李孝悌《冒辟疆与水绘园中的遗民世界》)

水绘园全盛时期,笙歌不断,冒氏家班的声名也不胫而走。但七十岁之后,辟疆历经种种劫难,先人留下的墓田、房舍,为豪家尽夺,被迫"鬻宅移居,陋巷独处",靠着卖文和家班演出为生:"每夜灯下写蝇头数千,朝易米酒家生。十余童子,亲教歌曲成班,供人剧饮,岁可得一二百金,谋食款客。"

八十岁那一年,甚至连这种基本的局面也无法维持:"今岁俭,少宴会,经年坐食,主仆惧入枯鱼之肆矣!"昔日"饰车骑,鲜衣裳"的少年名士,至此走到一个山穷水尽的悲苦境地。

清康熙三十二年(1692)十二月三十一日,冒辟疆病逝,享年八十三岁。

和冒辟疆相交三十年,在清初文坛和官场都位居显要的龚鼎孳,曾经用华丽的文学性叙事,综述了老友六十年中所经历的巨大变化:

> 辟疆东都名士,秦川贵游,风流映坐,声华被物,名都美人,更相迭和。指囷割宅,倾身弗给。客来万里,歌艳四时,固贤豪之胜概,亦文人之福泽矣!而今乃纸窗雪夜,梵林清昼,独与二三高人衲子,寒吟凄咏于残香活火、疏灯薄醉之中,如理幺弦,如扣哀玉,如幽兰之过雨,如秋城之送砧。盖其结习豪情,铲除净尽,霜降水落,澄怀味道,故能拨弃一切,披写天真。

追随:
拼得一命酬知己

场景一:崇祯十五年(1642)九月初一,銮江,夜晚,江边梅花亭。

这天晚上,朋友江边设宴,董小宛喝多了,吐得一塌糊涂。

冒辟疆正在这里等待科举发榜的消息,董小宛一路追随至此。七天后,消息传来,冒辟疆再次落第,这已经是第五次了。冒辟疆仰天长叹,考场十五年征战,他失败得如此之惨。他心灰意冷,郁郁寡欢,对旁边的董小宛再也提不起兴趣。

船到家乡,他严令董小宛返回,留给她一个决绝的背影。

董小宛绝望了。

其实,董小宛并不知道,此时的冒辟疆可能还有一个心病,他心里有个女人在作祟,此前刚刚得到消息,这个他心仪的女性已经被豪强劫掠北上,她就是陈圆圆。这是冒辟疆在后来的回忆录中自己承认的。

  本是莲花国里人,为怜并蒂谪风尘。
  长斋绣佛心如水,真色难空明镜身。

这是冒辟疆赞美陈圆圆的诗,评价相当高。一年前的崇祯十四年(1641),冒襄省亲南岳途经苏州时,几次都未能见到仍旧滞留黄山的董小宛,却在好友许直的引荐下,与陈圆圆相识,并对其一见倾心。《影梅庵忆语》中写了初见陈圆圆时留下的美好印象:

  其人淡而韵,盈盈冉冉,衣椒茧时背顾湘裙,真如孤鸾之在云雾。是日演弋阳腔《红梅》,以燕俗之剧,咿呀啁折之调乃出自陈姬身口,如云出岫,如玉在盘,令人欲仙欲死。

陈维崧在《妇人集》中,有如下记载:"如皋冒先生常言:妇人以姿致为主,色次之,碌碌双鬟,难其选也。蕙心纨质,澹秀天然,生平所见,惟圆圆一人耳。"两人甚至订了婚约,据说其间还见过冒家老母。无奈冒襄急需为身处战乱中的父亲奔走陈情,只能将这门亲事暂且放下。可未曾料到,此一去竟成永别,1642年春天,陈圆圆为豪强劫掠,正好发生在他再次科举之前的数月。冒辟疆深受打击,他曾与友人感慨:佳人难再得啊!如果说此时冒辟疆真正爱的是陈圆圆,应该是合理的推测。

多年以后,在写董小宛的《影梅庵忆语》中,冒襄仍不惜笔墨,以大段篇幅记述他与陈圆圆的感情经历,实属罕见,超出常情。以至于明史学家孟森曾在《董小宛考》中认定,冒、董相识之初并无深交。冒辟疆曾对友人确实也说过"彼(圆圆)天香国色,远超宛姬也"。冒公子如此对董小宛铁面冷酷,也许心中还是少了一个"爱"字吧。

冒公子实在是一个被女人惯坏了的男人,桃花运之盛让他习惯了放弃。作为一个才子孝子,他对女人的概念可能仍然停留在狎玩的范围之内。他的好朋友陈则梁在他二十六岁的画像上有过题词,说他"生平无第三事,头上顶戴父母,眼中只见朋友,疾病妻子非所恤也"。对于古代的男人,这几乎已经是一大优点了。

场景二:崇祯十五年(1642)十一月,苏州虎丘,船上。

农历十月,苏州也已经进入深秋,寒风瑟瑟,钱谦益和柳如是船上设宴,为董小宛送行。

这个秋天对于董小宛来说如此煎熬,她茶饭难进,身上还是一个月前离别冒公子时的单衣。她只有死路一条了。冒辟疆的几个朋友实在看不过去,纷纷解囊相助,可是董小宛的债务实在复杂,朋友们大多无功而返。关键时候,钱谦益、柳如是出面了,他们把董小宛接到船上,好生抚慰。钱谦益不愧是江湖大佬,在他们的规划、张罗下,三天之内,各种债务全部了结一清。董小宛命苦,摊上一个好吃懒做的父亲,整整三千两外债,收回来的欠条都超过一尺厚。

为了落难的闺蜜,钱谦益、柳如是使出了浑身解数:

  虞山宗伯闻之,亲至半塘,纳姬舟中,上至荐绅,下及市井,纤悉大小,三日为之区画立尽,索券盈尺,楼船张宴,与姬饯于虎嘤,旋买舟送至如皋。

钱谦益特意买了一艘船,执意将董小宛送到了如皋。这一天是1642年十一月十五日。残阳如血,寒风如割。

下船后,一直不见冒辟疆的踪影。他在陪父亲喝酒,他哪敢离开。董小宛真是幸运,冒的夫人苏元芳温良贤惠,颇识大局,对董小宛的到来做了周密安排,以礼相待,精心照顾,并特地为她置办了一处别院。董小宛那颗惊魂未定的心终于落下了,她感觉终于到家了。后来,她告诉冒辟疆自己真是"骤出万顷火云,得憩清凉界"。

这一年,冒辟疆三十三岁,风华正茂;董小宛十九岁,花容月貌。

九年后,顺治八年(1651)春,董小宛"以劳瘁死"。

在冒襄的《亡妾秦淮董氏小宛哀辞》中,明确记载董小宛的死亡时间为"辛卯献岁二日",即顺治八年(1651)正月初二。几百年过去,围绕董小宛之死却成为历史上的一桩著名公案,其中最传奇的就是董小宛成为顺治皇帝挚爱董鄂妃。清朝大量涉及此事的诗文、笔记众说纷纭,近现代的学者孟森、陈寅恪、黄侃、王梦阮、赵苕狂、顾启等诸位先生也纷纷加入,详加考证。历代描写、附会董小宛生死之谜的小说、戏曲则更是为破解这一历史谜团设置了重重障碍。翻检这些假说,学者汤宇星梳理了两类:"病死说"与"劫掠说"。

主张"病死说"的学者主要是孟森、顾启两位先生。孟森的《董小宛考》以翔实的论证,基本否定董小宛被掠入清宫成为董鄂妃的传闻旧说。顾启作为大陆学者中的冒襄研究专家,撰有《关于董小宛的结局》《释"墓门深更阻侯门"——关于董小宛之死》与《再谈董小宛的结局——与董千里先生商榷》等文,收录在《冒襄研究》中。这三篇论文在孟森考证的基础之上进一步驳斥了陈寅恪、黄侃、王梦阮的劫掠说,认为小宛绝非顺治皇帝的董鄂妃。

在《柳如是别传》中陈寅恪不认同董小宛的"病死说"。在引用了吴伟业《题冒辟疆名姬董白小像》的诗句"江城细雨碧桃村,寒食东风杜宇魂。欲吊薛涛怜梦断,墓门深更阻侯门"之后,陈寅恪分析道:

> 此绝后半十四字,深可玩味。盖"侯门"一辞,出云溪友议上"襄阳杰"条,崔郊诗"侯门一入深如海,从此萧郎是路人"。然则小宛虽非董鄂妃,但亦是被北兵劫去。冒氏之称

其病死,乃讳饰之言欤?此事数十年来考辨纷纭,于此不必多论,但就《影梅庵忆语》略云……可知辟疆亦暗示小宛非真死,实被劫去也。

《柳如是别传》转引的文字位于《影梅庵忆语》全篇的结尾处,冒襄视之为谶兆,内容为:

> 三月之杪,余复移寓友沂友云轩。久客卧雨,怀家正剧。晚霁,龚奉常偕于皇、园次过慰留饮,听小奚管弦度曲。时余归思更切,因限韵各作诗四首。不知何故,诗中咸有商音。三鼓别去,余甫着枕,便梦还家,举室皆见,独不见姬。急询荆人,不答。复遍觅之,但见荆人背余下泪。余梦中大呼曰:"岂死耶?"一恸而醒。姬每春必抱病,余深疑虑。旋归,则姬固无恙,因间述此相告。姬曰:"甚异。前亦于是夜梦数人强余去,匿之幸脱,其人狺狺不休也。"讵知梦真而诗谶咸来先告哉!

陈寅恪据此认定,冒襄详述董小宛梦境的缘由,是在暗示劫掠的事实,或许是因为政治避讳,而只能以死代之。

围绕董小宛生死之谜的讨论,经由历代学者的不断猜想与反驳,至今仍旧迷雾重重。其实,关于晚明这段历史的考证一直是富有魅力的学术命题。学者林奎成的著作《吴三桂与甲申之变》就用大量考证对吴梅村《圆圆曲》中的"冲冠一怒为红颜"提出尖锐的质疑。认为吴三桂并未降李自成,陈圆圆也不是吴三桂降清的直接诱因。明亡至今也不到四百年,而这段历史竟然如此扑朔迷离。作为历史的直接参与者与见证人的吴梅村写的文学文本是否有虚构历史真实之嫌,已经很难认定。这里既有文学文本与历史文本的差异,也涉及历史书写的主观与变异。从《圆圆曲》到《桃花扇》,再到《红楼梦》,文学叙述把历史叙述冲击得面目全非,事实只有一个,而故事却有多种讲法,历史,也就只能是存在于人们心目中一种叙述而已。

追忆:
"一生清福,九年占尽"

———————————

董小宛死后,冒辟疆写了一篇万言长文《影梅庵忆语》:
　　每冥痛沉思姬之一生,与偕姬九年光景,一齐涌心塞眼,虽有吞鸟梦花之心手,莫克追述,区区泪笔,枯涩黯削,不能自传其爱,何有于饰?
才子美人的传奇,再加上扑朔迷离的皇家八卦,这篇悼亡文字,一经刊行就广为流传,"一时名士,吴园次以下,无不赋诗以赠",并在后世产生极大的影响,成为悼亡或描写闺情之作的鼻祖,伉俪之情深笃,几百年过去,仍然散发着人性的光辉。这并不是一篇普通的回忆录,他把对个人命运的追忆置于时间的废墟之上,他们的痛苦和激情与王朝的毁灭、历史的悲剧交织在一起。爱情既是其文本的核心内驱力,又是其外化的表达方式。此中既含蕴他们自己生活的缩影,又折射出那个时代的风云变幻与人心变迁。

董小宛贤淑妇人的一面,是嫁到冒家之后才显露出来的,大概连冒辟疆都始料未及:"入吾门,智慧才识,种种始露。凡九年,上下内外大小,无忤无间。""佐余妇,精女红,亲操井臼,以及蒙难、遘疾,莫不履险如夷,茹荼若饴。"而董小宛之所以愿意"却管弦""洗铅华",过一种"茹荼若饴"的妾妇生活,根本原因在于厌倦了酒色征逐的欢场岁月,用她自己的形容就是:"五载风尘,如梦如狱。"她累了,多么需要一个怀抱,一个港湾。她几乎是在用生命守护她的爱情,像修行一般献身这个家,如奴隶般侍奉给了她归宿的这个男人。

所有柔情似水,所有缠绵悱恻,都发自生命本源之爱和原始的活力之爱,爱情成为主宰她命运的终极力量。

根据冒辟疆的描述,董小宛在几个月内,就学会了各种女红,而且技艺出神入化:"针神针绝,前无古人已。"

她在侍奉长辈父母时所表现出的恭敬周到,也同样令人印象深刻:"而姬之侍左右,服劳承旨,较婢妇有加无已。烹茗剥果,必手进。开眉解意,爬背喻痒。当大寒暑,折胶铄金时,必拱立座隅,强之坐饮食,旋坐旋饮食,旋起执役,拱立如初。"这些表现已经与一般侍女丫鬟甚至佣人相仿了,冒辟疆的母亲、妻子及亲眷也都对她大为赞赏:"谓其德性举止,乃非常人。"

在日常饮食外,董小宛也精于财务管理:"余出入应酬之费,与荆人日用金错泉布,皆出姬手。"

崇祯十七年,甲申之变的消息传开后,江淮一带盗贼蜂起,如皋城内也是风声鹤唳,董小宛协助冒辟疆留守家园,锁上内室,"经纪衣物、书画、文券,各分精粗,散付诸仆婢,皆手书封识",在乱世中,展现出沉着运筹、精细治家的优秀能力。小宛思虑周密,有条不紊的做法,让冒辟疆逃难中的父亲都大为惊讶:

先从间道微服送家君从靖江行。夜半,家君向徐曰:"途行需碎金,无从办。"余向姬索之,姬出一布囊,自分许至钱许,每十两可数百小块,皆小书轻重于其上,以便仓卒随手取用。家君见之,讶且叹,谓:"姬何暇精细及此?"

冒襄画像

除了礼敬亲长、操持家务,董小宛在冒辟疆身陷重病时的细心呵护,可谓无微不至,勤勉忘我。冒辟疆一生中至少经历过四次几乎致命的大病,其中三次都发生在冒董两人相处的九年内。

顺治二年,冒辟疆为了逃避战乱,和家人迁往盐官。逃难途中,冒辟疆因为饱受惊悸,受了风寒,大病五个月,到第二年春天才稍微痊愈。其间,董小宛同样以超乎寻常的

举止行径,"体贴"入微地照顾冒辟疆,其情其景,感人至深:

> 姬仅卷一破席,横陈榻边,寒则拥抱,热则被拂,痛则抚摩。或枕其身,或卫其足,或欠伸起伏,为之左右翼,凡病骨之所适,皆以身就之。鹿鹿永夜,无形无声,皆存视听。汤药手口交进,下至粪秽,皆接以目鼻,细察色味,以为忧喜。

久病床前,近半年的时间,董小宛如此照顾病中的丈夫,没有深沉的爱是做不到的。

更多的时候,他们是快乐的,琴瑟和鸣,雅趣互生。不论是文辞书画,还是饮食器用,冒董二人的家居生活,都将明清士人与秦淮名妓的闲雅情趣发挥到极致。张明弼《冒姬董小宛传》中说他们:"日坐画苑书圃中,抚桐瑟,赏茗香,评品人物山水,鉴别金石鼎彝,闲吟得句与采辑诗史,必捧研席为书之。意所欲得与意所未及,必控弦追箭以赴之……相得之乐,两人恒云天壤间未之有也。"在末世的仓皇中,六次科举六次落败的冒辟疆似乎只能躲进自己的隐逸角落里,细细地品尝情爱与风雅,董小宛浑身散发出的气质与风度正适合他。

——他们写诗,作画,编书,文艺得彻底,优雅得坚决。

冒辟疆有几年费心搜集唐诗,董小宛就成了最好的助手,董小宛虽然不以诗文创作见称于世,但学养知识足以和文士冒辟疆坐而论学:

> 姬终日佐余稽查抄写,细心商订,永日终使,相对忘言。阅诗无所不解,而又出慧解以解之。尤好熟读楚辞、少陵、义山、王建、花蕊夫人、王珪、三家宫词,等身之书,周迥左

右,午夜衾枕间,犹拥数十家《唐书》而卧。

抄写商订之余,董小宛协助冒辟疆编了一套以闺阁奇僻之事为主题的书稿:

> 乙酉,客盐官,尝向诸有借书读之,凡有奇僻,命姬手抄。姬于事涉闺阁者,则另录一帙。归来与姬遍搜诸书续成之,名曰"奁艳"。其书之瑰异精秘,凡古人女子,自顶至踵,以及服食器具、亭台歌舞、针神才藻,下及禽鱼鸟兽,即草木之无情者,稍涉有情,皆归香丽。今细字如笺,类分条析,俱在奁中。

这套手稿整理完成后,董小宛的秦淮好友顾媚和龚鼎孳曾经借阅品读,"极赞其妙"。

——他们喝茶,喝出一个天人合一的境界。每当花前月下,二人静试对尝之际,茶香四溢,"如木兰沾露、瑶草临波"。

两人最喜欢的茶叶是岕片,正是《长物志》中认为质量最佳的茶种,这是明末风雅生活中的极品:"品之最优者,以沉香、岕茶为首。"岕的原意和嶰相同,指的是两山之间。岕茶则特指产于浙江长兴、江苏宜兴一带山间的茶叶。冒辟疆不仅对岕片的产地和质量作精密的描述,对摘采的时间和气节也十分挑剔,这些都反映了他们精于茶道的极高境界:

> 岕茶雨前精神未足,夏后则梗叶太粗,然以细嫩为妙。须当交夏时,时看风日晴和,月露初收,亲自监采入篮。如烈日之下,又防篮内郁蒸,须伞盖至舍,速倾净,薄摊,细拣枯枝病叶。

这些经过精挑细选,"具有片甲蝉翼之异"的上等岕片,董小宛必亲自洗涤、煎制。从茶具的清洗、茶叶的反复涤荡，到烹调时机的掌握，都极为考究，不厌其烦地从生活中的细琐之处体验艺术和美：

> 烹时先以上品泉水涤烹器，务鲜、务洁。次以热水涤茶叶，水太滚，恐一涤味损。以竹箸夹茶于涤器中，反复涤荡，去尘土，黄叶老梗，尽以手搦干，置涤器内。盖定少刻，开视，色青香洌，急取沸水泼之。夏先贮水入茶，冬先贮茶入水。

——他们嗜吃，吃出大自然的色香味。

董小宛对各种食谱和四方名厨的技艺都细加考察、访求，并巧施慧手，求精求变，做到火肉无油有松柏之味、风鱼有麂鹿之味、醉蛤如桃花、醉鲟骨如白肉、虾松如龙须、烘兔酥雉如饼饵、腐汤如牛乳的地步。董小宛对花草植物有超乎寻常的感情和喜好，也因此使得她烹调的饮食洋溢着特有的芳香。特别是她对腌菜的研究试制，已经技艺超群，让一般家庭主妇望尘莫及：

> 冬春水盐诸菜，能使黄者如蜡，碧者如苔。蒲藕、笋蕨、鲜花、野菜、枸蒿、蓉菊之类，无不采入食品，芳旨盈席。

董小宛制作的甜点，采用各色鲜花、水果，充满了个人风格：

> 酿饴为露，和以盐梅。凡有色香花蕊，皆于初放时采渍之，经年香味、颜色不变，红鲜如摘，而花汁融液露中，入口喷鼻，奇香异艳，非复恒有。最娇者为秋海棠露……味美独冠诸花。次则梅英、野蔷薇、玫瑰、丹桂、甘菊之属。至橙黄、橘红、佛手、香橼，去白镂丝，色味更胜。

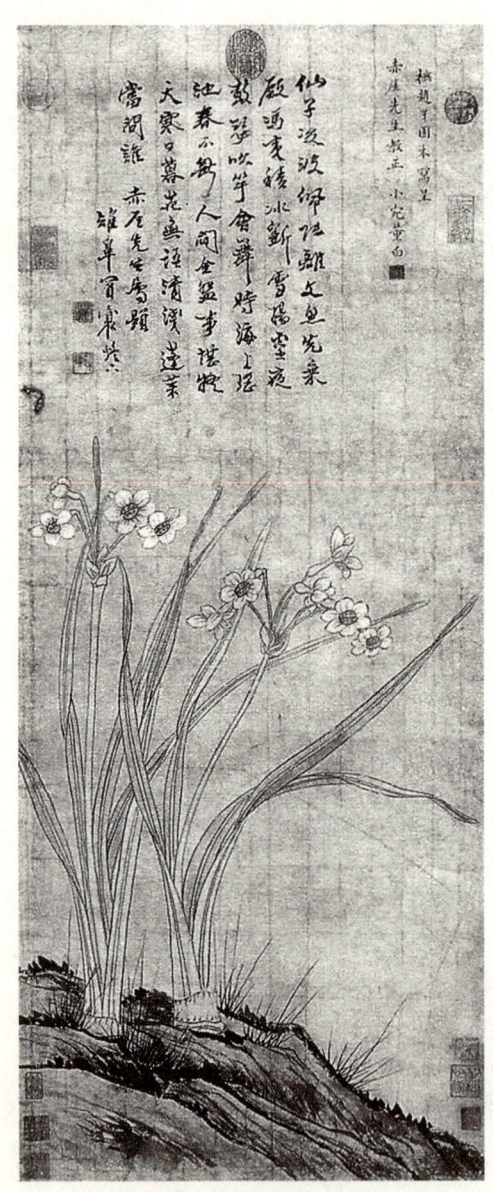

董小宛绘冒襄题《玉肌冰清图》

这些花露甜点,经过董小宛的巧手装点,不仅色彩斑斓,令人垂涎欲滴,而且具有解酒的效果,"酒后出数十种,五色浮动白瓷中,解酲消渴"。

——他们品香,营造出一个香艳飘逸的世界。

"姬每与余静坐香阁,细品名香",细而分之,这些香包括了横隔沉、蓬莱香、真西洋香、黄熟、生黄香、女儿香等不同名目。在撩人的幽香中,一寸一寸地挥霍掉一生中最美好的时光:"又有沉水结而未成……名蓬莱香,余多蓄之。每慢火隔砂,使不见烟,则阁中皆如风过伽楠,露沃蔷薇……之味。"沉香和以肌香,共筑出销魂之乡:"久蒸衾枕间,和以肌香,甜艳非常,梦魂俱适。"

天寒地冻的夜半时刻,二人独处室中,帏帘四垂,毛毯覆叠,"烧二尺许绛蜡二三枝,设参差台几,错列大小数宣炉,宿火常热,色如液金粟玉。细拨活灰一寸,灰上隔砂,选香蒸之,历半夜,一香凝然,不焦不竭"。甜热的香味中间杂着梅花和蜜梨的气味,成为二人生活中萦绕不去的记忆:

> 忆年来,共恋此味、此境,恒打晓钟尚未著枕,与姬细想闺怨,有斜倚薰篮,拨尽寒炉之苦,我两人如在蕊珠众香深处。

所有这些如今也已烟消云散,空留余憾:"今人与香气俱散矣!安得返魂一粒,起于幽房扃室中也。"

二人相伴的九年,正是血雨腥风改朝换代的岁月,他们躲进小楼,用一种高度精神性和物质性相结合的美,来抵御时代的粗粝,用回肠荡气的情爱回应造物的无常。时间虽短,人生足矣。

第七章
情殇：一个女性的命运曲线
——柳如是的风月诗骨

初出江湖：
相府下堂妾

柳如是每一次改名都像是为命运所赐。八岁之前，她叫云娟，一条飘浮在空中的云锦，美丽则美丽，其命运之变幻无测似乎已经注定。

小云娟生性乖巧，丽质天成，可惜生错了人家，穷到卖儿卖女地步的父母将她卖给一位鸨母徐佛。徐佛是吴中名妓，艳名远播，随着年老色衰则修炼成一位眼光独到的投资者，她料定小云娟是一块好料，开始精心调教，琴棋书画，诗词歌赋等一系列的良好教育，让小云娟迅速绽放。这时候，她改名朝云。朝霞万千景象，可惜昙花一现，朝云的命运仍然不得不如浮萍般游荡下去。

朝云十三岁了，青春的发育，让她出落得如

花似玉。她的命运似乎迎来了转机,这次看中她的是当朝内阁大学士周道登的老夫人,徐佛一定是卖了一个好价钱。一开始是给周家的公子做侍婢,结果被年迈的周道登相中了,收为侍妾,并亲自调教诗书技艺,取名"影怜",寓意来自李义山诗"对影闻声已可怜"。老翁宠少妾,周家自此不再平静,妻妾成群的有效管理是那时候大家族男主人最头疼的事。两年后,周道登去世,十五岁的影怜被驱逐出周家。从虚无缥缈的云到若有若无的影,柳如是命中的虚幻又浓了一层。

影怜再次回到徐佛的身边。徐佛不愧是一位优秀的"经纪人",作为人脉甚广的吴中名妓,她很善于炒作。她知道从周道登家出来的影怜已经脱胎换骨。周道登是天启、崇祯两朝的重臣,又出身翰林院,经他手调教的影怜,艺术修养和精神境界已非一般小女孩可比。徐佛在她的名牌前加了五个字"相府下堂妾"。这一点睛之笔,充满智慧,自此,影怜的命运发生了重大改变。

此时,她的身边出现了一位举足轻重的人物:张溥,当时的复社领袖,号称"十年著作千秋秘,一代文章百世师",拥趸者无数。一番风流缱绻之后,张溥发现她绮雅过人。自此,松江、嘉兴一带,影怜的画舫开始受到文人学士的追捧。

柳如是的青春绽放了。松江丽水,花晨月夕,箫鼓画舫,岁时不绝,明丽聪慧的柳如是开始跻身一群知识分子中间,著名的"云间三子"陈子龙、李雯、宋征舆等时常与她结伴泛舟,高谈阔论。在这些文坛才俊面前,柳如是已然不再是一个美丽的点缀,在他们眼中,柳如是就像他们中的和谐一员。他们的评价是"凡所叙述,感慨激昂,绝不类闺房语"(宋征璧《秋塘曲并序》)。像是某种命运的复刻,她一生中最著名也最饱受谴责的浪漫故事至此开启。

情断南园:
但令君心识故人

柳如是生命中又一个男人出现了,此人叫陈子龙。作为一位人中之龙,他是著名知识分子团体复社的骨干,"几社"创始人。《明史》中这样评价他"生有异才,工举子业,兼治诗赋古文,取法魏、晋,骈体尤精妙",这更多是从文学史上对他的定位。事实上,此人是明末一代重臣,吴梅村夸他的诗"高华雄浑,睥睨一世",诗如其人,可见陈子龙境界之高。而最为人称道的,是他作为一个文人,却气节坚贞、忠勇、刚烈,明亡后,投笔从戎,坚持抗清,被捕后,投水而死,年仅三十九岁,堪称大明一朝名副其实的栋梁之材。

一代文坛领袖,从来不乏风流韵事,所谓"文史之暇,流连声酒"也是常有的事。也可能因为两次进京会试落败,失意文人怀才不遇,只好寄身声色。好在那时候的时代之风率真而宽容,陈子龙的英才因其风流而更加富有魅力。

崇祯五年（1632），苏州。

这一定是一个令人心旌摇荡的夜晚。

陈子龙与好友宋征璧泛舟秋塘，舱外和风细雨，烟雨蒙蒙。美酒是需要美人的。在座的美人就是刚刚从周家流落人间的柳如是。

杯盘之际，这几位本来忧国忧民的士子少不了愤世嫉俗之言，国家正当生死存亡之秋，如何振衰起弊，改革图存，应当是这个秋塘之夜的主题。

让陈子龙欣喜的是，眼前这位十五六岁的小女子谈吐非凡，格局高远，一点不像闺中女子的温言软语。

陈子龙醉了，嚷嚷着让宋征璧"走笔作歌"，于是就有了《秋塘曲》。

这是他们第一次相遇，这一年是1632年，陈子龙二十四岁。两年前，他南京中举，一年后京师会试落榜。柳如是出现在一个正在追求功名的青年男子身旁。

两人真正走到一起是三年后的1635年。地点是在松江城南门外阮家巷的南园，这里是陈子龙与他的几社成员聚会的场所。几社的"几"字典出《易经》，"种子"的意思，他们以此命名颇有复兴古典学术命脉的宏大抱负。

南园茂林修竹，亭台楼阁，几社同人登高远眺，饮酒赋诗，激扬文字，纵论时事。柳如是成为他们中的一员，美人点缀，佳人有约，二人正式同居了。南园主人特地将南楼留给他们，朝夕欢会,共筑爱巢。这年春夏,两人度过了他们一生中最为甜蜜的时光,并分别以情诗集记录下彼此的爱恋,陈子龙诗集《属玉堂集》,柳如是则集为《鸳鸯楼集》。

她为他写了《男洛神赋》,他为她写了《采莲曲》,"芳心偶触,怃然万端"。陈子龙和柳如是多首同调同题之作,透露了二人的情爱秘密:

浣溪沙·五更

半枕轻寒泪暗流,愁时如梦梦时愁。角声初到小红楼。　　风动残灯摇绣幕,花笼微月淡帘钩。陡然旧恨上心头。

（陈子龙）

金猊春守帘儿暗,一点旧魂飞不返。几分影梦难飘断。　　醒时恼见小红楼,朦胧更怕青青岸。薇风涨满花阶院。

（柳如是）

踏莎行·寄书

无限心苗,莺笺半截。写成亲衬胸前折。临行简点泪痕多,重题小字三声咽。　　两地魂销,一分难说。也须暗里思清切。归来认取断肠人,开缄应见红文灭。

（陈子龙）

花痕月片,愁头恨尾。临书已是无多泪。写成忽被巧风吹,巧风吹碎人儿意。　　半帘灯焰,还如梦水。销魂照个人来矣。开时须索十分思,缘他小梦难寻视。

（柳如是）

春宵苦短,陈柳的甜蜜时光很快被打破了。据陈寅恪先生考证,棒打鸳鸯散的是陈子龙的夫人张氏。张氏是一位在当地有名的贤淑之妻,"生而端敏,孝敬夙成",是被夫家、娘家称"女师"的厉害女人。事实上,这位大夫人已经非常宽容大度,之前为陈子龙张罗过三个妾了,现在陈子龙又与妓女厮混在一起,自然是不合礼仪有失家风的,张氏兴师问罪,南苑不堪的一幕也就可以想象了。陈子龙屈服了。

这年秋天,柳如是离开松江,回到盛泽的妓馆,再也没有回头。

那一年,她十七岁,他二十七岁。

一个是少年神童,云间才子,性情刚烈的忠勇之士。

一个是炽热狂达,内秀天成的奇女子。

一个"强直之士,怀情正深"。

一个喜穿男装,性情豪宕。

黯然离别,这是一个无比艰难的时刻。

一艘小船,凄冷的码头,两个有情人,泪洒深秋。

柳如是作《别赋》:

虽知已而必别,纵暂别其必深。

冀白首而同归,愿心志之固贞。

陈子龙作《拟别赋》:

苟两心之不移,虽万里而如贯。

又何必共衾帱以展欢,当河梁而长叹哉?

女子幽怨哀婉,心存幻想,意思是,你可不能变心啊!男子潇洒旷达,故作深沉,意思是:两情若是长久时,又岂在朝朝暮暮。

秋风无语,从此天各一方。没有伤害,只有伤情,两人尝尽相思之苦。

柳如是对联拓片

后来，用情至深的陈子龙写过一首《长相思》，道尽了无奈与悲情：

> 美人昔在春风前，娇花欲语含轻烟。
> 欢倚细腰倚绣枕，愁任素手送哀弦。
> 美人今在秋风里，碧云迢迢隔江水。
> 写尽红霞不肯传，紫鳞亦妒婵娟子。
> 劝君莫向梦中行，海天崎岖最不平。
> 纵使乘风到玉亭，琼楼群仙口语轻。
> 别时余香在君袖，香若有情尚依旧。
> 但令君心识故人，绮窗何必长相守。

在《柳如是别传》一书中，陈寅恪先生对这一段爱恋尤其着意考证，从时间、地点、人物等等仔细梳理，两个相爱之人的七八年，摇曳风流，正如陈子龙自撰年谱里写的一句话："文史之暇，流连声酒。"陈子龙是一个以天下为己任的才学之士，即便是醉卧花丛的时候，仍然会有"太觉多情身不定，莫将心事赠征鞍"的自觉。爱情，怕只怕遇到对的人，却又是不对的时间。当婉媚绝伦的柳如是走近他生命的时候，沉浸其中应该是他一生最为放纵的岁月。而当离别不可避免地到来的时候，陈子龙哀恸难抑，他作《满庭芳》，给了她最深长的告白：

> 紫燕翻风，青梅带雨，共寻芳草啼痕。明知此会，不得久殷勤。约略别离时候，绿杨外，多少销魂。才提起，泪盈红袖，未说两三分。
>
> 纷纷，从去后，瘦憎玉镜，宽损罗裙。念飘零何处，烟水

相闻。欲梦故人憔悴,依稀只隔楚山云。无过是,怨花伤柳,一样怕黄昏。

影怜又改名了,这次不仅改名,连姓也改了,先改名柳隐,再改名如是。

我总觉得离开陈子龙以后,柳如是内心的那个最真实的世界关闭了。她似乎失去了富有魅力的弹性,其后的她一度让我失去继续书写的动力,即便是她委身钱翁,恐怕也只是功利和赌气的结果。关于柳如是个人的瑕疵,野史有不少不堪的说法,喜淫乱,是八卦的重点,甚至关于陈子龙对她的放弃,顾苓《河东君传》有个这样的说法:"尤放诞,孝廉谢之去。"意思是说,柳如是行为性格过分放荡不羁,陈子龙内心里还是比较排斥的。这似乎基于对陈子龙重孝、持重、妻管严、爱好名声的本性出发得出的结论。男人喜欢女人的豪宕放恣是只限于自己这张床的,看柳如是那么放纵自如地周旋于众男人之间,心中不舒服也是难免的。不过,这显然没有从柳如是的角度思考问题。此时的柳如是尚不足二十岁,我相信她遇到陈子龙是遇到了爱情,有了爱情的性再怎么淫怎么荡也都是一种境界,一旦爱消失了,除了肉体的刺激,她还能怎么安慰自己呢?

离开陈子龙后,柳如是度过了一段特别混乱的时光。她有些放弃自己的意思了,在杭州,在嘉兴,从汪然明的横山别墅到吴氏的勺园,她开始周旋于一帮年老的名士之间。她经常喝醉,酒后经常歌舞盘旋,谈锋也经常会刺到这些思想学问大家。她俯仰恣肆的身影、洒脱快意的谈吐,当然还有跌宕迷人的性魅力成为摇动四座的一道美丽风景。觥筹交错之后的夜晚永远那么迷人,她总是沙龙的女主人,暧昧风情,众星捧月,夜夜欢歌之后,她还会想起那个二十七岁的青年才俊吗?

写到这一段情景的时候,陈寅恪先生的想象颇有点身临其境的感觉:

由此可知河东君位于歌筵绮席,议论风生,四座惊叹。

故吾人今日犹可想见是夕杞园之宴,程唐李张诸人,对如花之美女,听说剑之雄词,心已醉而身欲死矣。

"心已醉而身欲死矣",在这样的人间尤物跟前,男人怎么抵抗得住诱惑。但柳如是的内心呢?一封信可以窥见她的些许心境吧:

流光甚驶,旅况转凄。恐悠悠此行,终浪游矣。

走进半野堂:
此去柳花如梦里

1641年,钱谦益宣布用正式大礼聘娶柳如是,当时用的词是"匹嫡"之礼,也就是明媒正娶。

这一年他五十九岁,柳如是二十三岁,江湖文坛掀起轩然大波。

钱谦益像

松江,芙蓉舫,一个颇为悲壮的场景。钱老先生与如是小姐屹立船头,缓缓行进在众目睽睽之下,他们紧紧靠在一起,笑对周围的指责、唾骂,岸上不时飞来砖石与弃物。他们没有躲避,没有胆怯,他们为自己这种世俗的穿越而充满快意。《河东君记》中寥寥数语,描摹了他们当时的处境:"云间缙绅,哗然攻讨,以为褰朝廷之名器,伤士大夫之体统,几不免老拳,满船载瓦砾而归。"

在钱谦益,这是一种惊世骇俗的报复,心中隐隐泛着某种别样的快意,这个王朝欠他的。

明万历三十八年(1610),钱谦益高中状元,那一年他二十八岁。据说因为有人暗使手脚,他只得了第三名,这在当时即引起轩然大波,所谓"士论大哗",史书记载说"钱甚恨"。

这是一个混乱的朝纲,钱谦益确实生不逢时。

当了十年翰林院编修后,终于"诣阙补官"。作为东林党人的一员,钱谦益始终在党派争斗中沉浮,天启朝他上了东林党的黑名单,被点为"天巧星浪子钱谦益",遭弹劾罢官。

崇祯皇帝即位后,钱谦益被重用,官至礼部侍郎,人到中年,机会终于来了。接到任命,钱谦益激动得眼泪都流出来了:"重面西风挥老泪,余生何以答殊恩?"

可惜官位尚未坐热,就在他即将被推为内阁成员时,奸佞之徒再次挡在了他前面。在这关键一步,钱谦益非但没升,反而被罢。明亡前钱谦益在政坛三起三落,遭受过四次重大挫折,与明季激烈的党派之争始终相随。看起来是他命中多舛,屡犯小人,其实,与当时险峻腐朽的政治环境有关。

钱谦益自幼即好下围棋,常因看棋太过投入而不知日夜,他也是中国历史上将围棋入诗最多的诗人,后来他用这样的诗句总结自己的官运:"事到抽身悔已迟,每于败局算残棋。"

隐居数年后,1637年,钱谦益还是没有被政敌放过,遭遇数罪并罚,关进北京大狱,好在众人相救,才被放出来。

宦海沉浮几十年,钱谦益的命运与他的名声形成了强烈的反差。在文坛,他是东林前辈,诗文领袖,与吴梅村、龚芝麓并称"江左三大家",诗名盖世,被时人推为"当代文章伯",学识之渊博,著述之丰富,威震海内。只可惜,庙堂于他之远,千难万险,他奋斗了大半辈子,也是两手空空。眼看已年近花甲,白发苍苍,不是我负朝堂,实在是这个朝堂容不下我的才华啊。除了寄情声色诗文,他还有别的选择吗?

崇祯十三年(1640),冬天。

一叶扁舟,一个女子,翩然飘来,目的地是钱谦益的老家常熟。

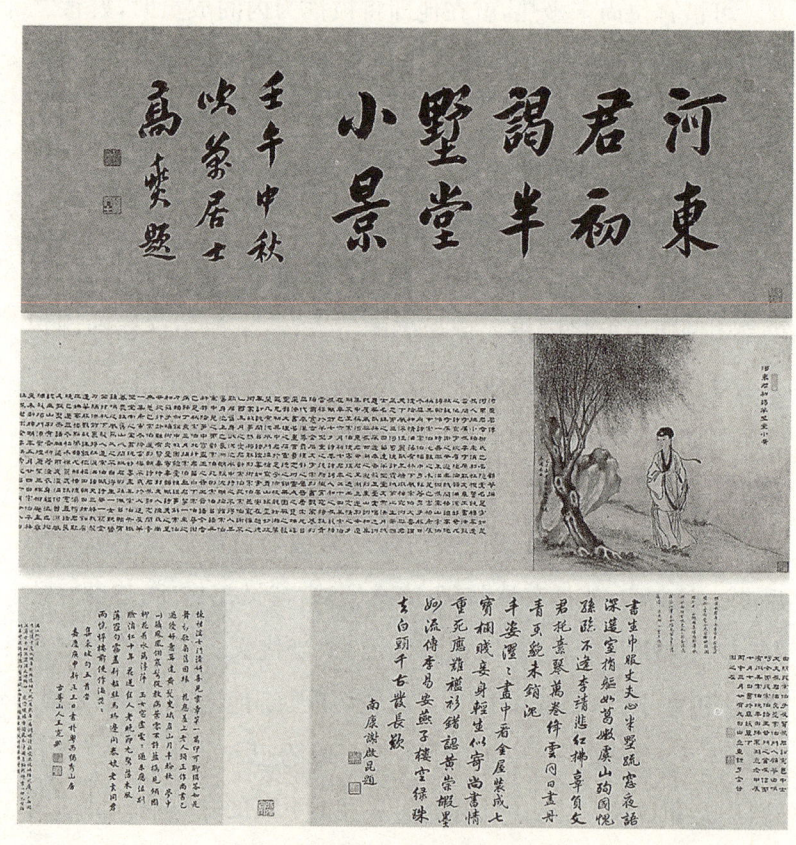

陈栻《河东君初谒半野堂小景》

女子一副男子打扮,英姿飒爽。

十一月的江南,寒气已经逼人,满目的苍翠已经颓唐。风过处,水面荡起的波纹透着丝丝寒意。

这个清秀俊逸的书生正是柳如是。她此番来常熟是经过精心策划的,女扮男装就是策略之一。《河东君传》里这样描述:"崇祯庚辰冬,扁舟访宗伯,幅巾弓鞋,着男子服,口便给,神情洒落,有林下风。"

这种美对于年近六十岁的老夫子而言是致命的。一年前的崇祯十二年(1639)冬,钱谦益到访杭州。在名妓草衣道人王微处,他读到了柳如是所写的《西湖八绝句》,对其中"垂杨小院绣帘东,莺阁残枝未相逢。大抵西泠寒食路,桃花得气美人中"特别欣赏,尤其对其中"桃花得气美人中"一句赞叹不已,这是他第一次知道柳如是。

陈寅恪先生专辟一卷,详细考证了"河东君过访半野堂及其前后之关系",各种野史笔记更是没有放弃这段八卦香艳故事,钱柳相会被后世演绎得一波三折,跌宕起伏。

林间小路,走来一顶小轿,轿内柳如是女扮男装,眉目含情,城北桃花涧旁的半野堂静静地伫立于丛树间。

半野堂,三开大门,古朴庄雅,门上悬一"半野堂"匾额。三个字由钱谦益的座师、东阁大学士孙承宗所书。"半野"二字含意深远,既表明主人终生的志向,又对其沉沉浮浮的政治生命做了自我解嘲,更表现了内心仍对权力充满强烈渴望,纯粹隐居他是不甘心的。这一年,钱谦益在半野堂度过了五十九岁生日。

一张名帖被递了进去，上面写了她的名字：柳是。第一天，钱没有在意，无名之辈于他是不屑应酬的。第二天，她递进去一首诗，钱读后大惊，灵秀娟媚的字里行间，分明透出的是佳人丽气，怎么可能是男子呢？

钱谦益来到江边，看到一叶扁舟静静停在江边，掀开帘子，一个美丽的女子端坐其中，正微笑看着他，原来真是一个"嫣然美姝也"。

接下来，就是雅会，如是以诗求教，老师耐心指点，接下来，就是情热，"相与絮语修好"。

柳如是慕名而来，有备而来，一叶扁舟就载下了她的全部身家，飘荡江湖十几年，虽然艳帜高张，却似无根芦苇。这一次，她要主宰自己的命运，走进自己的命运，她要向过去挥手告别，她累了，再也唱不动，喝不动了，她不服气，不服自己的命运，不服爱情，什么松江名士，什么书画大家，什么徐三公子，这一次，她的目标是"博学好古，旷代逸才"，他就是号称绛云老人、虞山先生的钱谦益。如果只是这么庸俗的用现实功利看待这次拜访与相会，似乎过于轻佻，一段旷世奇恋的背后，一定有灵魂遇合的一面，如果再赔上一世的英名，这段爱情就更值得尊敬了。

半野堂的天空亮了。

为了迎接柳如是，钱谦益命人连夜装修房屋，仅用了十天，新居就大功告成，依佛经"如是我闻"之意取名"我闻室"。十二月初二日，钱谦益正式将柳如是接进"我闻室"。这天晚上，钱谦

益在半野堂举办了一场寒夕文宴,当地名士悉数参加,钱谦益给柳如是的邀请函是一首诗:

清樽细雨不知愁,鹤引遥空凤下楼。

红烛恍如花月夜,绿窗还似木兰舟。

曲中杨柳齐舒眼,诗里芙蓉亦并头。

今夕梅魂共谁语,任他疏影蘸寒流。

柳如是咏诗回应:

谁家乐府唱无愁,望断浮云西北楼。

汉佩敢同神女赠,越歌聊感鄂君舟。

春前柳欲窥青眼,雪里山应想白头。

莫为卢家怨银汉,年年河水向东流。

陈寅恪根据徐锡允的诗考证出当晚的情景,柳如是在席间"豪饮",而且"放诞风流之活泼举动,殊有逾越当日闺阁常规者"。这一晚的文宴据说"乃牧斋一生最得意、又最难忘之事",直到临终前追忆此景时,钱谦益还说:"老夫聊为秉烛游,青春浑似在红楼。买回世上千金笑,送尽平生百岁忧。"

一位女作家用了这样贴心的语句描述了钱谦益的心态:"他待她尤其小心翼翼,郑重其事。"十年风尘,柳如是等的就是四个字"郑重其事",说得再白一些,爱我,娶我。

走进"我闻室",柳如是那颗悬着的心、漂浮的身终于安静了吗?也许,夜深人静,她仍然会想起那个让她魂牵梦萦的人吧。种种迹象表明,柳如是一直关注着陈子龙。在很长一段时间,她"缠绵风疾,安顿至今",病体经身,仿佛得了相思病。那是她的痛,也是她的病。她听说他北上任职了,她听说他又纳了一房妾,心中涌上阵阵的妒意,寝食难安。眼看美人迟暮,芳华凋零,岁月对她来说可谓"日望凄凉"。国破后,陈子龙剃发出家为僧,却秘密参加抗清活动,1647年五月初,陈子龙被捕。清兵审讯他,他"植立不屈,神色不变",慷慨赴难。不知道柳如是听到这样的结局有什么反应,价值观是爱情的基础,钱谦益和陈子龙两人不是一类人。

是钱谦益给了她后半生的温暖。除夕之夜来到了,老夫少妻,相拥守岁。柳如是欣喜不已,"小院围炉如白昼,两人隐几自焚香"。(柳如是《除夕次韵》)

在属于她的"我闻室"里,香烟缭绕,烛光摇曳,二人把酒赋诗,情趣盎然。看起来雅趣甜蜜的生活里,柳如是却总是满怀淡淡的愁怨,一首《春日我闻室作,呈牧翁》透露出一些秘密,其中有云:此去柳花如梦里,向来烟月是愁端。

崇祯十四年(1641),这一天是大年初一。是日,常熟大雪纷飞。

正月里,他们同游拂水山庄,赏梅看花,踏雪吟诗。赴苏州访友,饮酒。荡舟水上,阅尽春光春色。

钱谦益小心呵护着她,百般宠爱着她,把世间最美的赞誉都给了她。写在鸳湖舟中的《有美一白韵》,说她"生小为娇女,容华极丽娟",说她"妙丽倾城国",说她"娉婷临广陌,婀娜点晴川",柳如是陶醉在赞美中,倾倒在铺天盖地的呵护中,她没有见过自己的父亲,不知道父爱是什么滋味,阅尽男人的各种姿态后,眼前这位儒雅长者让她感受到了久违的人生温暖。

钱谦益为她举行了隆重而正规的婚娶仪式,大张旗鼓,郑重其事,宣言般向世人证明了他的诚意、她的归宿。黄宗羲评价说:"柳姬定情,为牧老生平极得意事。缠绵吟咏,屡见于诗。"如果生活就这样平稳地过下去,就不叫惊世姻缘了。考验不可避免地来到了。

"水太凉":
从行赴难有贤妻

五月的雨,应该是下了一整天,他的视野里是不安分的马蹄溅起的水花,远处千军万马的喧嚣盖过了天边隆隆的雷声,仿佛整个大地都在瑟瑟发抖。他觉得自己那么渺小,那么无力,那么绝望。

跪倒在雨水里的钱谦益,这辈子都没有想到,他的政治生涯最后的辉煌是以这么屈辱的方式结束的。江南的雨季不可避免地来到了,这一跪,是命运之跪,是代表一个王朝俯首称臣。泥浆玷污了他的衣袍,雨水顺着他的脸庞流下来,不知道是泪水还是雨水。

乙酉年五月十四日（公历1645年6月7日），南京城外。

是日，明朝礼部尚书钱谦益与京营总戎、忻城伯赵之龙，魏国公徐允爵，大学士王铎等迎降于清军统帅多铎。史书记载："之龙、谦益奉舆图册籍，冒雨淋漓，褰裳跪道旁。"（《小腆纪年附考》）严格来说，北京城破不算明朝灭亡，崇祯自缢不算亡国，此时，舆图册籍正式奉上，才标志着一个王朝正式交出了江山。

史书记下了一幕令人动容的场景："豫王命先生入清宫禁，引北官二员、骑五百，自洪武门入。先生忽向阙四拜，下泪。众怪问之，先生曰：'太祖高皇帝三百年王业，一旦废坠，能无痛心？'"钱谦益的痛哭既为大明，也为自己坎坷的从政经历吧。作为一代宗师，他不可能对世事不了然于心。满腹经纶而又无能为力，岂不痛惜。

陈寅恪先生说："牧斋之降清，乃其一生污点。但亦由其素性怯

柳如是《雪山探梅图》

懦,迫于事势所使然。若谓其必须始终心悦诚服,则甚不近情理。"钱谦益此时已经别无选择了。

公元1644年,天崩地坼。

无数的传说归结于一条:当时柳如是力劝钱谦益和她一起跳水殉朝,钱老夫子说了一句铿锵名言:"水太凉。"因为这个细节,柳如是名扬历史,钱谦益遗笑千古。

其实,钱谦益接到崇祯帝启用通知是一年前,赴任时间是1644年的三月,还没等他到京城,皇上已经自己挂在树上了。年逾六十,屡遭政坛打击的钱谦益此刻心态恐怕早已失衡,让他赔上性命,显然过于强求,至于"水太凉",不过是夫妻间的戏言,也当不得真。

钱谦益大节有亏,真正的表现在于任职流亡小朝廷弘光朝以后的事。他被委以礼部尚书兼翰林院侍读学士等要职。其间,他背叛了东林党。

南京赴任,两人风光无限。据说柳如是一身戎装,帽子上插着华丽的羽毛,很像古代女将梁红玉的装扮。受命于危难之际,挺身而出,或久居江湖之远,终于可以置身庙堂,意气风发一点,也倒可以理解。大敌当前摈弃前嫌,似乎也是大局意识,但是渐渐地人们发现味道不对,他谄媚宠臣马士英、阮大铖,已到了失去基本尊严和气节的地步,史称"其丑状令人欲呕"。

作为大明最后一位举足轻重的高官,钱谦益率朝投降,总算被载入史册了。

接下来清廷命钱谦益北上从政,柳如是不肯从行,那天她特意穿着一身暗示朱明朝的红衣相送，态度非常明显，道不同不相与谋。1646年正月，钱谦益正式被任命为礼部右侍郎管秘书院事，充修《明史》副总裁。是年六月，他以病乞假返回原籍，不再出仕。不到半年，他做了一个简单的过渡就撤了，其实这已经说明了一切，他不会侍奉新朝。

钱谦益北上为官的这半年，柳如是在家乡掀起了轩然大波，她红杏出墙，与郑生通奸。钱谦益之子以奸情告官，郑生被杖杀。钱谦益听说后在京写书信斥责他的儿子："柳非郑不活，杀郑是杀柳也。父非柳不活，杀柳是杀父也。汝此举是杀父耳。"从信中的语气来看，钱谦益是知道此事的，甚至很可能柳如是与郑生早就通好，而且柳如是在钱谦益面前毫不避讳此事，还以丧夫之礼将郑生安葬。综合这些信息，钱柳之间是有一种默契或者约定的，夫妻之间的隐私无从推断，但至少表明，钱谦益对柳如是存在某种超出伦理道德的宽容。据说后来钱谦益曾对人说过这样的话：朝代更替之际，士大夫尚不能坚守节义，又如何能以此要求一个女人呢？把柳如是的失德做政治解释，既保全了面子也表明了自己的自责，不失为一种智慧吧。

清顺治五年(1648)四月，钱谦益因黄毓祺案被株连，锒铛入狱，柳如是当时身怀六甲，毅然扶病随行，上书陈情，誓愿代死或从死。在柳如是全力奔走营救，多方斡旋下，钱谦益才得以免祸。钱谦益因此有诗感慨："恸哭临江无孝子，从行赴难有贤妻。"由此看来，二人的关系却非常人所能理解，而柳如是身上的这种复杂也正是受到历史惠顾的原因吧。

千金笑,万古愁:
"绛云仙姥"柳儒士

在人生最后的几年里,钱谦益建了栋绛云藏书楼。史书记载钱谦益家中财产惊人,房屋宅院百间,良田千顷,家奴过百。钱家世代单传依靠煮盐等生意积累下大量财富,钱谦益还经营海运,加之作为文坛领袖,请其润笔者不计其数,稿酬丰厚。

绛云楼建于虞山北麓,位于半野堂之后。"绛云"之名,取紫微夫人"乘飙铸衾被,齐牢携绛云"的诗意,显然这是为柳如是建的,以"绛云仙姥"比喻柳如是。门上匾额也是柳如是手书,据说笔法遒劲,奇气盈然。绛云楼房栊窈窕,绮疏青琐,轩敞宏丽,共有五楹三层,楼上两层是藏书之所,钱谦益花费一生心血收集的善本古书,收藏于七十三个大书箱中。楼下为客厅、卧室及客房,绣帷琼榻,金石古玩,罗列其中。经过两次入狱,多方花钱搭救,钱谦益财产丧失殆尽,不复以前的荣华。此楼的兴建几乎耗费了他所有的积蓄,而经费仍然欠缺。无奈之下,钱谦益忍痛将珍藏了二十多年的传世孤本宋版《汉书》,以千金之价卖给了他的学生谢三宾。

绛云楼建成后,钱、柳相偕搬入此楼居住。自此,柳如是"俭梳靓妆,湘帘棐几,煮沉水,斗旗枪,写青山,临墨妙,考异订讹",与钱谦益过着神仙眷侣的日子。二人在楼内题花咏柳,浏览史乘,

陈达《绛云楼图》

著述文赋,"殆无虚日"。钱谦益图书校雠,临文执笔,或有疑问,便与柳如是切磋。柳如是博闻强记,绛云楼中缥缃盈栋,卷帙如山,而某个典故出自某书某卷,某书某卷放在什么地方,她随手拈来,没有出过差错。钱谦益爱重如是的才华,纵容着她平等社交的自由。于是柳如是常常穿着儒生之服,飘巾大袖,时不时走出内堂,堂而皇之地与四方宾客谈论,钱谦益引以为荣,称她为柳儒士。藏书万轴,富甲江南的绛云楼很快闻名海内,前来造访的士子学人纷至沓来,钱柳夫妇接待访客,每日不断,应接不暇。柳如是面对学者、名士从容自若,挥洒自如地与之探讨学术,其清谈雄辩,举座皆惊。钱谦益撰著《列朝诗集》也得到柳氏的帮助,其中一集名为《香奁》,收集明一代才女的文学作品,其采辑与评注都是柳如是完成的。钱谦益常对人夸奖其妻说:"此乃我高弟,亦良记室也。"看起来远离政治,但很多迹象表明,钱柳二人一直在暗地参与着反清复明的各种活动。

顺治七年(永历四年,1650),三月,黄宗羲来到常熟拂水山庄拜望钱谦益,表面上只是翻阅绛云楼的藏书,实际上是讨论利用鲁王旧部抗清及招降清朝台州总兵马进宝的事情。临走前一夜,钱谦益提着灯笼来到黄宗羲的床前,赠以白银七两,声称是柳如是的意思。钱谦益骨子里是个文人,血液中时刻流淌着文人的名节和清高。失节之后,面对同乡的指责、世人的鄙夷,他无法做到充耳不闻。因此,晚年的他明知有杀头的风险,依然奋力抗争,不仅多少安慰了自己的良心,也赢得了吕留良、黄宗羲等人的原谅,赢得了历史的原谅。

清顺治七年(1650)十月初二,一场灾难突然降临。晚上,奶娘带着柳如是的女儿在绛云楼上玩耍,一星闪着火光的烛心不慎被剪落在纸堆中,顿时火起。待钱、柳夫妇在楼下惊醒并急唤人扑救时,烈焰已冲天而起。当时钱谦益痛哭欲绝,他站在熊熊的烈焰中,狂呼:"苍天烧我楼中书,不能烧我腹中书!"迨至天明,绛云楼和半野堂已烧成灰烬。钱、柳夫妇为此痛心至极,钱谦益自云:"呜呼!甲申之乱,古今书史图籍一大劫也。吾家庚寅之火,江左书史图籍一小劫也。今吴中一二藏书家,零星捃摭,不足当吾家一毛片羽……"钱、柳夫妇后移居红豆山庄,绛云楼"风飘花露频开卷,日照香婴对校书"的美丽故事成为绝唱。

1661年,钱谦益八十高龄了。这一年,顺治皇帝去世。

五月,红豆山庄一棵二十年不曾开花的红豆树突然花开满枝;九月,一颗颗红豆挂在枝头。红豆树开花并且结子极为稀罕,时又恰逢钱谦益八十大寿,这当然被当作一桩大喜事,钱谦益为此先后作诗共十八首。

经过一番筹备忙碌,寿宴在一个夜晚拉开序幕,地点就在虞山的胎仙阁,主题自然是八十大寿,但题目却很风雅,牧斋先生与众弟子观赏红豆花,诗词唱和,其乐融融。钱谦益作《红豆三集》,依旧元气淋漓,雄视千古,依旧豪情万丈,不甘颓唐。但大师暮年,在这样的人生节点,回望平生,感怀山河,更为充沛浓烈的则是故国之思、人生即将落幕的苍凉喟叹。

三年后,康熙三年(1664)四月,钱谦益病危,黄宗羲、黄宗炎、

瞿麟《红豆山庄图》

吕留良、高斗魁、吴之振等江南抗清遗民纷纷到常熟探望。五月二十四日,钱谦益病故,享年八十三岁,十一年后葬于虞山南麓。

乾隆三十四年(1769),清高宗评价钱谦益:"遭际时艰,不能为其主临危受命","大节有亏,实不足齿于人类"。乾隆四十年表彰明季忠臣时,又提到钱谦益等人,认为他们"自诩清流,觍颜降附……均属丧心无耻"。一直追随钱谦益左右的黄宗羲将他引为终生知己,作为一代思想大家,应该说他更为了解钱谦益的心曲,黄宗羲的评价是:

四海宗盟五十年,心期末后与谁传?

凭烟引烛烧残话,嘱笔完文抵债钱。

红豆俄飘迷月路,美人欲绝指筝弦。

　　平生知己谁人是?能不为公一泫然。

二百年后,陈寅恪在《柳如是别传》中对钱谦益做了这样的评价:

　　送客筵前花中酒,迎春湖上柳同舟。

　　纵回杨爱千金笑,终剩归庄万古愁。

再美丽的神话也有破灭的时候,钱谦益做梦也没有想到,留给他一生所爱的竟是一个不堪的结局。钱谦益死后三十四天,钱家族人向柳如是索取债务白银三千两。柳如是哪里有这么多钱,她做了一个惊人的举动,先是写好诉状,抄在墙上,然后告诉家人一起把逼债的族人绑了报官。而柳如是则上楼,用腰中的白色孝带自缢身亡,以惨烈的死亡对这个不堪的家族进行了最后的报复,保全了自己的尊严和家人的未来。是年,柳如是四十七岁。

柔软女子,君子之风,一生落拓,性情刚烈,生是一个传奇,死亦属不凡。关于柳如是的命运,陈寅恪先生这样总结道:"因缘之离合,年命之修短,错综变化,匪可前料。属得属失,甚不易言。河东君之才学智侠既已卓越于当时,自可流传于后世,至于修短离合,其得失之间,盖亦末而无足论矣。"没有人能逃离自己的命运,钱谦益和柳如是都概莫能外。

柳如是自己曾有题画诗《墨梅》,很像对她自己命运的自况,诗中写道:

　　色也凄凉影也孤,墨痕浅晕一枝枯。

　　千秋知己何人在,还有师雄入梦无?

第八章
剧场：此恨不关风与月
——李香君与侯方域

倾城之恋

　　生小倾城是李香，怀中婀娜袖中藏。
　　何缘十二巫峰女，梦里偏来见楚王。

　　古代戏曲，大多都有定场诗，我试着用这样的方法介绍女主人公李香君，又名李香，诗的作者是余怀，擅长书画的魏学濂当场将这首诗题写在墙壁上，杨龙友在旁边则即兴勾勒点染了一幅奇石幽兰，一诗一书一画，交相辉映，时称"三绝"。

　　三位当时著名的文人相聚雅会，共同为一个女性现场创作，这一定是一个浪漫风雅而又冶荡放肆的场景。也许是某一次酒酣之后，也许是一场大戏过后，众星捧月中，李香君出场了。

　　"身躯短小，肤理玉色，慧俊婉转，调笑无双"，余怀在《板桥杂记》中这样描绘李香的容

李香君小影

颜,这十六个字把李香的花容月貌、玲珑之美全描摹出来了,"调笑无双"四个字更是极为传神,江湖人称"香扇坠"。据说李香十三岁就以"侠而慧"名扬四邻,可谓才情超群,气度非凡,这与她的养母李贞丽的家教颇有关系。这位李贞丽素有豪侠之气,在赌桌上夜输千金眼睛都不眨一下,与之交往的也都是豪杰君子。李香自幼拜昆曲艺人周如松学戏,擅唱汤显祖《临川四梦》,舞台上扮相美轮美奂,唱腔流丽婉转,是江南有名的"角儿",尤其是一曲《琵琶词》更是冠绝一时,但她从不轻易登台演唱。余怀等三位大师三绝捧颂后,很快传为佳话,"香之名盛于南曲,四方才子,争一识面以为荣"。

识面相对容易,而开口扮唱《琵琶记》则非一般人能有这个幸运,偏偏有一个人让李香张口了,此人叫侯方域,字朝宗,一位河南商丘的世家子弟,能让李香开口唱琵琶词,此人绝非等闲之辈。据时人描述,侯方域"佚荡任侠使气,好大言,遇人不肯平面视,然一语辄合,吐出肺肝。誉之不容口,援友之厄,不惜千金,然亦喜睚眦报复"。(林慧如《明代轶闻》)归纳一下这段描述,大概是这个意思：这个人豪爽义气，孤傲自赏，鼻孔朝天，目中无人。与人交往完全凭借性情，可以为了朋友两肋插刀，但又嫉恶如仇，报复心极强。

考察一下他的家世，也的确非同一般。他的父亲侯恂乃当朝户部尚书，叔父侯恪任职国子监祭酒，一个是财政部部长，一个相当于教育部部长兼中央大学的校长，家庭显赫。这样一位才华横溢、风流倜傥的公子哥在当时显然非常扎眼，史载"海内名士争与之交"，他的朋友陈维崧用"公子绮丽才"评价他。

在世人眼里，这个公子哥年少轻狂，风流不羁：

> 朝宗才美而豪，不耐寂寞。又解音律。在金陵日，每侑酒必佐以红裙，虽父系狱，尝不敛贵公子习气。

在金陵，侯公子过着花天酒地的日子，即使父亲下狱，这位公子也照样寻欢，他的这种做派连好朋友黄宗羲等人都看不过去了，曾经劝其收敛，但性格使然，估计难改，有的传言更是离谱：

> 朝宗尝游金陵，挚其橐数千金，寓居桃叶渡上，日夜招故人善酒者，挟妓弹琵琶纵饮，所治盘

侯方域像

馔甚盛,费辄不赀。有膳夫忤意,急叱出,挝杀之,投其尸秦淮水中。是时,侯氏势方张,见者皆咋舌不敢问,朝宗之任侠使气皆此类也。

传说中的这种习气已经和流氓恶霸差不多了,只是无法确证,我们只当是江湖传说罢了。事实上,侯公子纵情声色的背后,却是一腔政治热情和道义担当。

1639年,金陵南京。

这一年是崇祯十二年,己卯年,正逢明代科举的乡试之举,二十二岁的侯方域首次报名考试。这一年,复社同人再次在秦淮桃叶渡聚集,痛骂阉党。侯方域更是积极参与,登高一呼,也正是因为这种活跃、担当和勇气,为他赢得了"明末四公子"的雅号。从崇祯十一年(1638)开始,一场声势浩大的知识分子运动在南京轰轰烈烈地展开,为与阉党做斗争,揭露以阮大铖为代表的邪恶势力,一群复社名士频频聚会,议定对策,公布了著名的战斗檄文《留都防乱公揭》,有一百四十二名复社同人具名支持,使阮大铖彻底失去了气焰。而侯公子即是其中举足轻重的领袖人物之一。

就是这一年,他走进了李香的世界。据他自己说是通过复社领袖张溥、几社名士夏允彝及与李贞丽相交的陈贞慧等人的介绍,得以认识李香。

他为她写诗,诗是这样写的:

夹道朱楼一径斜,王孙初御富平车。

清溪尽是辛夷树,不数东风桃李花。

她为他一展歌喉,唱的正是平素不轻易示人的《琵琶记》。名士佳人相互衷情,悲欢离合的大戏由此拉开了序幕。

秦淮点点桃花泪

公元 1699 年,孔尚任完成了他的名剧《桃花扇》,这是他耗费了十年心血写成的一部大戏,主人公是侯方域和李香君,主题则是"借离合之情,写兴亡之感",从此一纸风行。《桃花扇》把侯方域和李香君的故事演绎得家喻户晓,一把题诗、定情、溅血的桃花扇子,成为中国古典文学永恒的意象。

秦淮风月故事中,侯方域和李香并非是最传奇的。柳如是与钱谦益、董小宛与冒辟疆、卞玉京与吴梅村、顾媚与龚鼎孳,哪一对不是纠结万分,跌宕情伤?哪一个故事不精彩丰饶,婉转动人?而孔尚任选中了侯李之爱,今天看,剧作家实在是高妙智慧。从典型环境的典型人物看,侯李确是最佳选择。让我们还原一下孔尚任的构思过程:

悲剧结局:构思一部戏往往最先想到的不是开头,而是结局。比起前面说的几对情爱关系,侯李没有在一起,鸳梦不重温,有情人未成眷属,完全符合离合之悲,爱而不得,主题就有了。

故事背景：矛盾围绕名姬、才子与奸佞三个主要人物展开，而侯方域自报家门说的"久树东林之帜""新登复社之坛"，则是故事的背景。

角色设定：侯方域任性放诞，风流不羁，乃明末四公子中最有个性之人，而李香侠而慧，又兼舞台名伶，身上个性与属性都非常适合戏剧构思。

情节设定：侯李二人都与南京当时的统治集团主要人物发生了重要的相互关系，人物关系居中复杂，牵一发而动全身，反面人物可做结构性人物。

艺术元素：外号"香扇坠"的李香很可能是触发"桃花扇"这个中心意象的关键点。三绝的诗书画，都是一个女主角，生活和艺术之间几乎不需要过渡。

原型模式：多年以后，侯方域写了一篇《李姬传》，不到六百字的小传，却写得栩栩如生，情节、人物、个性呼之欲出，这为孔尚任灵感构思提供了最初的原型模式。

《李姬传》中详写了三个故事情节，充分体现了李香的灵慧侠气、深明大义，其辨别贤愚，忠贞守节的秉性丝毫不亚须眉。这三个故事归纳起来三个字：一"劝"、二"戒"、三"绝"。

一"劝"：一位将军受奸臣阮大铖之托私下接触侯公子，经常设宴款待，游山逛水，殷勤异常。被李香警觉，后来终于知道真相，原来是阮大铖意图拉拢侯公子。李香劝侯公子远离此人，她说，以公子的家世，怎么能和阮大铖之辈同流合污呢。李香的原话是：公子读万卷书，所见岂后于贱妾乎？好舞台的一句话，简直就是一句台词。

二"戒"：那一年乡试，本来得第三名的侯方域因策论过于偏激而意外落榜。颓唐落拓的侯公子有点自暴自弃，临回家乡前，李香以一曲《琵琶词》告诫公子：你的才学英名不比蔡邕差，而蔡邕因为依附大奸臣董卓而遗臭历史。公子风流豪迈，今番失第，可要洁身自好，不要辜负我一片心意啊。

三"绝"：明亡后，弘光小朝廷重臣马士英的亲戚淮扬巡抚田仰想以重金邀李香一见，估计也就是唱个堂会而已，顺便侍奉一下，对于歌姬而言，应属家常便饭。没想到遭到李香的一口回绝。传回来的话说，你田公与阮公有什么不同呢，我赞赏侯公子的原因你也知道。我今天因为你的三百金赴约，怎么对得起侯公子啊。

这就是余怀后来写进书里的那句话："妾不敢负侯公子也"，一句多么生动的台词。

一劝二诫三绝，三个故事细节将李香之气质性格与风度格局勾勒得玲珑剔透、荡气回肠，人物塑造重在所谓"传神"，作为《桃花扇》依据的蓝本，《李姬传》里传递出的这种人物气蕴显然深深打动了剧作家。

清顺治十一年（1654），也就是距离明朝灭亡十年后，侯朝宗重返金陵，回想1639年初识李香的情景，十五年风飘云散，不胜"江山之恨，禾黍之悲"。他作诗云：

秦淮桥下水，旧是六朝月。

烟雨惜繁华，吹箫夜不歇。

诗中传递出的无尽惆怅令人动容,当年"挟万金接客"的豪迈,转眼变成繁华消逝的无奈,令人低回不已。这也最终成为《桃花扇》全剧的情绪基调。由此可见,孔尚任潜心研究几十种史书资料,遍访大量当事人,最后选择侯李破题实属必然,一部大戏从此诞生。

孔尚任的野心如此之大,将才子佳人的生离死别安放在江山之恨、故国之思的悲凉底色之上,希望通过一部戏揭示一个朝代的兴衰。

他简直在写一部严肃的历史,从立意构思到史实演绎都和经史典籍没有什么两样。用今天的表述就是在用纪录片的方式写剧情片,虚构与非虚构之间,历史真实是主要力量。在全剧之前,他详列了征引过的一百多种资料。在《桃花扇凡例》中,又特别强调在故事和人物方面,都有凭有据;儿女私情的部分,虽然略有渲染,却非向空虚造:"朝政得失,文人聚散,皆确考时地,全无假借,至于儿女钟情,宾客解嘲,虽稍有点染,亦非乌有子虚之比。"全剧几乎可看作南明小王朝的实录写真:"族兄方训公,崇祯末为南部曹……得弘光遗事甚悉,旋里后数数为予言之,证以诸家稗记,无弗同者,盖实录也。"孔尚任如此自命不凡,竟然以太史公自比,用今天的话讲就是:要经得起历史考验!"其旨趣实本于三百篇,而义则春秋,用笔行文,又左、国、太史公也"。

康熙二十五年(1686)七月,孔尚任随工部侍郎孙在丰赴淮扬一带疏浚黄河口。孔尚任到扬州开始广泛与遗民交游,搜求遗闻故事,丰富《桃花扇》的素材。在扬州他最先拜访的是泰州的黄云。黄云,字仙裳,泰州人,明末诸生。孔尚任能以清朝官员的身份与众多遗老交游,黄云起了很大作用。明亡后,黄云隐居不仕,以樵者自居,因又号旧樵。孔尚任主要交游的人物还有杜浚、邓汉仪、冒襄、余怀、李沂、李淦、石涛、龚贤等,其中冒襄对孔尚任创作《桃花扇》有着极大的影响。

康熙二十五年(1686)仲冬,孔尚任在扬州举行"广陵第一会",即邀约冒襄与会,彼此"高宴清谈,连夕达曙"。次年九月中,冒襄以七十七岁高龄,从如皋专程到兴化与孔尚任会晤盘桓三十日之久。孔尚任称:"昭阳天边之水,非不得已如张骞者,孰肯乘槎。先生以弟马齿之故,远就三百里,同住三十日,饱我以行厨之珍,投我以奚囊之玩,促促言别,情何以堪。"两人剪烛长谈,搜讨旧闻,畅叙弘光遗事。

冒襄与侯方域、陈贞惠、方以智并称"复社四公子",冒襄的父亲冒起宗曾任左良玉驻襄阳时的监军,与史可法是同年好友。冒襄曾得到史可法的荐举,对左军和刘泽清等江左四镇的情况都很熟悉。另外,冒襄多次到南京乡试,不仅与侯方域过从甚密,而且还和李香有密切交往,对侯李的情缘十分清楚,可以说,冒襄是侯李离合之情与南明兴亡的历史见证人。

康熙三十八年(1699)《桃花扇》问世的时候,距明亡国已经半个多世纪。康熙四十五六年左右刊行,此后相当长一段时间,不论是演出还是剧本本身,都风行一时。孔尚任在《桃花扇本末》中多次提及其盛况:"《桃花扇》本成,王公荐绅,莫不借钞,时有纸贵之誉",“长安之演《桃花扇》者,岁无虚日,独寄园一席,最为繁盛。名公巨卿,墨客骚人,骈集者座不容膝”。和孔尚任、洪昇相熟的金埴,也有类似的记载:“四方之购是书者甚众,刷染无虚日,今勾栏部以《桃花扇》与《长生殿》并行,罕有不习洪、孔两家之传奇者,三十余年矣!”《桃花扇》刚写完,还没有出版,内廷就急着索取抄本,似乎甚得康熙皇帝的喜爱:“相传圣祖最喜此曲,内廷宴集,非此不奏。”

十七世纪的《乱世佳人》

《桃花扇》第一出《听稗》的时间设在崇祯十六年(1643),这一年,距离明朝灭亡只剩下一年,时间集中,地点集中,故事由此展开。剧有剧的逻辑和艺术规律,孔尚任围绕特定的时间:公元1644年前后;特定的地点:整个剧作的主背景放在南京,以南京始、以南京终;特定的人物:侯朝宗与李香,完全按照剧本自身的逻辑讲述故事。

这显然是一个宏大的政治史叙事框架,故事发生在一座城市,而各种场景如秦淮、贡院、国子监与三山街书店,既是文人、儒士聚集的地方,也是明末南京城引以为傲的城市地标和文化传承。精心选择的场景让事件得以聚焦,场景有了生命,一幕幕政治斗争大戏和城市特有的文化风貌环环相扣,紧密交织,意象鲜明,让人印象深刻,既提供了其他政治史叙事所缺少的简扼突出的时空框架,也同时丰富了我们对这场政治斗争和南京特有的城市景观与文化风貌的记忆。

剧中侯方域自道自去年壬午年闱下第,便侨寓在莫愁湖畔。事实上,侯方域第一次南闱下第、侨寓金陵的时间是崇祯十二年,与吴应箕、陈贞慧、方以智和冒襄等人结识,纵情于诗酒声色之中:"时四方文士渐次云集,方域以雄才灏气,挟重金结交,与海内贤豪,论交把臂,驰骛于诗酒声色之场,人人引重,无不愿交恐后。"

崇祯十五年的秋闱,他虽然未必与试,但在秋天被叛将释回后,再度回到金陵,像《桃花扇》中所描述的那样,他经常和陈贞慧、吴应箕等人游逸于舟船明镜之间:"寓南京,时南雍秋闱刚罢,与陈贞慧、吴应箕、彭宾等复社名士,把臂白门,意气浩落,每当斜阳暧䨟,青帘白舫,络绎縠纹明镜间,日以为常。"

《桃花扇》第五出,侯方域春情难耐,前往旧院探密。途中巧遇柳敬亭,在柳的指引下,来到李香君居住的媚香楼。三月清明佳节中,侯方域信步行至南京城东,穿过千门绿杨,来到秦淮河畔。河畔上坐落着各家水榭、河房。过了长板桥,望着沿途的茶寮酒舫,随即来到条条深巷的旧院。从聚宝门至通济门一带的秦淮河,流经南京城东南,正是旧院所在的区域,也是当时秦淮河域的精华所在。

剧中多次登场的吴应箕曾经这样描述这里的盛景：

> 南京河房，夹秦淮而居，绿窗朱户，两岸交辉。而倚槛窥帘者，亦自相掩映。夏月淮水盈漫，画船箫鼓之游，至于达夜，实天下之丽观也！

钓鱼巷到夫子庙的内秦淮两岸，是六朝金粉的聚居之地。经过秦淮一里盈盈水，从丁家水榭来到旧院，旧院的前门对着武定桥，在这些"条条深巷"之中，"妓家鳞次，比屋而居"，为了争取客人，各家妓院也都施尽全力，"争妍献媚，斗胜夸奇"，利用远传数里的花香和乐音，吸引游客注意："凌晨刚卯饮淫淫，兰汤滟滟，衣香一室"，"停午乃兰花茉莉，沉水甲煎，馨闻数里"，"入夜而撷笛挡筝，梨园搬演，声彻九霄"。

在楼船、水榭、长桥之外，名妓和文士的交游更多是在旧院中花木扶疏、屋宇精洁的宅邸内进行。《桃花扇》的女主角虽然是李香君，但她的鸨母李贞丽其实也是秦淮名妓，与一般妓院中的鸨母的形象完全不同，剧中李贞丽自报家门道："烟花妙部，风月名班，生长旧院之中，迎送长桥之上，铅华未谢，丰韵犹存"，基本是如实的描述。

李贞丽和在《桃花扇》中出现的明末四公子之一的陈贞慧关系非浅，与杨龙友也是旧识，母女二人居住的媚香楼因此充满了文人气息。《桃花扇》第二出《传歌》中，杨龙友前往媚香楼探视贞丽、香君母女，就对楼台的文人气息和周遭的无边春色，作了极佳的铺陈，将原本是男欢女爱的背德之地，装点得雅致而秀丽：

三山景色供图画,六代风流入品题。下官杨文骢,表字龙友,乙榜县令,罢职闲居。这秦淮名妓李贞丽,是俺旧好,趁此春光,访他闲话。来此已是,不免竟入。

(入介)贞娘那里?

(见介)好呀!你看梅钱已落,柳线才黄,软软浓浓一院春色,叫俺如何消遣也。

(小旦)正是。请到小楼焚香煮茗,赏鉴诗篇罢。

这天正当清明时节,香君前往离自宅不远的卞玉京家参加盒子会,侯方域访媚香楼不遇,随即在柳敬亭的指引下来到卞玉京的暖翠楼。媚香楼位于钞库街上,二人走过几条里巷、水桥,穿过柳荫深处,在卖糖人的箫声中来到暖翠楼,正所谓:"扫墓家家柳,吹饧处处箫,莺花三里巷,烟水两条桥。"由于卞玉京正在楼上主持盒子会,贞丽、香君乃与侯朝宗在楼下相见:

(生见小旦介)小生河南侯朝宗,一向渴慕,今才遂愿。

(小旦)虎邱新茶,泡来奉敬。

(斟茶)(众饮介)(旦)绿杨红杏,点缀新节。

(众赞介)有趣,有趣!煮茗看花,可称雅集矣。

(末)如此雅集,不可无酒。

"煮茗看花,可称雅集矣"的描述,精确地点出文士、名妓聚会的特殊性质。侯方域与李香君晤面后,诸人随即依院中旧例,欢饮行令。侯方域即席赋诗一首:"南国佳人佩,休教袖里藏;随郎团扇影,摇动一身香。"在《李姬传》一文中,侯方域曾描述他与香君交往互动的经过:"雪苑侯生,己卯来金陵,与相识,姬尝邀

陈清远《李香君小像》

侯生为诗,而自歌以偿之。"这种诗歌酬唱的特殊应答方式,与剧中"煮茗看花"的雅致场景互相辉映,把本来的男女欢场的艳冶场景装扮得充满文化气息。

和浩如烟海的历史笔记相比,《桃花扇》有着史诗般的格局和庞大的叙事架构:"除了这个宏大完整的政治史叙事,有十足的潜力取代正史中关于南明兴亡的记叙之外,《桃花扇》还具备了所有其他记录南明兴亡的史籍都不曾有的质素:那就是在朝代兴亡的大论述之外,同时呈现了明末金陵的太平景象,秦淮旧院的流风余韵,和各色人物的头角峥嵘。换句话说,《桃花扇》是在一本剧作中,同时记叙了一个朝代、一座城市、一条河流及浮尘其中的人物历史。"堪称中国十七世纪的《乱世佳人》。

哀江南

1644年,天下大乱。九月,侯方域一度潜入南京,正当阮大铖大肆逮捕复社党人之际。吴应箕因为某锦衣卫事先通报,逃离南京。陈贞慧则不幸被捕,因为侯方域的上下打点,而得以释回。侯朝宗自己也在缇骑四出搜索时,潜匿夹墙中,逃过一劫。此后,他投身史可法幕中,至1645年,见事不可为而逃离扬州。

这年年底,二十八岁的侯方域隐居故里,大部分的时间跟随父亲侯恂住在离河南商丘城南十里之遥的南园。原本还有东山再起的打算,但在江南复社文人组织的反清活动——失败后,只好与复社故友吴梅村相约,终身归隐,不再出仕。在南园茅屋亭间,过着如野人、隐士一般的生活。相较于当年在金陵选妓征歌,杀人于市,不可一世的风流行径,侯方域退隐后潜心读书,著述不倦,这种乡居生活,和《桃花扇》中入道、栖真的精神,一脉相承:

> 公子乃子身归奉司徒公,伏处乡园,苦无聊侘傺,惟日与二三同志,修复旧社,痛饮悲歌,以寓其牢骚不平之志焉。

暇即肆力于诗、古文。自编《四忆堂诗》《壮悔堂文》二极,各若干首。

顺治八年(1651)秋天,侯方域为践前约,应陈贞慧之邀,在明亡后首度重访江南,这也是他最后一次南游。这一次也是为了应乡试,他是以河南省第一名的成绩来参加考试的,却只中了副榜。虽说是迫于压力的无奈之举,但为他留下了"两朝应举侯公子"的骂名,成为他伴随终生的耻辱和悔恨。

首途南京,短暂停留:"尝晨起跨一蹇驴,访问故旧,无一遇者,尽日而归,吞声止于废寺。"侯方域此时的感慨,大概完全不下于《桃花扇》终曲中,重访金陵,在伤心之余编出《哀江南》一曲的苏昆生。十月,侯方域顺运河而下,过无锡,抵宜兴,与当年同患难、共逸乐的陈贞慧重逢。故旧凋零,江山遗恨,侯方域的言语中也充满了死生之叹,让人无法不与他来日无多的死期联想在一起:

> 呜呼!人生可惜,凡所谓百年者,皆妄也。或以兵死,或以水火死,或以盗贼死,或以患难死;即幸无是数者,而昔贤所谓七日不汗,亦能死人。然则人生壮且盛者,不过三四十年耳,而余与定生忽忽已过其半,岂不痛哉!

为了迎接侯方域的到访,贞慧、其年父子及宜兴名贤,倾巢而出,"醵酒为会以觞之"。诗酒酬唱的场景,让侯方域想起十五年前,崇祯十二年(1639)和方以智等人同一性质的聚会,美酒依旧,故人却已纷纷零落:

> 回忆己卯寓金陵,其时桐城方检讨曾为燕集,征召同

人,今乃再见此举,且十五年矣!检讨之零落,殆不可问。而一时同事者,若吴贵池之蹈刃而死,李华亭之赍志以殁,梅金吾栖迟于兰若,张修撰归逸于海上,风飘烟散,略已如斯,而江山之恨,禾黍之悲,从可识矣!呜呼!夫美酒十千,述诗见志,更唱予焉和汝,以留连而写物,此皆生逢太平安乐无事者之所以也。诸君乃能于兵燹之后,收拾点缀,余又适幸与其间。醉颜欲酡,木叶微脱,岂复知此身在异乡哉!

当年在金陵"驰骛于诗酒声色之场",如今,诗酒酬唱"皆生逢太平安乐无事者之所以也",酒酣耳热之际,想起了"江山之恨""禾黍之悲",他对友人感慨:"然则新亭之泣,盖终愈于《子夜》之歌也!呜呼!今之江左,视昔日又何如?诸君而绎余言,其尚亦当吟而辍,当醉而醒也哉!""然则新亭之泣,盖终愈于《子夜》之歌"的警语,出自昔日"日夜招故人善酒者,挟妓弹琵琶纵饮,所治盘馔甚盛"的侯方域口中,满是对金陵、秦淮、青溪、旧院、长桥等特殊时空景物的追忆和感慨。

侯朝宗一生的最后几年自觉行止有亏,整个心境凄凉悲惨,万般滋味。面对混乱喧嚣的天下,他躲进小楼成一统,修建壮悔堂,著《壮悔堂文集》,"诗三百篇,昔人发愤之所作也。余自念才弱,不能愤,聊以忆焉云尔……忆之,忆之,所以悔也。"悔功业无成也好,悔壮志难酬也罢,都不能与自己的俯就新朝,科举应试之悔相比,他对自己不保名节参加顺治八年乡试一事,耿耿于怀,虽然没有出来做官,但乡试之后,他痛悔失足,抑郁自责。在《答田中丞书》中的最后他说过一句话:"仆虽书生,常恐一有蹉跌,将为此伎所笑。"这里的"此伎"指的是李香君,意思是,我最怕的是稍有闪失被李香君耻笑啊。李香君那时候已经成为侯公子的人生参照系了。天翻地覆,物是人非,兴亡之感,黍离之忧,旧时的相识,战亡的战亡,自绝的自绝,归隐的归隐,削发的削发,俯首的俯首……自己蛰居乡园,然人生多舛,终无法远离世事困扰而独承难言之隐,心境尤为复杂,每每忆及江南的往事故人,更是惊心溅泪,悲愤难抑。

三年后,侯方域因病亡故,年仅三十七岁。

关于李香君在明亡后的际遇,记载不多。侯方域《李姬传》虽然交代了二人的交往过程,凸显香君过人的识见与情操,却没有交代香君终曲后的下落。

三百金纳妾一事为李香君拒斥后,田仰认为是侯方域从中教唆,乃修书斥责,侯因此写了一封《答田中丞书》,对田仰嘲讽有加。根据此文的记叙,"未几,下第去,不复更与相见",也就是说侯方域在考试失利后与李香君再也没有见过。而李香君拒绝田仰三百金一事,发生在二人分别后半年左右,并曾让侯方域叹服不已,这也是我们目前所知,侯方域与李香君的短暂情缘中,最后一段插曲。

在《桃花扇》一剧中,田仰输金三百,欲迎娶李香君为妾的故事敷衍出十七出《拒媒》、二十二出《守楼》的剧情,最后香君以倒地撞头,血溅诗扇保住贞节,而由鸨母李贞丽将李代桃,嫁与田仰,解决了各人的难题。溅了几点血痕的扇面,红艳非常,在杨龙友的枝叶装点后，成了全剧关键剧情所系的桃花扇。侯方域著书数十卷，提及李香君的仅《李姬传》，而所撰的跟李有关的一切文字里也没有提及她的归宿，更难寻觅有关爱情的痕迹。

《秦淮八艳图咏》是唯一一种提及香君下落的著作："福王即位南都，遍索歌妓。香君被选入宫。南都亡，只身逃出，后依卞玉京以终。"文中还进一步提及香君觅人将染血的桃花扇送给侯方域，侯方域有感香君恩情而写了《李姬传》一文。这段记叙和《桃花扇》的情节相仿佛，由于《秦淮八艳图咏》出版于光绪十八年(1892)，年代甚晚，极可能取材自《桃花扇》，此处无法证实，只能聊备参考。

后世有许多关于李香君随夫归乡的野史传闻，说她随侯方域来到陌生的归德古城（河南商丘），住在翡翠楼上，改名换姓，与夫君共度了八年时光。因出身低贱，香君被赶到距城七公里的侯氏庄园居住。李香君因被歧视，终日郁郁寡欢，日久成病，患上肺痨而死，享年三十岁。香君死后，侯方域曾为她立了碑，并撰有一联："卿含恨而死，夫惭愧终生"。墓前有一石桌，石桌前有一石礅，供侯方域去时对坟而坐。据说此墓尚存于现在河南李姬村。

关于传说真假就让学者们考证吧，对于爱情而言，结局并不重要，有情人终成眷属之后的故事未必生动。李香君对侯方域用情至深，为之悬歌守节，却终不能缔结姻缘，和顾媚、董小宛及柳如是等人相比，归宿似乎并不完美。但和余怀笔下的一些名妓相比，李香君的下落不明，倒是留给历史美好的想象空间，现藏于美国大都会艺术博物馆的一幅崔鹤《李香君肖像》有林语堂行书题跋释文：

  香君一个娘子，血染桃花扇子。气义照耀千古，羞杀须眉男子。香君一个娘子，性格是个蛮子。悬在斋中壁上，教我知所观止。如今天下男子，谁复是个蛮子。大家朝秦暮楚，成个什么样子。当今这个天下，都是骗子贩子。我思古代美人，不致出甚乱子。

  民国二十二年五月，托友由杨季眉处购得是像，悬之有不为斋。全室珠光宝气，不复有童骏气，终日痴昏。吾求此画甚久，今得之，一生第一快事也。

《桃花扇》终曲的咏诗："渔樵同话旧繁华，短梦寥寥记不差"，"笙歌西第留何客，烟雨南朝换几家"，点出了繁华短暂的主旨。而剧终时苏昆生在李香君、侯方域栖霞山中入道修真三年之后，重回南京的描述，则细述了转头成空的金陵残梦：

  （净）不瞒二位说，我三年没到南京，忽然高兴，进城卖柴，路过孝陵，见那宝城享殿，成了刍牧之场。

  （丑）呵呀呀！那皇城如何？

  （净）那皇城墙倒宫塌，满地蒿莱了。

  （副末掩泪介）不料光景至此。

  （净）俺又一直走到秦淮，立了半晌，竟没一个人影儿。

  （丑）那长桥旧院，是咱们熟游之地，你也该去瞧瞧。

  （净）怎的没瞧，长桥已无片板，旧院剩了一堆瓦砾。

  （丑捶胸介）唉！恸死俺也。

(净)那时疾忙回首,一路伤心,编成一套北曲,名为《哀江南》。待我唱来!

你记得跨青溪半里桥,旧红板没一条。秋水长天人过少,冷清清的落照,剩一树柳弯腰。行到那旧院门,何用轻敲,也不怕小犬哞哞。无非是枯井颓巢,不过些砖苔砌草。手种的花条柳梢,尽意儿采樵。这黑灰是谁家厨灶?俺曾见金陵玉殿莺啼晓,秦淮水榭花开早,谁知道容易冰消。眼看他起朱楼,眼看他宴宾客,眼看他楼塌了。这青苔碧瓦堆,俺曾睡风流觉,将五十年兴亡看饱。那乌衣巷不姓王,莫愁湖鬼夜哭,凤凰台栖枭鸟。残山梦最真,旧境丢难掉,不信这舆图换稿。诌一套《哀江南》,放悲声唱到老。

《哀江南》一曲中最后的这段文字,广为传诵,被视为人生起伏、兴亡无常的典型性描叙,而侯朝宗的友人一句"昔年别君秦淮楼,冷香摇落桂华秋",已经道尽了爱情沧桑。

第九章
柳色：迷楼女主人的情感传奇
——顾媚与龚鼎孳

乱世中的"并命鸳鸯"

生还是死？这是个问题。

公元 1644 年春天，对于龚鼎孳来说，脑海里盘旋的一直是这个问号。此前，他在狱中待了四个月，出狱刚一个月，江山易色，天崩地坼，让他入狱的崇祯皇帝自缢煤山。

他的何去何从，不仅在当时，即便是后来，也备受世人瞩目。

闯王入京，身处兵荒马乱中的龚鼎孳度过了一生中最为悲惨的几十天。据说"寇陷都城，公阖门投井，为居民救苏"，直接跳井抗争，表现相当壮烈。他后来填过一首题为《绮罗香》(《同起自井中赋记》)的词，其中说："弱羽填潮，愁鹃带血，凝望宫槐烟暮。并命鸳鸯，谁倩藕丝留住。搴杜若，正则怀湘。珥瑶碧，宓妃横浦。误承受,司命多情,一双唤转断肠路。"在《题画赠道公》文中也讲述了二人同赴黄泉的经历:"国破之日携手以从巫咸,誓化井泥,招魂复出。"

根据龚鼎孳《怀方密之诗序》所描述,闯王的军队抓获他之后,希望从他身上榨出银子来,让他备受拷打,他说:"死则死耳,一年贫谏官,忤宰相意,系狱又半年,安得金?"他确实没有银子,于是"贼益怒,椎柝俱下,继以五木",可谓受够了酷刑。

四个月的狱中生活,国破之日与死神的亲密接触,无法想象的酷刑,这是龚鼎孳一年多来的悲惨遭遇。既然没死成,生命在后来就变得无比珍贵,无论哪条路,他似乎都别无选择,他的身后名也就此奠定。《明季北略》把他归入了"从逆诸臣",而让他最为臭名远扬的是他说了这样一句话:"我原欲死,奈小妾不肯何?"这句话在当时如此著名,以至于成为士人群体当中的笑谈。南朝小朝廷的权臣马士英在给朝廷的《请诛从逆疏》中特地引用了龚鼎孳说的这句话,杀伤力极大,《明季北略》引用此语的出处估计也是这个。没有人思考这句话的上下文及其背景,龚鼎孳终于因为一句话被盖棺论定。

小妾是谁?《明季北略》接着说:"小妾者,所娶秦淮娟顾媚也。"

明史专家孟森先生专为这句江湖传言,写了一篇著名的考证文章《横波夫人考》,用几个字概括了龚鼎孳的大节不保:"既陷于闯,旋即降清",并分析说:"生平以横波如性命,其不死委之小妾,而他人之相讥者,亦以龚与善持君(顾媚字)偕殉为言,弥见其放荡之名，流于士大夫之口矣。"清人孙昌龄曾贬斥他说："惟饮酒醉歌，俳优角逐，前在江南，用千金置妓名顾眉生，恋恋难割，多为奇宝异珍，以悦其心。淫纵之状，哄笑长安。"龚鼎孳自此"名节扫地矣"。

这位崇祯七年的进士，十八岁即被誉为"合肥才子"。

这位崇祯十四年的县官，曾经业绩考核全楚第一。

这位江南才俊，号称诗文书画无一不精。

这位此后康熙年间历任刑部、兵部、礼部尚书等文官要职的风云人物，当他走进历史的时候，等待他的是乾隆亲自点名的《贰臣传》。

"一世二世孤苦伶仃，三世四世渐有书生，五世出一高僧，六世车马盈门……十三十四两代翰林。"这是清代庐州城内关于龚家的民谣，可见龚家之显赫。到了龚鼎孳这一代，祖坟开始冒烟了。龚鼎孳生于1615年，因出生时庭院中紫芝正开，故号芝麓。龚鼎孳祖父和父亲都颇有文名，他少年早慧，十二三岁时即能做八股文，亦擅长诗赋古文。

龚鼎孳显然不仅仅是一个文思敏捷、辞藻缤纷的书生，事实上，他甫一从政便表现出相当卓异的治国理政的才华。进士及第后，他去湖北蕲水当了七年知县，深受当地百姓爱戴。到1641年，全国政绩排名，他因为"大计卓异"，排名全楚第一，而被高层注意到，遂升调入京。作为一个二十六七岁的七品知县，不说最年轻，也可谓政界新星了。

崇祯十四年,龚鼎孳迎来了他人生中最为得意的时光,奉调入京就职,踏上了北上的政治之旅。金陵南京是北上的第一站,这座与北方皇城遥遥相对的江南陪都,到处弥漫着文雅而香艳的气氛。相对于波诡云谲、险恶多端的政治环境,明末社会风气放纵奢靡,而江南风流蕴藉的历史积淀本来就相当深厚,此时的南京可谓是一个销金窟、温柔乡。在这里,龚鼎孳遇到了顾媚。

秦淮佳丽中,顾媚不仅"庄妍靓雅,风度超群,鬓发如云,桃花满面",而且"通文史,善画作",相貌才学相当出众。顾媚个性豪爽不羁,颇有男儿风,时人都以"眉兄"称呼她。十八岁时她与李香君、王月等人一同参加扬州名士郑元勋在南京结社的"兰社",当时的人因为其画风追步马湘兰,而姿容胜之,推她为南曲第一,她反串小生与董小宛合演《西楼记》《教子》等戏,更是风靡一时。

顾媚的媚楼被余怀戏称为"迷楼",魅力无穷:"绮窗秀帘,牙签玉轴,堆列几案;瑶琴锦瑟,陈设左右,香烟缭绕,檐马叮当。"而这位迷楼女主人,堪称秦淮艺术沙龙的女领袖,经常是"设筵眉楼者无虚日"。

顾媚小影

在金陵那些奢华的宴席上，没有顾媚，举座索然寡味。与她相交往的才子中有张明弼、吕兆龙、陈梁、刘履丁、冒襄、吴绮、邓汉仪、张岱、吴伟业、方以智、阎尔梅、余怀等，个个人中之龙。如此广受欢迎，仅仅因为容颜，恐怕难以服人。

这位妩媚多才、长袖善舞的名妓，名声正如日中天，"然艳之者虽多，妒之者亦不少"，因为她的高调群伦，因为她的风度超绝，围绕她的是非八卦也就特别多，有人为她殉情，有人为她大打出手，而得不到她的权贵当然不可能善罢甘休。麻烦一桩接着一桩，她的许多朋友都希望她早日脱离风尘，远离是非之地。可是"名士多如鲫，苦无一当意者"，碰到合适的人，哪有这么简单呢。此时，龚鼎孳适时出现了，"绣帘开处一书生"，走进眉楼的龚鼎孳与顾媚一见倾心。

书香、绣帘、锦瑟、迷香，这是她的河房。

"清妍秀润，绰约有林下风"，这是柳如是对她墨兰画风的评价。

"尤艳顾家厨食"，这是她的烹调绝技。

厨艺非凡，琴棋书画无所不精，偏又天生美艳性感，风度卓异，谁能抵挡这种诱惑呢？龚鼎孳就此完全拜倒。此时，他年方二十六岁，她二十二岁。二人的情爱历程，被龚鼎孳用整卷词集《白门柳》记录下来。有学者指出："词中所记录的情感如初遇之热恋，相思之苦痛，亡国失路之憔悴，相濡以沫之深情，跌宕起伏，哀感顽艳，正是易代乱离中士女遇合的一出传奇。"这就是余怀《板桥杂记》言及龚顾情史时所说的："尚书有《白门柳》传奇行于世。"

在《白门柳》中,二人的情愫分外动人。初次见面,他笔下的她是这样的:

> 晓窗染研注花名,淡扫胭脂玉案清。
>
> 画黛练裙都不屑,绣帘开处一书生。

顾媚平素喜欢女扮男装,香闺之中,书案明净,一个女扮男装的书生素淡文雅,超凡脱俗。谈吐间,那种初遇红颜知己的喜悦让龚鼎孳流连忘返:"搓花瓣、做成清昼。度一刻、翻愁不又。今生誓作当门柳,睡软妆台左右。"这是一个二十六岁的青年忘情醉卧花丛的痴迷。龚鼎孳为顾媚画了一幅"佳人倚栏图",并题诗一首:"腰妒杨柳发妒云,断魂莺语夜深闻。秦楼应被东风误,未遣罗敷嫁使君。"诗与画既是求爱表白,又是定情之物。媚楼的缠绵悱恻让两人难分难舍。从四首《登楼曲》,到三首《楼晤》,他爱的决心无比坚定。我们猜想正是那几天的日日缱绻间,二人私订终身:"手剪香兰簇鬓鸦,亭亭春瘦倚栏斜。寄声窗外玲珑玉,好护庭中并蒂花。"希望永结同心的海誓山盟和天下所有的恋人没有什么不同,真正的考验还在后头。瞬间的相遇,决定了一生,有些无奈的是,他们既是灵魂的伴侣,却又不得不是历史中的角色。

"风情痴绝"的生死伴侣

金陵一别,龚鼎孳只身赴京就任。从此两地暌隔,南北相望,但情深深意绵绵:"才解春衫浣客尘,柳花如雪扑纶巾。闲情愿趁双飞蝶,一报朱楼梦里人。"(《长安寄怀》)进京后的龚鼎孳政坛上锐意进取,政务繁重忙碌,但他对顾媚的思念却与日俱增。政务之余,一直在柔情似水地呼唤着她,诗词中是浓得化不开的深情:"我做牛郎他织女,夜夜桥头";"销魂别,泪如巫峡雨,心逐广陵舟。乳燕幕开,锦笺难托,蜜蜂房闭,香粉都收……七夕看看过了,梦见还羞。"

爱情是需要沉淀和考验的,顾媚对他的深情想必也有各种疑虑,谁知道你是不是逢场作戏呢?她阅人无数,也懂得男人,也许这一年的时间,她就在体味考验龚鼎孳的真心吧。难遣的相思之苦终于还是牵动了顾媚的芳心。一年后,崇祯十五年,1642年中秋,顾媚起身赴京。

顾媚的北上之行,可谓艰苦卓绝。北方兵荒马乱,烽烟四起,到了沧州,因兵燹纵横,道路阻绝,只好暂住淮河沿岸的清江浦,次年春再次渡江,回到京口。到了秋天,顾媚再次北上,一路辗转,这一走就是一年,直到第二年的中秋才到达京城。两个中秋,别样滋味,龚鼎孳曾赋《玉女摇仙佩》一词表达他鸳梦重温的喜悦:"怪年年碧海,成双非易。尽畴昔、罗裙画簟,无数销魂,见面都已。""见面都已",如此直白,如此简单,却蕴含着深重的爱的叹息:他们终于拥有了彼此。

那时候,中国北方兵荒马乱,风雨晦明,一个繁华都市被人宠爱的弱女子,要放下安逸舒适的生活,辗转千里,历时一年,流离赴难,其勇气魄力自非一般女子可比。而龚鼎孳也丝毫不顾及世间名声,只为得其所爱,全不在乎一个青楼女子给他带来的负面影响,也着实令人惊叹。孟森先生在《横波夫人考》中说过一句很刻薄的话:"以身许人,青楼惯技。"钱锺书先生读过这句话后,做过这样的按语:"极杀风景而极入情理,匪特考订之学,亦资洞明世故也。"钱锺书按语之后又引故《照世杯》卷一说:"惟妓女钟情,最为死心塌地。"(钱钟书《容安馆札记》629)在我看来,这些批语看起来很是深刻,但心肠极硬,内心里是瞧不起这些风尘女子的。我总以为,内心太过世故的人是无法体验真爱的,理性杀人,他们总是有一杆秤,斤两计较,再多的学问,因为少了某种情怀,也就没了人间温度。

对于这些所谓青楼女子来说,她们的一切行为动机,她们生命中最深的痛和内心中最大的向往,都是因爱而生。爱情是命运的原动力,是一切故事发生的基因。

国运颓败,世事江河日下,初进政治高层的龚鼎孳年少气盛,书生意气,为了挽救大厦将倾的国家可谓殚精竭虑,他自述:"九阍豺虎太纵横,请剑相看两不平。郭亮王调今寂寞,一时意气在倾城。"但他不知道北京官场水深,一个刚刚从知县上调的基层工作者实在太嫩了些,栽跟头是迟早的事。有史料记载,这位年轻的官员"一月中,疏凡十七上"。一个月上了十七封奏折,弹劾权臣,情绪激昂,所谓"只字飞霜雪",其急功冒进,也可见一斑,因此很快卷入了政治派系斗争。再遇到反复无常,喜怒不定的崇祯皇帝,龚鼎孳的命运可想而知。不到两年,他就尝到了入狱的滋味。崇祯十六年(1643)的冬天,他因弹劾重臣,触怒皇上,锒铛入狱,此时离顾媚千辛万苦到达北京团聚还不到两个月。

素有君子之风的顾媚显然成了龚鼎孳的红颜知己,种种迹象表明,顾媚的到来改变了龚鼎孳,他的很多人格力量来自这个不寻常的女人,在他的洒脱、豪情、乐观中,也时时闪动着顾媚的影子。龚鼎孳曾作过一首《念奴娇》,其中有"焚膏相助,壮哉儿女人杰"句,由此可见他那种不事权贵,不虑自身,奋笔直言,一往无前的勇气,得益于顾媚的鼓励,在他写这些疏奏时,顾媚总在身边"焚膏相助",以示支持。

狱中的日子,龚鼎孳与顾媚经受了真爱的考验,从二人留下的诗词看,这份情意堪称患难之交。久经欢场江湖的顾媚表现出相当惊人的处世应变能力,让龚鼎孳大为赞叹,说她是"吾家闺阁是男儿"。一个狱中孤苦惨绝,一个狱外百般抚慰,二人的感情由最初的性吸引,很快到相知、相伴与相守。龚鼎孳由此生出无限的感慨,说出"料地老天荒,此翼难别"之语。

在狱中,境地悲惨的龚鼎孳写过一首诗,题目的意思说得可怜楚楚,"寒甚,善持君送被,夜卧不成寐,口占答之"。诗中说:

霜落并州金剪刀,美人深夜玉纤劳。

停针莫怨珠帘月,正为羁臣照二毛。

龚鼎孳扇面书法

金猊深拥绣床寒,银剪频催夜色残。
百和自将罗袖倚,余香长绕玉栏杆。

难熬的日子里,他将顾媚视为红颜知己:"萧条四壁不堪愁,酒债琴心自唱酬。近识文君操作苦,侍臣无复鹔鹴裘。"(《内子初度,时余在狱中》)

他在狱中对月寄怀:"婵娟千种意,莫照伤时字。此夜绣床前,清光圆未圆?"(《菩萨蛮·初冬以言事系狱,对月寄怀》)

除夕之夜,万般思念:"料是红闺初掩,清眸不耐罗巾。长斋甘伴鹔鹴贫。忍将双鬓事,轻报可怜人。"(《临江仙·除夕狱中寄忆》)

元宵佳节,孤苦无告:"依稀烛下屏前,有翠厣绡衣,月明安否。小眉应斗。恨咫尺、不见背灯人瘦。香柔粉秀。猛伴得、英雄搔首。千古意,谁许冰丝,平原对绣。"(《玉烛新·上元狱中寄忆》)

那时候的朝中政治环境之恶不可想象,是生是死难以预料,一个纤弱女子刚脱离风尘,又遇人间厄运,而顾媚表现得如此坚韧和镇定,给了煎熬中的龚鼎孳无比的温暖和希望。二人狱中狱外,赠诗和韵,我们只能以患难夫妻中的真情来表示尊敬,是不是结发真的已经不重要了。

转过年来,牢门终于打开了,龚鼎孳与顾媚相拥而泣:"铁石销磨未尽,算只有、风情痴绝。"(《万年欢·春初系释,用史邦卿春思韵》)其中的动情之语,已经不仅是名士佳人的一般情怀,而是患难夫妻的生死相许了。从头年十月入狱到第二年二月出狱,四个月的狱中时光,见证了二人的感情历程。顾媚在一幅画上题写过一首诗,披露了她终于脱离风尘,善得归宿的心情:

识尽飘零苦,而今始得家。

灯蕊知妾喜,转看两头花。

家,对于一个风尘飘零的女子而言该多重要啊,这种家的温暖即便是夜夜欢宴的迷楼也是没有的。

接下来,世事变幻,白云苍狗,甲申之变,山河变色。龚鼎孳和顾媚这对刚刚度过一次劫难的夫妻又不得不携手面对不堪回首的1644年。兵荒马乱,携手跳井,重刑创痛,生不如死,亡国后艰难岁月的这种独特体验,成为他们一生的财富。想想他们的姻缘,虽不免风月场上的诱惑与情挑,但经此狱中险恶,乱世生死,其中的爱情则蕴含着那个时代很多男女难以企及的真诚与决绝。

后来的岁月中,龚鼎孳与顾媚再未分开,她善画兰,他题词:

"春风宛转朱栏曲,吹花直上烟鬟绿。芳韵一枝斜,镜中人是花。纤云摇更曳,衬出芙蓉雪。生爱靠香肩,倒言花可怜。"(《菩萨蛮·题画兰云扇》)在乱云飞渡的困难日子,他们相濡以沫,画画题诗,抵抗着流离与哀痛:"甲申夏与秋岳留燕邸,郁郁寡欢。偶出此卷命予属闺人作兰。时则流离惨悴,笔砚颓唐,神虽王不善也。"(《题画与曹秋岳》)离开京城,一路流亡南下,没有相知相恋的伴侣该如何熬过:"舟过燕子矶头,江风殊劲,闺人遂拈弄笔墨以敌其势。于钦视此,当念我篷窗相对,客心悲未央时也。"(《题画兰》)

后来,龚鼎孳出仕大清朝,官封一品,妻子当封诰命夫人,而元配童氏拒绝随龚鼎孳入京,一直住在合肥。清朝的官太太她坚决不做,用她的话讲"我经两受明封,以后本朝恩典,让顾太太可也",一副不屑为伍的傲慢与坚贞。没想到,龚鼎孳果真为顾媚请封,废嫡立庶,使青楼出身的顾媚名正言顺当上了一品夫人,满朝哗然。由明入清,忠良没做成,弃原配娶秦淮名姬,道德上也站不住了,龚鼎孳自此落得个"放荡之名,流于士大夫之口"。

身逢乱世,龚鼎孳如何选择,当然涉及大是大非,但后世史家如果没有一点历史的同情似乎也过于残忍,死也死过了,监狱也坐过了,有个红颜相伴,何不乐此残生呢?至于你大清要用我,就用吧,我总要吃饭啊。

"为世惭人"的失路之悲

顺治十四年(1657),龚鼎孳再次回到金陵,这一天正值顾媚三十八岁生日,龚鼎孳在市隐园的林堂大宴宾客,当晚,百人云集,名伶助唱,热闹非凡,龚鼎孳对顾媚郑重其事,宠爱有加。顾媚请来了昔日的姐妹李大娘、李十娘、王节娘,隔着珠帘,她接受大家的祝福,更有龚鼎孳的弟子长跪祝寿,轰动全场。选择这样的地方,用如此张扬的方式,无疑在向世人宣告,我们两人的爱情正大光明,我们两个的婚姻天长地久。花团锦簇下,顾媚喝得酩酊大醉,她能有今天,能得此男人,所有此前的风尘苦熬也就值了。

顾媚跟了龚鼎孳后,改名横波,人称横波夫人,龚鼎孳曾为她作诗多首,称她为"善持君",又被当时的文人戏称为"善持夫人"。据《板桥杂记》记载,龚鼎孳原有轻财好士之名,"得眉娘佐之,名誉盛于往时",遇到慕名来求书画者,常由顾媚代笔,"画款所书横波夫人者也",这也就是"横波"之号得以盛传的原因。后人除了对她的美丽才气不吝赞誉外,有一句评价相当高,说她:"识局明拔",还有评价说她"礼贤爱士,侠内峻嶒",对一个女人来说这样的评价已经无比珍贵了。余怀说龚鼎孳"雄豪盖代,视金玉如泥沙粪土",如果他的背后没有这样的一个女人,恐怕是做不到的吧。

入仕大清，龚鼎孳的仕途并不平坦，官场之上三起三落，但他却表现出一个正直官员难得的良知，丝毫没有顾忌当朝皇帝的多心，他为减免百姓的税负，屡屡违命，吴伟业曾称赞龚鼎孳为官"唯尽心于所事，庶援手乎斯民"。据记载，"龚芝麓拜御史大夫，抗疏每言时政得失。殆决狱，日必平反数十事。事虽奏当，有毫发疑，必推驳至尽，致辕匕箸，展转含毫，获有生机而后已"，阎尔梅因此慨叹"海内感平反，多少再生魂"。在任左都御史期间，龚鼎孳奏疏宽民力，裕赋税，招纳流民，毋令失所。在他的影响下，清廷免江南拖欠积赋三百余万。即使被连贬十一级降至上林苑任散职，他也仍然不忘为民请命，曾上疏要求朝廷退出屯庄二十二处，仍归民间业主。当了刑部尚书，又多次为抗清之士开脱，百般营救。在他幕中还庇护和供养着不少遗民之辈，纪映钟、杜浚、陶汝鼐都是一住十年，所以钱谦益才有这样的说法"长安三布衣，累得合肥（龚鼎孳）几死"。他凭借职务之便保护明遗民和反清斗士，这些行为让顺治皇帝大为不满，说他"事涉汉人，则多出两议，曲引宽条"，意思是说为了开脱汉人总是找各种理由。这是他被连贬八级的主要原因，即便如此，龚鼎孳也在所不惜。

他们千金资助朱彝尊，只因为读到他写的"风急也，潇潇雨；风定也，潇潇雨"之句；他们接济一代词宗陈维崧，只因为其"文章似海，转益苍茫"，对这位后辈之才极为欣赏，甚至说出"相怜处，是君袍未锦，我鬓先霜"这样的话，字里行间氤氲着的是对于后辈才人的惋惜、同情、爱誉，世所罕见。

1662年,龚鼎孳将落魄的说书艺人柳敬亭接到北京,为他举办大型说唱会,大宴宾朋,逐酒征歌,整整四年,得以让柳敬亭名扬全国。史书中讲龚鼎孳"艰难之际,善类或多赖其力,又颇振恤寒孤",实在是一个有担当品质的知识分子,没有极大的魄力和胆识是绝不至于此的。

吴伟业说龚鼎孳倾囊相助穷困之友,不惜任何代价,"穷交则倾囊

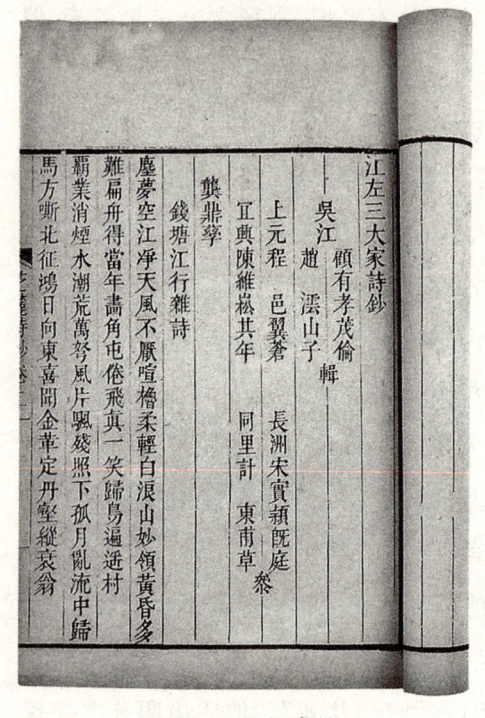

江左三大家诗钞

橐以恤之,知己则出气力以授之"。这和顾媚这个贤内助是有很大关系的,她的豪侠,她的仗义,在二人晚年岁月,让她赢得世人的广泛赞誉。为龚鼎孳诗集作序的友人周亮工说:"孤寒之士,望影知归;铅椠之徒,闻风借荫",当时的人更是评价说"爱才若命,通儒老学,俱从之游","其好士之诚,实出肺腑,非寻常贵人所能及,不止此一人一事也"。除了和龚鼎孳一起对抗清志士及其家人慷慨解囊外,顾媚还曾冒着巨大风险保护过逃亡中的阎尔梅,将他藏在自己的侧室中,躲避清军搜查,彼时,顾媚沉着镇

定,机智应变,终于化险为夷。

　　保护友人的政治勇气让龚鼎孳付出了代价,被顺治皇帝降八级调用。自古从来是伴君如伴虎的,龚鼎孳哪里会不懂。好在顺治帝很为他的才华折服,说过"龚某下笔千言,如兔起鹘落,不假思索,真当今才子也"。如果不是这样,估计龚鼎孳的命早没了。他胆敢为傅山这样的反清斗士开脱,不是找死吗?

　　历史的吊诡之下,就原谅人性的复杂吧,作为一个善良正直的文人,龚鼎孳已经做得相当不易。《清史稿·龚鼎孳传》中记下朝中有人对他的斥责,句句置他于死命,且看:"鼎孳辱身流贼,蒙朝廷擢用,曾不闻夙夜在公,惟饮酒醉歌,俳优角逐。闻讣仍歌饮流连,冀邀非分之典,亏行灭伦,莫此为甚!"意思是说,这个人本来在李自成攻下北京的时候,历史都没说清楚,现在朝廷提拔重用你了,不一心为公,报效国家,反而天天醉酒,父亲去世期间也没收敛,品行没有比你更糟的了。政治问题和生活作风问题一股脑全打死。龚鼎孳死后一直被清朝官方历史所不容,为官行为的奏疏遭封存,写的诗文也一直在查禁之列。降身侍新主,往往得来的是无尽的耻辱,多尔衮认为龚鼎孳"此等人只宜缩颈静坐,何得侈口论人","人果自立忠贞然后可以责人",讽刺他"自比魏征,而以李贼比唐太宗,可谓无耻"。政治环境如此险恶,而龚鼎孳始终不为所动,一副无所求也就无所惧的样子。他似乎意识到在当朝历史不可能会有好的下场,无所谓了吧。有个顾媚在身边很重要,此生足矣。

　　当然,爱情的完满并不意味着他就对自己的政治生涯可以释怀,诗词中往往藏着最隐秘的心曲,他的诗文中,处处萦绕着一种伤感的情调。在《诗集》中,充斥着花愁泪痕、寒雪孤鸿、疏灯萧瑟等凄婉的词句,借酒消愁更是他聊以自慰的方式,于是"酒阑歌罢""泣然罢酒""灯残酒尽掷杯裂"之类繁华去尽、无可奈何的情怀一诉再诉。

他在《潭影堂诗序》中追忆了"余方垂髫"时的潇洒,在"江淮南北晏然无事"之际,与少年伙伴集会于深柳园亭,"酒酣顾视,意气飒然,横绝四海",今昔相照,不由得感慨万千:"曾几何时,干戈满眼。向为读书游息之地,概已荡为昆明劫灰,而尘海飘零,岁月如流,吾亦冉冉其将老矣。"他在《五十谢客启》说:"谢绝酬应,屏迹空山,借禅诵以消解悲哀,却荤酒而无滋罪业。"表达了渴望超越现实,寻找解脱的心情。

龚鼎孳一直称自己是"为世惭人",许多诗中都表现出对仕清选择的自责与悔恨,他的总结是:"失路之悲"。"失路"一词成为他诗中运用最多的关键词,如《初返居巢感怀》中说:

失路人悲故国秋,飘零不敢吊巢由。

书因入洛传黄耳,乌为伤心改白头。

明月可怜销画角,花枝莫遣近高楼。

台城一片歌钟起,散入南云万点愁。

在龚鼎孳大量的送别、怀人、赠答诗中,"失路"这一关键词一再出现,凡表现内心忏悔、自责、沧桑、羞愧的种种复杂感情,他都选择了这个意象。康熙四年他写过一首《老友阎古古重逢都下感赋》诗,面对老友、故人,龚鼎孳丝毫不掩饰对自己"失路"

的内疚、自责与惭愧：

> 城南萧寺忆连床，佛火村鸡五更霜。
>
> 顾我浮踪惟涕泪，当时沙道久苍凉。
>
> 壮夫失路非无策，老伴逢春各有乡。
>
> 安得更呼韩赵辈，短衾浊酒话行藏。

康熙二年(1663)，顾媚病死，享年四十四岁。生前最后几年，因为所生的女儿不幸夭折，她陷入极度抑郁之中，精神几近崩溃。顾媚去世后，在京文人学士纷纷前往凭吊，丧礼备极哀荣，送殡的车辆多达数百乘，这在当时可谓非常罕见，也从中可以感受到她的声望与影响。与此同时，远在江南的阎尔梅、柳敬亭、余怀等也在安徽庐州开堂设祭，江南一带前往凭祭者络绎不绝。龚鼎孳曾经在北京长椿寺为顾媚建立一座"妙光阁"，每到顾媚生辰时他都要到阁下礼诵佛经。二人相差四岁，顾媚离去后，龚鼎孳尘念顿绝，吃斋礼佛，为爱守终，未再娶。

顾媚死后三年，龚鼎孳扶其柩回到家乡，七年后离世。二人相伴二十多年，既困厄也荣华，终得善终，好命。

第十章
史诗：青山憔悴卿怜我
——吴梅村与卞玉京

红粉飘零我怜卿

吴梅村六十岁这年独自去了一个地方。

时间是康熙七年（1667）九月，地点是无锡惠山祇陀庵锦树林。

这应该是他心里盘算了许久的一次行动。正是江南的秋天，吴梅村行走在布满荒草的原野，风将他稀疏的白发吹得很乱。他一定寻找了很久，一路跌跌撞撞。终于找到了，眼前就是她的墓。他拨开荒草，小心翼翼地清理着坟茔的周围，棘刺扎伤了他的双手，他浑然不觉。等燃起一炷清香的时候，不知不觉老泪纵横。我来了，我很快会再来，我们在地下见吧。

那一天，他一定在她的坟前坐了很长时间。人老了，有许多话需要唠叨，也不知道她能不能听见。

归来后,他写了一首诗,前边用了六百多字为她做了一个小传,题为《过锦树林玉京道人墓并传》,用语极简,却详细勾勒了玉京道人的一生,以及和自己交往的经过,实录写真,毫不隐讳,如实披露了自己的心态,其中饱含的忏悔之意浓得化不开。

他用了十个字说她的才华:知书,工小楷,能画兰,能琴。

他用了五个字说她的气质:严净无纤尘。

他用了四个字说她的美:双眸泓然。

在他眼里,她不善应酬,平素话不多,"见客,初不甚酬对";等相处熟了又谈笑风生,诙谐幽默,"若遇佳宾,则谐谑间作,谈辞若云",他用了四个字描述:"一坐倾靡"。

他对她的评价很高:"其警慧虽文士莫及也。"说她不仅是女中翘楚,即便是一般文士也望尘莫及。

他印象最深的是,和她在一起久了,经常会发现她内心深处有一种抑郁愤懑的底色,似乎永远挥之不去,你要问她,她又王顾左右,支吾不语,她内心世界总有一部分别人无法触摸到,那种郁郁寡欢的落寞埋得很深。

他想起他们第一次见面,名士佳人,一见钟情,男女情爱萌发的第一次相遇总是刻骨铭心的。她的善饮为秦淮一最:"酒垆寻卞赛,花底出陈圆。"他至今还记得那个酒酣耳热的夜晚,她的姿态,她的言辞,"遂欲以身许,酒酣拊几而顾曰:'亦有意乎?'"醉意阑珊,脸红耳热,她的双颊洋溢着一层妩媚的光晕,眼神里满是期待和急切,言语直接坦率,甚至有些唐突了。而他支支吾吾,没敢接话,用他自己的描述是:"长叹凝睇",玉京心知肚明,

卞玉京小影

再没追问。主动说出这样的话是需要勇气的,涉及尊严,充满冒险,却又义无反顾,那一刻女人的心该是多么脆弱不堪。他们两人的结局,从那个时候也就注定了。虽身处贱尘俗世,却心高气傲,这是她的性格也是她的底线。我是落花,你是流水,有情有义,却无归无宿,就这样吧。

后人评价吴梅村这篇小传"文质彬彬,艳而有骨",一种追忆灼烧在内心的最深处。后面的诗则字字沉郁,句句含悲,堪称绝唱,笼罩其中的是一种无法排解的悲伤:"油壁曾闻此地游,谁知即是西陵墓",莽莽苍苍的锦树林之原,见证过他们写诗,作画,琴瑟和鸣,今日再见,天人永隔。"离别沉吟几回顾,游丝梦断花枝悟",梅村的诗笔回环往复,哀艳迷离。前六句说卞玉京在爱情方面所经历的痛苦及其无奈的顿悟;第七、八句似是悟后的解脱,但接着的"金粟堆边乌鹊桥",则说她虽在死后仍幻想着爱情之桥,从而突出了解脱感的短暂与虚幻,以及她倔强的内心与其处境的剧烈冲突。后面连续两个问句,悲叹卞玉京的坎坷命运,寄予深深的哀思:"相逢尽说东风柳,燕子楼高人在否？枉抛心力付蛾眉,身去相随复何有？"

这是他终其一生的表达,问命无异于问天,哪里会有答案呢？

崇祯十三年(1640)初春,一对才子佳人在南京秦淮河的孙楚楼邂逅初识。他心驰神醉于她的泓然双眸、彻骨清幽。她钟情于他的文采风流,倜傥洒脱。在他面前：她语笑嫣然,出口成章；在她面前：他举杯邀月,一任清狂。那一年,他三十三岁,她十九岁,彼此都年华鼎盛、风神艳发。整个世界仿佛只有他们两个人。

此时的吴梅村刚刚出任南京国子监司业。国子监是全国最高学府,讲舍倚鸡笼山,傍玄武湖,可以俯瞰南京城。这里的环境让他相当满意。一个管教育的闲职让他远离了党争的漩涡,有了大量的时间读书为学,留恋诗酒。

十年前的崇祯三年(1630),吴梅村到南京初应乡试,中举。次年,明崇祯四年(1631),进京参加会试,获第一名。接着殿试,又以一甲第二名(榜眼)连捷。这时,被誉为"学业文章,笔墨纵横"的他才二十三岁。因为无辜卷入政坛派系斗争,政敌说他考试有作弊之嫌,崇祯亲自调阅了他的试卷,竟然龙心大悦,批了八个字："正大博雅,足式诡糜。"一语定调,再无争议。

这年八月,更大的荣耀降临在吴梅村的身上。崇祯皇帝特地下了御旨,让他回乡完婚,"特撤金莲宝烛,花币冠带,赐归里第完姻"。"钦赐归娶",这样的荣耀对于吴梅村可是光宗耀祖的大事,据说这样的事情在整个明代也就发生过两次。时人有诗赞贺:"年少朱衣马上郎,春闱第一姓名香。泥金帖贮黄金屋,种玉人归白玉堂。"金榜题名时,洞房花烛夜,人生两大乐事都蒙当今皇帝御批,这是多大的恩宠,说吴梅村当时名扬大江南北当不过分。他以一介书生而春风得意步入仕途,饮水思源,对崇祯皇帝的知遇之情自是铭心刻骨,终生难忘。后来吴梅村写过一首《风流子》,对当年自己参加殿试的情形进行了深情回眸:

> 记当日、文华开讲幄,宝地正焚香。左香按班,百官陪从;执经横卷,奏对明光。至尊微含笑,尚书问大义,共退东厢。忽命紫貂重召,天语琅琅。赐龙团月片,甘瓜脆李;从容宴笑,拜谢君王。

学成文武艺,货与帝王家,"天语琅琅",在士人心目中,"君王"这两个字意味着社稷,意味着黎民,意味着终生的价值所在。

从那场著名的殿试开始,吴梅村其实已经被划进了党争的派系。他是复社党魁张溥的入室弟子,其实两人年龄相差不过七岁。一开始他就是复社有威望的骨干成员,天如门下"十哲"之一。殿试一甲二名后他成为周延儒的得意门生,在复社中地位声望急遽升高。崇祯六年,江南文人雅集虎丘,吴梅村时年二十五岁,已以榜眼和翰林院编修身份亮相,真是少年得志,风流倜傥,宛如明星,是虎丘大会中的风云人物。这种身份注定了他官场命运的复杂跌宕。

崇祯十二年(1639),心高气傲的他越来越不适应朝政的昏暗,对越演越烈的派系党争心灰意冷。就任南京闲职对他来说正是一种解脱,可惜这种闲适只维持了不到一年。崇祯十四年,他被任命为左中允，其后两年又接连高升，崇祯明摆着是要用他的。而他趁母亲病重，回归太仓故里，整整隐居了三年，再也没有踏进京城一步。他对京城的时局充满畏惧，对党争心生厌倦，而此时整个国家似乎也危在旦夕。正是这三年里，他开始在畅游和风月之间挥霍自己的才智和精力。

卞玉京可谓适时出现在他的生命轨迹里。只可惜，一个四品的教育官员，为人师表，或用今天的话讲，作为一颗冉冉升起的政治明星，羽毛需要倍加爱惜。这个时候，一个风尘女子的以身相许，他敢接着吗？要名满天下，还是要风流一生？

要说这位梅村兄爱惜羽毛，怕有辱英名，也似乎并没有那么胆怯，他的文集中留下多首艳词，都是正大光明地示之外人的。《醉春风·春思》两阕和《西江月》"春思"与"咏别"，赤裸裸展示了二人的缱绻缠绵，其情色香艳的程度令人瞠目结舌，堪称少儿不宜：

西江月·春思

娇眼斜回帐底，酥胸紧贴灯前。匆匆归去五更天，小胆怯谁瞧见。臂枕余香犹腻，口脂微印方鲜，云踪雨迹人依然，掉下一床花片。

醉春风·春思

眼底桃花媚，罗袜钩人处。四肢红玉软无言，醉、醉、醉。小阁回廊，玉壶茶暖，水沉香细。　　重整兰膏腻，偷解罗襦系。知心侍女下帘钩，睡、睡、睡。皓腕频移，云鬟低拥，羞眸回睇。

"诗之境阔，词之言长"，词乃艳词，才是最佳。这恐怕是词

吴梅村像

这种文体诞生时最初的灵感,词更善于表现诗人心中的隐约幽微的情感。这是词的最初传统,也是词的基本特质。因此,在明清之际,面对波诡云谲的风云变幻,不少人仍对艳词情有独钟。早就有人指出:词本是在"绮筵公子,绣幌佳人,递叶叶之花笺,文抽丽锦,举纤纤之素手,按拍香檀。不无清绝之词,用助妖娆之态"(欧阳炯:《花间集序》)的环境背景中发展成熟起来的,先天和歌妓有着密切的关系。吴梅村的词作如果不是情非得已,性不自抑,也不会写得这么淫丽冶媚,这是他们灵肉极致时的流露,如此销魂,谈婚论嫁就俗了?男人之伪亦由此可叹。好吧,男人有男人的苦恼,他们更胸怀天下,至于儿女情长就别计较了。

吴梅村这段时间似乎一直沉湎于狭邪之游,所留下的诗词情思缱绻、香浓温软,有人评价说"传神写照,几于活现,非老温柔者不知"。甚至说他是首倡艳词。比如下面两首:

醉春风·春思

门外青骢骑,山外斜阳树。萧郎何事苦思归,去、去、去。

燕子无情,落花多恨,一天憔悴。私语牵衣泪,醉眼偎人觑。今宵微雨怯春愁,住、住、住。笑整鸾衾,重添香兽,别离还未。

西江月·咏别

乌鹊桥头夜话,樱桃花下春愁。廉纤细雨绿杨舟,画阁玉人垂手。　　红袖盈盈粉泪,青山剪剪明眸。今宵好梦倩谁收,一枕别时残酒。

中国的词更像今天的剧本,镜头感极强,画面意识浓烈,梅村这些词几乎就是一幅幅让人面红耳热的情色片:香帐低垂,娇眼含羞,灯前酥胸,云踪雨迹,既写实又写意。在词的创作领域,吴梅村曾被清人称为"本朝词家之领袖",读读这些艳词也是千肠百结,怪不得陈廷焯赞曰:"情词双绝,凄婉无比。"

除了卞玉京,他还有《画兰曲》赠卞玉京的妹妹卞敏,有《子夜词》等赠其他女性,不外乎都是"缠绵入怀里"之类的艳词,其放浪形骸、纵情声色的做派让人对这位钦定榜眼大为吃惊。他的用情不专不知道是不是最终没有接纳卞玉京的因素之一。

一代兴亡入诗史

隐居乡里的三年,吴伟业开始着手兴建自己的精神家园:梅村别墅，吴伟业自号梅村由此开始。

他买下了一名万历朝官员的贲园别墅，请来了著名的园艺建筑大师张南垣亲自监工扩建，断断续续竟然营建了十余年。别墅占地约百亩，亭台楼榭，曲径通幽，山水错落，成为吴梅村读书写作会友的栖身之所。他在这里过着"闲窗听雨摊诗卷，独树看云上啸台"的逍遥日子。而梅村别墅之外，天地已经变色。崇祯朝的最后一年1644年，吴梅村三十五岁。

崇祯帝死的消息传到太仓的时候，大概是五月初了。吴梅村闻听则号啕大哭，欲自缢，被家人救下。他说"天子门生，予我多少风光。君恩似海，奈何不殉身以报"，为此大病一场。"我因亲在何敢死？"他终归是一个孝子，恋家顾家，此后不再杀身成仁。

他的好友王翰国相约他出家。王翰国即后来的愿云和尚，听说国变后恸哭别庙，焚书出家。吴梅村有一首《赠愿云师》，其中一段表达了自己愧于未能践约的心境：

……万化皆空虚，大事惟一著。再拜诵其言，心颜抑何怍。末运初迍邅，达人先大觉。劝吾非不早，执手生退却。流连白社期，惭负青山约。君亲既有愧，身世将安托。

顺治十七年（1660），在他五十岁生日那天，愿云和尚赠诗一首，责备吴梅村当时有负入山之约，"半百定将前诺践，敢期对坐听钟声"。愿云曾多次约吴梅村入山，吴梅村以双亲家小为念而拒绝。对于自己一再食言，他甚感惭愧，作《喜愿云师从庐山归》诗答之：

胜绝观心处，天风万壑声。

石门千镜入，云海一身轻。

出世悲时事，忘情念友生。

乱离兄弟恨，辜负十年盟！

北京陷落后，仓促组阁的南明小朝廷召三十七岁的吴梅村入朝，任少詹事，是一个掌管皇后、太子内务的正四品职位，属于皇帝近臣。去了不到一个月，他就发现这个朝廷离死路不远，哪会有什么中兴之象！于是他再次辞职还乡了。用他自己的话说是"知天下事不可为"。

从此他退居家乡，在梅村度过整整八年的隐逸生涯。在梅村，他和梅花结下了不解之缘。留有这样的诗句："种梅三十年，绕屋已千树。饥摘花蕊餐，倦抱花影睡。枯坐无一言，自谓得花意。……寄语谢故人，幽香养衰废。溪头三尺水，好洗梅魂句。"在改朝换代的血雨腥风里，吴梅村躲得远远的，一直与时代保持着距离，苟全性命于乱世。

清顺治七年（1650）的秋天来了。隐居家乡四五年的吴梅村到常熟拜访钱谦益，席间听到失去联系多年的卞玉京就在常熟，大喜过望。钱谦益自告奋勇，愿成人之美，派人去接玉京。

一桌人放下酒杯，停下筷子，满怀期待地等着佳人出现，吴梅村更是忐忑不安，心急如兔。仆人不断来去传递着消息，一会儿说接着了，一会儿说车已进府，一会儿说去换件衣服……左等不来，右等亦未见动静，最后，玉京始终没有露面。

这是一次令人无比唏嘘的缺席，卞玉京的失约意味深长，她的内心也一定在苦苦挣扎,徘徊无定,但几年过去,一切已物是人非,青楼红粉的乱世命运是可以想见的,你隐居乡里之时,哪知道我经历了什么风雨,流过多少血泪?这个场合我还是不去了吧,我不喜欢你的言不由衷,不喜欢你的王顾左右。对长久思念的两个人来说,这样的相见太过轻佻。

那天归来,吴梅村怅然若失,自叹:"吾自负之,可奈何!"我先负了她,何必怪她呢。以玉京孤傲率真的个性而言,她是没有原谅他的。吴梅村事后写了四首诗,诗前有一篇长序——《琴河感旧四首并序》,他回忆起这段尴尬时,整个过程非常形象,最后的叹息发自肺腑:"予本恨人,伤心往事。江头燕子,旧垒都非;山上蘼芜,故人安在?久绝铅华之梦,况当摇落之辰。相遇则惟看杨柳,我亦何堪;为别已屡见樱桃,君还未嫁。听琵琶而不响,隔团扇以犹怜,能无杜秋之感、江州之泣也!"

玉京的冷落让吴梅村郁郁寡欢,沮丧不已,四首《琴河感旧》沉郁伤情,缠绵悱恻,充满了不舍、忏悔和眷恋,他知道"缘知薄幸逢应恨,恰便多情唤却羞";他表白:"青山憔悴卿怜我,红粉飘零我怜卿。"

其 一

白门杨柳好藏鸦,谁道扁舟荡桨斜。
金屋云深吾谷树,玉杯春暖尚湖花。
见来学避低团扇,近处疑嗔响钿车。
却悔石城吹笛夜,青骢容易别卢家。

其 二

油壁迎来是旧游,尊前不出背花愁。
缘知薄幸逢应恨,恰便多情唤却羞。
故向闲人偷玉箸,浪传好语到银钩。
五陵年少催归去,隔断红墙十二楼。

其 三

休将消息恨层城,犹有罗敷未嫁情。
车过卷帘徒怅望,梦来裆袖费逢迎。
青山憔悴卿怜我,红粉飘零我怜卿。
记得横塘秋夜好,玉钗恩重是前生。

其 四

长向东风问画兰,玉人微叹倚阑干。
乍抛锦瑟描难就,小叠琼笺墨未干。
弱叶懒舒添午倦,嫩芽娇染怯春寒。
书成粉箧凭谁寄,多恐萧郎不忍看。

诗句情感浓丽,极尽缠绵,其中暗含的时代兴亡和沧桑感喟,被钱谦益称作"风怀恻怆"之作。

可是终究爱是不会忘记的。几个月后,玉京还是出现在吴梅村面前。时间在清顺治八年(1651),卞玉京携琴踏春,在虎丘与吴梅村相见。

令吴梅村没想到的是,当卞玉京终于出现时,她已经是一身黄衣道人的打扮了,平淡雍容。她唤来侍女柔柔拿琴,为他弹曲。柔柔为她展纸,她为他画兰,还是那样风姿婀娜,一笔落尽十余纸。

卞玉京作扇面《暗香疏影》

这是一次无比压抑的相见,席间客人和她说话,她一概沉默以对。梅村敬酒,也拒绝不饮,目光里,一定满是爱和责备。几年来,国破家亡,一个风尘女子又会遇到什么呢?乱军之中,侥幸逃脱,而今面对这个当年没有接纳自己的男人,她似乎变了一个人。她说了一句话让他心惊肉跳:"吾侪沦落分也,又复谁怨乎。"我这样的人沦落风尘,是命啊,又能埋怨谁呢?

之后,二人行船苏州,卞玉京还是与吴梅村在水上漂荡了很长时间。虽然道袍遮身,再次见到吴梅村的卞玉京还是抵御不了压抑多年的那份旧情。即便他辜负了她,即便他冷落过她,她不忍就此作别,毕竟这是一个让她如此心仪而不舍的男人,她想什么都给他。水上多日,他们说完了这辈子要说的话,爱够了这辈子要爱的身,轻舸共载,临别之时,从未有过的真挚与伤痛袭上心头,吴梅村把自己上次写的《琴河感旧》四首七律赠她,并写下了《临江仙·逢旧》,怅然而别。

临江仙·逢旧

落拓江湖常载酒,十年重见云英。依然绰约掌中轻。灯前才一笑,偷解䌽罗裙。　　薄幸萧郎憔悴甚,此生终负卿卿。姑苏城外月黄昏。绿窗人去住,红粉泪纵横。

十年过去了,她还是那么风姿绰约,让他魂不守舍。鸳梦重温,浓情欢会,只不过这是一次为了告别的聚会,越是欢愉,就越是伤感。在激情的巅峰跌宕着无尽的虚空和肝肠寸断的眼泪。

后世人读到这首《逢旧》则体会到更深的意味,全词在香艳、柔婉的外表下寄寓着深沉的哀痛和浓厚的忧患意识。陈廷焯评这首词"哀艳而超脱",人们从中不仅读到了才子佳人的风月故事,更读到了时代和历史:"一片身世之感,胥于言外见之,不第以丽语见长也。"(《白雨斋词话》)靳荣藩也称这首词"历落缠绵,声情俱佳,自属集中高唱"。(《吴诗集览》)

归来,吴梅村作《听女道士卞玉京弹琴歌》,长诗将朝代兴亡与个人命运交织一起,"细细叙来,悲泣莫诉",其中"江山萧瑟隐悲筯"的痛楚,只有经历了沧桑巨变的人才可以感受得到。后人评价说:"有此等恨事,却有此等好诗。千载伤心,一时掩泪。""其词甚艳,其旨甚悲",这是后人评价吴伟业的话。《四库全书总目提要》评价说:"其少作大抵才华艳发,吐纳风流,有藻思绮合、清丽芊眠之致。及乎遭逢丧乱,阅历兴亡,激楚苍凉,风骨弥为遒上。暮年萧瑟。"沈德潜则说:"梅村咏前朝事,沧桑悲感,俱近盛唐。"陈文述题诗:"千秋哀怨托骚人,一代兴亡入诗史。"

也是这一年,吴梅村写出了著名的《圆圆曲》。《圆圆曲》共计七十八句，五百四十九字，显示了诗人卓越超群的艺术才华。杨际昌在评《圆圆曲》时说："吴梅村歌行，大抵发于感怆，可歌可泣。余尤服膺《圆圆曲》，前幅云：'恸哭六军皆缟素，冲冠一怒为红颜。'后幅云：'全家白骨成灰土，一代红妆照汗青。'使吴逆无地自容。体则元、白，可为史则已如杜也。"（《国朝诗话》）

王昶的《吴伟业传》评价说："取明季遗事，用王杨、元白体咏之，苍凉凄丽，曲折详尽，咸有《黍离》《麦秀》之感，称为绝调。"吴伟业与陈子龙为同科举人。王士禛评陈子龙的七律，对二人做过比较，说陈子龙的诗"沉雄瑰丽，近代作者未见其比，殆冠古之才"，在他眼里，"一时瑜亮，独有梅村耳"。

从卞玉京到陈圆圆，红颜凄怆，风流命薄，女性命运在大时代的沉浮给了这位天才诗人最深沉的悲剧底色，诗由此而工。

此生终负卿卿

清顺治十年（1653）四月，距吴梅村离开南京之后整十年，由于马国柱以及陈之遴、陈名夏等人文章推荐，清廷强行征召吴梅村，在北京初授秘书院侍讲，后升国子监祭酒，成为清朝最高学府的长官，这一年，他已经四十六岁了。为调解文学社团之间的矛盾,吴梅村担纲组织了第二次虎丘诗会,三吴士大夫到会的达三千多人。在大会上有一个少年给吴梅村写了一封信,是一首讥讽诗:"千人石上坐千人,一半清朝一半明,寄语娄东吴学士,两朝天子一朝臣。"吴梅村读后默然无语,倍感惭愧。也许正是这次虎丘大会的声势,引起了朝廷的注意,也就有了清廷急征他进京的诏令。

这是他一生最为纠结的时刻,他知道一旦应征,带给他的将是耻辱和羞愧。在无可奈何的情况下,他前往南京拜谒马国柱,祈求从被推举的名单中删掉自己,他写了《投赠督府马公》诗二首,以表白自己的心情,其二云:

十年重到石头城,细雨孤帆载客愁。

累檄久应趋幕府,扁舟今始识君侯。

青山旧业安常税,白发衰亲畏远游。

惭愧荐贤萧相国,邵平只合守瓜丘。

十年后重游南京,吴梅村百感交集,"沽酒南徐,听夜雨、江声千尺"。夜雨苍凉,江声悲烈,一片浓愁待酒浇。此愁已经与当年的风月无关,而是与足下的这片土地密切相连,不可分割。他来到昔日的国子监,见到的是"破壁低围墙""衙舍成丘墟"(《遇南厢园叟感赋八十韵》),因而发出"白头博士重来到,极目萧条泪满襟"的感叹。他面对玄武湖,听到远处传来悠扬的渔歌声,不禁写下这样的诗句:"烟水不关兴废感,夕阳闻已唱渔歌。"(《玄武湖》)

醉不成欢,今夜无眠,在经历倾城之恨、亡国之痛后,他当何作何为,何去何从?是逆流而上不负初心,是飘然出世弃绝红尘,是含垢忍辱奉旨承意,是寡廉鲜耻献媚邀宠?文坛影响力巨大的吴梅村此时的选择举世瞩目。遥想升平之日,以"复社"为代表的知识阶层好论"先人品而后文品,无气节岂有高格",及至社稷换帜,"学成文武艺,货与帝王家"则成了变通者的狡辩之词。那几年里,抗争与投降、决裂与屈从构成了一幅五彩斑斓、鲜明生动的画卷。芳兰与浊泥、明珠与瓦砾汇作了一篇篇抑扬交错、可歌可泣的诗章。

  威胁利诱一起袭来,这年秋天,吴梅村怀着极其无奈和矛盾的心绪,沿着大运河北上进京。这是一段沉重之旅,吴伟业在北上仕清的途中,想及自己的身世,不由地从心底发出深深的哀叹。船过淮阴,他写下《过淮阴有感》,其中后四句说:"浮生所欠止一死,尘世无由识九还。我本淮王旧鸡犬,不随仙去落人间。"临近京城,他还在祈祷,《将至京师寄当事诸老》一诗吐露了自己的心迹,其中有这样的诗句:"匹夫志在何难夺,君相恩深自见怜。记送铁崖诗句好:'白衣宣至白衣还'。"内心何其挣扎!

  路上,他收到了侯方域写来的一封充满感情的信,规劝他要以名节为重,不要出山,指出"不可出者有三,而当世不必学士之出者有二"。侯朝宗说你吴伟业蒙崇祯皇帝重恩,举科名第一,这是第一不可出;短短数年就被朝廷提升为大臣,这是第二不可出;再次出山,官位清望都会有所损失,这是三不可出。侯朝宗以自己的悔恨来规劝吴伟业,其用心不可谓不良苦。"十年以还,海内典刑沦没殆尽,万代瞻仰仅有学士",因而"学士之出处将自此分,天下后世之观学士者,亦自此分"。吴伟业非常感动,复书慷慨激昂地表示:"必不负良友。"

对吴梅村而言,这是一场严重的精神危机。在动与静的变化里,在明与暗的对立中,他做了些什么,又想了些什么?国亡后的前十年他曾真心实意地离群索居,十年之后却改弦易辙应召出仕,那是一种怎样纠结的心曲,一首《贺新郎·病中有感》透露了他的万念俱灰:

> 万事催华发。论龚生、天年竟夭,高名难没。吾病难将医药治,耿耿胸中热血。待洒向、西风残月。剖却心肝今置地,问华佗解我肠千结。追往恨,倍凄咽。
>
> 故人慷慨多奇节。为当年、沉吟不断,草间偷活。艾炙眉头瓜喷鼻,今日须难决绝。早患苦,重来千叠。脱屣妻孥非易事,竟一钱不值何须说。人世事,几完缺。

后人对他的心曲颇能理解,陈廷焯《白雨斋词话》分析《贺新郎》一词说:"悲感万端,自怨自艾。千载下读其词,思其人,悲其遇。固与牧斋不同,亦与芝麓辈有别。"说他和钱谦益与龚鼎孳不同,"实非本愿,而士论多訾议之,未能谅其心也"。(王撰《自订年谱》)

吴梅村的声名实在太大了。入京后,他深受顺治帝的赏识,多次被招到宫里接见,并命他参与撰写《顺治大训》《内政辑要》和《太祖太宗圣训》等重要文献,俨然成为御用笔杆子,最后官至国子监祭酒。但是在清初,汉人官员的遭际异常悲惨,吴梅村的同僚好友龚鼎孳等接连被贬,伴君如伴虎,官场之险恶令吴梅村一直生活在惶恐不安中。顺治十三年,对吴梅村有养育之恩的伯母离世,吴梅村上书顺治帝祈求过继伯父母为嗣子,请假回乡为伯母守制尽孝。事实上,这是他脱离京城官场的一个借口,他厌倦了,也害怕了,逃避,成为唯一的选择。所幸,顺治帝同意了,还"亲赐丸药,抚慰甚至"。满打满算,他只在京城当了三年的官。

归乡之后,他隐居梅村别墅,读书、著述、畅游山水,虽然其间屡屡受到各种政治案件的牵连惊吓,他总算在小心翼翼远离政坛的隐居生活中,安然度过了人生最后的十四年。

康熙十年(1672),吴梅村在家乡病逝,享年六十三岁,他的弟子顾湄感叹:"先生亡矣,一代文章尽矣!"

吴梅村生前留下这样的遗言:

> 吾一生际遇,万事忧危。无一刻不历艰难,无一刻不尝辛苦。实为天下第一大苦人。吾死后,殓以僧装,葬吾于邓尉、灵岩相近,墓前立一圆石,题曰诗人吴梅村之墓。

"殓以僧装",他是希望将自己的灵魂呈现在佛前,来生修行。他对自己的一生并不满意,仅认定自己是一个诗人。《清史列传》将吴伟业与陈之遴、钱谦益、龚鼎孳等同列《贰臣传》,而他自己也终生没有原谅自己,在《绝命诗》里,他这样否定了自己的一生:

忍死偷生廿载余,而今罪孽怎消除?
受恩欠债应填补,总比鸿毛也不如。

吴梅村出仕后不久,卞玉京出人意料地出嫁了,嫁给了浙江一户世家子弟。但婚姻并不如意，不久后她将自己的侍女以身相代，卞玉京自己则乞身而出，吴中良医郑保御收留了她。郑保御已经年过七十，不仅是一位名医，也是一位名士。他对卞玉京的人品才情极为敬重，特地为她建筑别宫，赠以厚资，使她可以安度余生。

对卞玉京最后的岁月，吴梅村在小传中用了这样的字眼："道人持课诵戒律甚严"，"道人用三年力，刺舌血为保御书法华经……"为了报答这位收留自己的老人，她用了一种极端的方式：刺血写经。吴梅村在《过锦树林玉京道人墓并传》中说："十色笺翻贝叶文，五条弦拂银钩手。生死旃檀祇树林，青莲舌在知难朽。"

刺舌血写经，整整三年。这是一个怎样的情景？人生的最后况味于此千肠百结，一部舌血《法华经》，道尽了人生无尽沧桑。

卷三・风流

第十一章
遗民·余怀：一生风月供惆怅

梦回秦淮：
慷慨长怀吊古心

昨夜，我又梦见我回到了秦淮河。

我置身于一片"灯火笙歌"中，暖意香风，扑面而来，"一围灯火从天降，万片珊瑚驾海来"，这是属于我的秦淮不夜天。

精致整洁的店铺沿街而列，茶酒、香囊、糖果、菜蔬琳琅满目，火树银花中，闪烁着诱人的色彩。我经过水榭，我经过河房，我经过板桥，所有的茶寮酒坊都有我熟悉的座位。

这是谁家的大门？"铜环半启，珠箔低垂"。迈上石阶，轻启芳门，"狗儿吠客，鹦哥唤茶"，它们熟悉我的脚步，知道我喜欢的茶品。老人乐不颠地迎上来"假母肃迎，分宾抗礼"。寒暄时已经迫不及待，我是来见你的，你在哪里？轻衣细步，玉饰叮咚，我知道你来了，"丫环毕妆，捧艳而出"，你是如此光彩照人，你是那么风姿绰约。

还是那熟悉的美食，醇香的美酒，还是那熟悉的气味，撩人的眼神，"目挑心招，绸缪婉转"，我醉了，你也是，我握住你的纤手，接住你的娇嗔与慵懒。

夜色醉人，这是名姝倾城的时刻："夜阑人定，风清月朗"，我拉着你的手，走向露台，一轮明月高高地挂在夜空，风清月朗，"家有露台，朱桂绮疏，竹帘纱幔"，晚风吹过来，远处的歌声时断时续，是茉莉花香还是你的香呢？你看那是他们："名士倾城，簪花约鬓，携手闲行，凭柱徙倚"，这里是他们的天堂，从来如此，天天如此，"纨绔少年，绣肠才子，无不魂迷色阵，气尽雌风矣！"他们如此，我亦如此，如此才是美好的人生吧。"画船箫歌，去去来来，周折其间"，就让我成为你手中轻摇的团扇吧，就让我成为你胸前的玉坠吧，就让你高高的发髻将我埋葬吧。

美人侑酒，夜夜笙歌——

你是王月："颀身玉立，皓齿明眸，异常妖冶，名动公卿。"

你是李十娘："生而娉婷，肌肤如雪。"

你是顾媚："风度超群，鬓发如云，桃花满面，弓弯纤小，腰支轻亚。"

你是寇白门："娟娟静美，跌宕风流。"

你是董小宛："天资巧慧，容貌娟妍。"

你是李香君："生小倾城是李香，怀中婀娜袖中藏。"

你是沙才："美而艳，丰而柔，骨体皆媚，天生尤物也。"

你是顾喜："性情豪爽，体态丰华。"

你是尹文:"色丰而姣,荡逸飞扬,顾盼自喜。"

这是余怀的"蝴蝶梦"。这些堪称绝唱的繁花盛景一再出现在余怀的梦里,让他衰老的肌体不时感到丝丝的暖意。清康熙三十二年,公元 1693 年,余怀完成了他晚年最重要的一部著作《板桥杂记》,此时,距明亡已有近半个世纪。

余怀(1616—1696)字澹心,一字无怀,号曼翁、广霞,又号壶山外史、寒铁道人,晚年自号鬘持老人。福建莆田黄石人,侨居南京,因此自称江宁余怀、白下余怀。

秦淮河,见证了余怀风神俊逸的青年时代。

想当年,他游学南雍,才华丰卓,与湖广杜浚、白梦鼎合称"余杜白",名震江南。

想当年,他意气风发,俊彦超群,满怀匡世之志。

想当年,他受邀入南京兵部尚书范景文幕府,广交四方宾客,何其潇洒纵横。在范景文幕下,他和冒襄、方以智诸人声气相投,交往密切,那是怎样的书生意气啊!

> 当是时,东南无事,方州之彦,咸集陪京。雨花、桃叶之间,舟车恒满。余时年少气盛,顾盼自雄,与诸名士厉东汉之气节,掞六朝之才藻,持清议,矫激抗俗。

当时任职南京国子监司业的吴伟业,对这位才情俊逸的文学青年印象极为深刻,特地写了一首《满江红·赠南中余澹心》:

> 绿草郊原,此少俊、风流如画。尽行乐、溪山佳处,舞亭

歌榭。石子冈头闻奏伎,瓦官阁外看盘马。问后生、领袖复谁人,如卿者。

鸡笼馆,青溪社。西园饮,东堂射。促松枝麈尾,做些声价。赌墅好寻王武子,论书不减萧思话。听清谈、亹亹逼人来,从天下。

一句"问后生、领袖复谁人,如卿者",表达了吴梅村对这位后生青年的欣赏赞美;一句"听清谈、亹亹逼人来,从天下",道尽了余怀谈吐非凡,胸

余怀像

怀乾坤的豪气。那时候,余怀二十四五岁,风华正茂,诗酒风流,周旋于秦楼楚馆,多少缠绵悱恻,多少放诞任性!他赠诗李香,使其艳名广播,他给王月写诗,也成秦淮佳话。多少年后,他不止一次走进金陵,这旧朝的烟花之都、曾经的佳丽之地、不可一世的王气之城,终于沦丧于一片荒芜。物换星移,群芳寥落,每思及此,悲从中来。

崇祯十七年(1644)北京陷落,余怀应招出仕弘光小朝廷,与马士英、阮大铖之党抗争,差点失了性命。当满洲铁骑南下,弘

光朝崩溃后,余怀避难于山阴道上,四五年间浪迹于五湖,漂泊于虞山之下,他身穿道袍,隐身埋名奔走江南各处,联络志同道合之士共谋复明,直到抗清势力被摧残殆尽。其无奈之心境,经常见之于诗:"君不见梁朝庾子山,暮年诗赋动江关;又不见长溪谢皋羽,一恸冬青泪如雨;共是销魂落魄人,不堪回首汉宫春",直以谢朓与谢翱自比。不堪回首之余,唯有纵酒放歌,叹风月之逝,生亡国之恨。陈寅恪先生在《柳如是别传》中根据他的行状与人事交往等,推断他"必为复明运动中之一人"。反清复明的希望一个个破灭,余怀心如槁木,他如此自述:"颓然自放,憔悴行吟。风流文采,非复曩时。"(《同人集》卷二)然而,在他的好友吴绮眼里,晚年余怀仍然"慷慨长怀吊古心,颠狂不改凌云气"。作为一个坚守遗民身份的布衣之士,整个清代,他坚不出仕,无疑需要极大的勇气和定力,这种气节赢得了后人广泛的赞誉,历史将他同顾亭林、黄梨洲、王船山诸公并列。

在长时间的流亡生涯中,余怀时时"遁迹海陵之隅",往来于扬州、泰州等地,与当时众多文士有着频繁密切的往来交游,过着"白马清流成隔世,黄鸡浊酒醉他乡"的日子。每逢佳节"耿耿不眠,感深乡国",身处故国山水,而身心俱寂,萧瑟至极。

也就是在这个时候,他与一个过去的秦淮所爱不期而遇。在泰州刺史陈澹仙住所丛桂园,一个姓李的女妾引起了他的注意。他认出来了,她是李媚。他记得第一次见她的时候,是在秦淮河李十娘处,她是十娘的堂妹,那时候,她还是一个十三岁的小女孩儿。皮肤白皙,额头留着长长的刘海,眉眼精致动人,舞姿轻盈,歌喉婉转。李十娘好意成全,于是就有了一段才子佳人的故事。

崇祯十五年(1642),余怀二十七岁那年,再次参加南都乡试,就住在媚姐家里。这也是他最后一次乡试,媚姐每日虔诚算卦,祈祷他一试中榜。可惜,余怀再次落第。巨大的打击让余怀愤郁成疾,在栖霞山寺一病不起,也从此与媚姐失去了联系。

多少年后,再次相见,已然天翻地覆,物是人非,二人不禁黯然落泪。七十八岁的余怀记下了两人当时凄楚的对话:

问:十娘呢?

曰:从良矣。

问:住哪啊?

曰:秦淮水阁。

问:原来的家呢?

曰:已废为菜圃。

问:老梅与梧、竹无恙乎?

曰:已摧为薪矣。

问:阿母尚存乎?

曰:死矣。

那天,余怀百感交集,赠诗一首:"流落江湖已十年,云鬟犹卜旧金钱。雪衣飞去仙哥老,休抱琵琶过别船。"用白居易《琵琶行》的典故,抒发了江山易代,劫后余生,风流云散的萧瑟情怀。

康熙七年(1668),余怀从吴郡重返金陵,与几个老友乘兴寻花,那些野店僧房,废圃荒村,一花一树都让他觉得"最销魂处是金陵"。眼前的六朝古都已然"风流山水,多为茂草",他登山远眺,"举目河山,伤心第宅","禅榻鬓丝相伴久",想起"美人亲起索题诗"。他把酒赋诗,老泪纵横,"华清如梦,江南可哀"(《咏怀古迹》小序)。他重游秦淮,叹风月之逝,生亡国之恨,无限悱恻,唏嘘不已。想当年,他风流自赏,在声色与酬唱中,醉卧秦淮花丛,热拥旧院佳丽,如今回望,山河破碎,风流消散,已满是家国之痛,兴亡之悲。二十多年后,这些感触都凝结在一本《板桥杂记》里。

风流如画:
名士美人双寂寞

———————————

康熙八年,即从公元 1669 年开始,余怀隐居吴门,埋头著书立说,在苏州度过了他的最后岁月。他自谓"布囊竹杖,短辕破艇,汗漫零丁,譬之焦光,饥则为人客作阮籍,穷途则恸哭而返耳"。他的好友尤侗写了一首仿吴梅村的《满江红》,颇为传神地描绘了他的落魄凄苦之状:"满目凄凉汾水雁,半头霜雪燕台马。问何如,变姓隐吴门,吹箫者?"(《百末词》卷四)七十四岁时,余怀应邀参加尤侗所召集的诗会,清廷新贵苏州织造曹寅亦在座中,请他题诗,余怀题下这样的诗句:"赏心亭子说秦淮,今日风流让署斋;谁咏君家华屋句,白杨风起恸西洲。"他自署"旧京余怀",俨然以遗民自居。辞世前,余怀将自己的全部精力倾注在一本薄薄的小册子——《板桥杂记》,此时他已经是七十八岁的老人了。

暮年回首,当故国恢复无望,身为遗民只能怀念逝去的岁月、承受故国的沉哀,余怀感慨不已,决心留下他亲眼所见有关秦淮盛况的记录。这是一部十七世纪的"秦淮河传",堪称一部伤悼之书,余怀用那个时代中国文人惯用的笔法重建了金陵秦淮城市生活的诸般细节。

他详忆南都烟花逸闻,他细述北里情缘趣事,他叹香君之飘零,他哀寇媚之沉沦,他惋葛嫩之玉碎,他惜小宛之早逝,在他眼里,她们气节可嘉,特立独行,聪慧异常,才学卓异,不论是诗文吟咏还是丹青着色,都可与东林、复社士子同唱和共切磋。她们崇尚忠义节烈,蔑视权贵富商,爱憎分明,又侠肝义胆。此情此景,斯人斯事,满纸沧桑,写尽了风月之情与家国之恨。在他笔下,秦淮诸艳盛极而衰,花样年华脆弱易逝,命途之乖张与家国兴亡都化作了千秋之慨。

读《板桥杂记》,后人发现,余怀的遗民情怀不仅是政治的,也是文化的,怀念逝去的岁月,感念故国的沉哀,凄凉悱恻,风月寄之。所以,他在跋中用了一个"心"字:"但抽毫点注,我心写兮。"异代兴感,自古伤情,就像杜甫诗里感怀的"怅望千秋一洒泪,萧条异代不同时。江山故宅空文藻,云雨荒台岂梦思"。

半个世纪前,个人的青春岁月和城市臻于极致的文采风流交相辉映,让余怀留下刻骨铭心的回忆,即使经历了朝代沉浮,那些繁华逸乐的景致,依然色彩斑斓,触目可及。只是这易代循环,年年岁岁无绝期,多了诗人之幸,苦了百姓之生,所谓文明之不绝,是否与千古的奴性有关,确实是个颇可玩味的问题。于是才有"秦淮一水,逝者如斯,繁华中零,古今同慨,城郭尤是,兴亡何穷"!(金嗣芬《板桥杂记补》)借用孔尚任《桃花扇》的文字来说,可谓"残山梦最真,旧境丢难掉,不信这舆图换稿"。

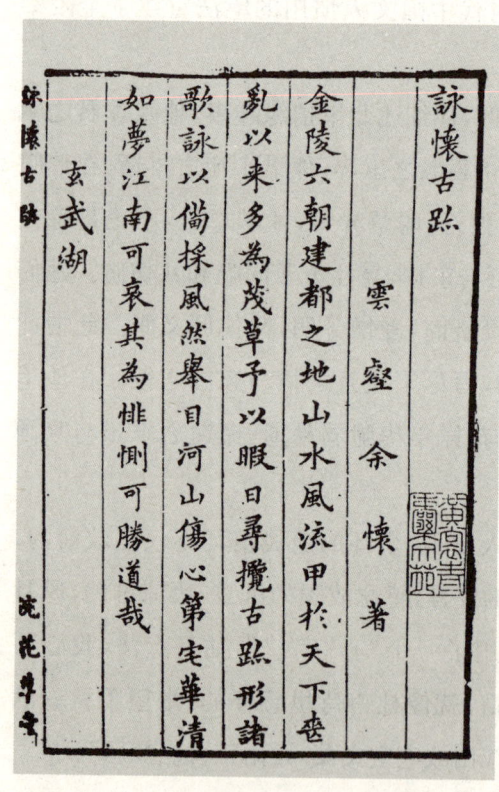

余怀《咏怀古迹》

《板桥杂记》开篇,余怀借友人之口问了一个特别重大的问题:为什么要写这部书?"一代之兴衰,千秋之感慨,其可歌可录者何限,而子唯狭邪之是述,艳冶之是传,不已荒乎?"意思是说,朝代兴衰,可记可说的大事该有多少啊,为什么你偏偏只在意这些才子佳人呢?

余怀的回答坚定而执着:"此即一代之

兴衰,千秋之感慨所系,而非徒狭邪之是述,艳冶之是传也。"

为什么?后面这段话悲凉沉郁,掷地有声,是一个年近八十岁的老人内心最为真实的感喟:

> 鼎革以来,时移物换,十年旧梦,依约扬州,一片欢场,鞠为茂草,红牙碧串,妙舞清歌,不可得而闻也;洞房绮疏,湘帘绣幕,不可得而见也;名花瑶草,锦瑟犀毗,不可得而赏也。间亦过之,蒿藜满眼,楼馆劫灰,美人尘土,盛衰感慨,岂复有过此者乎!郁志未伸,俄逢丧乱,静思陈事,追念无因。聊记见闻,用编汗简,效《东京梦华》之录,标崖公蚬斗之名。岂徒狭邪之是述,艳冶之是传也哉。

明末乱世,九州鼎革,乱象丛生,天道苍茫。他要效仿宋末《东京梦华录》的笔调,艳冶中寄托着沉郁和苍凉。

明亡后,历史写作成为寄托哀思的心理需要。孙逢奇《甲申大难录》、傅维鳞《明书》、吴伟业《绥寇纪略》、钱士馨《甲申传信录》、谈迁《国榷》、张岱《石匮书》、谷应泰《明史纪事本末》、计六奇《明季北略》《明季南略》、查继佐《罪惟录》等等,都是当时有影响的私修明史著述。《明史》里讲这些明末遗民"守志不屈,身虽隐而心不死,至事不可为,发愤著书,欲托空文以见志"。梁启超说,清初诸师"皆治史学,欲以为经世之用","于宗社之变,类含隐痛,志图匡复,故好研究古今史迹成败,地理厄塞,以及其他经世之务"。(《清代学术概论》)"国可灭,史不可灭",黄宗羲说:"国史既亡,则野史即国史也。"对他们来说,修史的意义已经超出了史学价值和学术价值本身,而升华为一种生命的动力、斗争的武器、人生的追求。

隐居山野的遗民生活愁苦无聊,漫长而乏味,追忆过往经历并见诸文字既可以打发时间,又可以寄托情怀,写作《烈皇小识》的文秉自号"竹坞遗民",终身不仕清朝,隐居山林,潜心著述。他对修史动机的自我认识,在晚明众多史家中颇具代表性:

> 年来屏迹深山,间有客相过从,询及旧事,尚有一二仿佛胸臆间,窃恐失此不传,后悔无及。又承同志或一人一事相示,因篡抄成册。

这些自序往往寄予了内心深深的沉痛。

黄宗羲像

> 虽所篡者十不得二三,然以备修史者之采择,亦未必无小助。迨至天不祚明,帝星告殒,守正不屈,宁以身殉,辄悲愤填膺,扼吭欲绝,涕泗滂沱,几执笔而不能下矣。(《烈皇小识·序》)

真可谓字字血,声声泪,他们是想通过史笔留住一个时代。

黄宗羲在《海外恸哭记》的序言中说到清初南明的臣子中有多人作诗,除了以诗成名的学者之外,也有很多是以前不曾写诗的,清初这些为明朝守节的士人经历着人生的诸般痛苦,政治上失去凭借,经济上孤立无援,精神上惨遭打击,他们的人生陷入进退失据的两难境地,"愁苦之极,景物相触,信笔成什"。李逊之的描述极为生动,他长叹道,"呜呼!今日而追溯昌启与崇祯,正如白头宫女谈天宝遗事,又如桃花源中人重话先秦,不知其在龙汉劫前,有不令人长叹而深思者哉!"沧海桑田,世事变幻,许多史家对于时世的评论都是在记述个人的惨痛经历的基础上进行的。吴邦策在甲申国变的当日,"目击心恸,恐变生仓促,若使一时铁笔无传,必致千秋信史失实,苦心搜访,并吏部告示、名字私记,藏之发中"。(吴邦策:《国变录·自序》)含泪著书,泣血写史,明清之际,诞生了一位又一位史学巨匠。

与这些宏大的历史叙事不同,余怀选择了秦淮河,"诸君皆埋骨青山,美人亦栖身黄土,河山邈矣,能不悲哉!"这是一个被后世学者轻蔑、忽视的角落,更脆弱,更易碎,更惆怅,也更扣人心弦。

在秦淮河这片花柳胜地的温柔富贵乡,余怀记述艺人、名姬的前后遭际,回忆士子与她们的悲欢离合,勾勒了那一段特殊的年代中不平凡的一群人、一些事,这里既有龚鼎孳、吴伟业、冒辟疆、陈贞慧等一时之翘楚,亦有董小宛、顾媚、卞赛等一代之佳人,秦淮繁华、士子雅集、民风民俗,展开了明末金陵绮丽风情的一幅生动画卷。一边是遍布的政府机构、贡院、国子监和书店,一边是秦淮河和旧院,院墙外数十步,有长板桥,余怀的《板桥杂记》即由此取名。

有学者指出:"此书最大的影响,其实是在开启了后世晚明秦淮论述的源头,并成为花间冶游文学的典范作品,不仅在十八、十九世纪的中国被不断复制,在十八世纪以降的日本也产生极大的涟漪,对日本人的秦淮想象及日本自身的风月文化,有强大的型塑作用。"秦淮的香艳是社稷倾颓的异象,士子的纵酒放歌是无力回天的灵魂自渎,十里秦淮是这段历史的最真实见证者。而余怀则在历史的一片黯然神伤中渲染出一抹瑰丽的亮色。

贡院与青楼隔河相对,构建起一个传奇的风月空间,围绕这一特定的华艳舞台,各色人等密集登场:有东林遗孤大会桃叶渡的盛事,有复社名流同游秦淮河的美谈。艳姬荟萃、争奇斗艳的繁盛,缠绵悱恻、悲欢离合的故事密集上演,他们将萧瑟失意化入这十里温柔,将国恨家仇题写在这青楼画壁,此种香艳也就被赋予了非同寻常的意味。徜徉于长板桥畔的多是东林复社之士,他们选择了这样一种方式来求得共鸣,来寄托不平,来追寻知音,也正因如此,在《板桥杂记》一则则看似信笔写来的纪事中,弥漫的始终是一种哀感顽艳的气息。

他怀念金陵之繁华:"金陵为帝王建都之地。公侯戚畹,甲第连云;宗室王孙,翩翩裘马。以及乌衣子弟,湖海宾游,靡不挟弹吹箫,经过赵、李。"短短数语,金陵王气自现,而纵酒狎妓之习,蔚为一时之风。

他描摹辉煌之旧院:"长板桥在院墙外数十步,旷远芊绵,水烟凝碧","每当夜凉人定,风清月朗",则"名士倾城,簪花约鬓,携手闲行,凭栏徙倚"。情状清新美好,其间亦其亲身所历,感触尤深,此"洵太平盛世也"的长舒意气中,包含着的又是多少落花流水、春去不回的萧索感怀。

他难忘秦淮灯船:"秦淮灯船之盛,天下所无。……薄暮须臾,灯船毕集。火龙蜿蜒,光耀天地。扬槌击鼓,蹴顿波心。自聚宝门水关至通济门水关,喧阗达旦。桃叶渡口,争渡者喧声不绝。"读之犹如亲见,而"嗟乎,可复见乎!"的叹喟则一以贯之于这烟水楼台、桨声灯影之中。

他叙事眉楼结盟:"岁丙子,金沙张公亮、吕霖生、盐关陈则梁、漳浦刘渔仲、如皋冒辟疆盟于眉楼。"

他记录同人集会:"同人社集松风阁,雪衣、眉生皆在,饮罢,联骑入城。红妆翠袖,跃马扬鞭,观者塞途。"

众多名士与名姬之间极不寻常的情感,在余怀看来正是一个时代最为动人的时刻,这来自余怀年少游冶的诸多感触,来自美人名姬各自飘零的命运感怀,并最终衬托着易代丧乱的家国悲剧。

他记董小宛之淑静美好:"性爱闲静,遇幽林远涧,片云孤石,则恋恋不忍去;至男女杂坐,歌吹喧阗,心厌色沮,意弗屑也。"董小宛与冒辟疆感情深笃,但是红颜易折:"事辟疆九年,年二十七,以劳瘁死。死时,辟疆作《影梅庵忆语》二千四百言哭之。"成为文苑一段感人至深的佳话。

他记寇白门之蕴藉英侠:"娟娟静美,跌荡风流","能度曲,善画兰",得保国公朱国弼喜爱,购之为妾。当保国公于甲申之变降于清室而"家口没入官"时,"白门以千金予保国赎身",其重情重义之举为世所推。为免遭清兵侮辱,她短衣匹马南归,"归为女侠,筑园亭,结宾客,日与文人骚客相往还。酒酣以往,或歌或哭",自叹身世之零落也,后竟因情郎负心而死,可惜可叹。

他记柳敬亭之命运跌宕:敬亭身世坎坷,善说书,被"吴桥范司马、桐城何相国引为上客",又"常往来于南曲,与张燕筑、沈公宪俱。张、沈以歌曲、敬亭以谭词,酒酣以往,击节悲鸣,倾靡四座"。时被视为"优孟、东方曼倩之流",以滑稽诙谐讽谏时事,也因之而见重于当时文士。先后入左良玉、马逢知幕府,然终"郁郁不得志"。又记敬亭晚年与己相逢之事,曰:"(敬亭)年已八十余矣,间过余侨寓宜睡轩中,犹说《秦叔宝见姑娘》也。"大有白头宫女说天宝事之叹。

他们在这个家国沦丧的疯狂时代,上演各自悲喜兴衰的命运。在这个舞台上,这些风华绝代的青楼丽人不是配角,甚至也不是历史大戏的背景,而是左右剧情的主角:扮相清丽洒脱,声腔冷峻雅致。这些萍踪碎影般的人与事,正是一段鲜活历史的细节演绎。

余怀在《后跋》中说:

> 余甲申以前,诗文尽焚弃。中有赠答名妓篇语甚多,亦如前尘昔梦,不复记忆。但抽毫点注,我心写兮。亦泗水潜夫记《武林旧事》之意也,知我罪我,余乌足以知之!

明季秦淮的记忆,深刻莫过于风月与兴亡。这是余怀用心写给后人的生动文字。秦淮风月与繁华盛景随风而逝、转眼成空,那种失落与空茫,令后人惊艳与叹息。清代文人全祖望读过余怀的《板桥杂记》后,写了《旧院》一诗,深切感受到的同样是故国之思与沧桑之感:

澹心居士真耆旧,头白操觚话板桥。
岂以平康忘庙社,正从子夜哭宗祧。
葛姬大节成鸾凤,顿老游魂寄黍苗。
名士美人双寂寞,荒江斜日逐渔樵。

第十二章
逃禅·方以智：苍茫犹可对狂生

明末四公子

场景一： 顺治七年，公元 1650 年，广西平乐。

左边，是一身官服。顶戴花翎，很陌生也很刺眼，官服上的锦绣鲜艳而魅惑。

右边，是一把刀。锋利、冰冷，闪着耀眼的白光。

方以智静静地站在它们中间。他一身僧衣，光头在日光下划过一抹青光，那双眼睛依然闪烁着沉静的锐利。此时，他的法号叫行远、无可。他被勒令在官服与刀锋之间做出选择。生还是死？

他的对面站着一位军人，全副武装，他叫马蛟麟，一位大明降将。

这是广西平乐，一个刑场。时间是顺治七年，公元 1650 年。这一年，方以智三十九岁。

既然是一个有意安排的仪式,自然看客很多。所有人都静静地等待着剧情的发展。马蛟麟的心理是复杂的,他是军人,自从投降清军后,深得重用,一路追杀明军,屡立战功。他知道方以智,也敬佩方以智。劝降这位明末四公子之一,对他来说意义重大。对效忠的新主子,这是功勋;对自己,这是让自己纠结的心得以平静的诸多理由之一。

方以智片刻的站定似乎在配合这个仪式。他走向了那把刀,毅然伸手去拿。

刀被抢在了马蛟麟手里,他闻了闻刀锋,将刀入鞘。

想象一下,这样一个特意安排的仪式,一定会有寓意深刻的对话。一个降将,一个文人。一个军人,一个僧人。彼此的心理较量如果太过平淡,就辜负这场好戏了。

东晋时代著名僧人释僧肇临刑前,有过四句著名的偈语:

四大元无主,五阴本来空。

将头临白刃,犹似斩春风。

多年以后,人们用这四句话描述了方以智慷慨赴死的壮举,这一悲壮的场景在此时此刻的江南具有浓厚的象征意味。马蛟麟没有杀他,而是为他选择了一个修行之所:梧州云盖寺,其实就是一种软禁。在清军摧枯拉朽的征服过程中,方以智的逃禅是一种象征,从容就死的佳话更是极富感召力。

如果不是生在乱世,方以智一定是一位成就卓越的科学家,而且文理兼修。

他的朋友陈子龙写过一首诗,这样描述这位举世奇才:"六龄知文史,八岁游京师。十二工书法,隶草腾龙螭。十五通剑术,十八观玄仪。旁及易象数,物理不可欺。"(《陈子龙诗集》卷五)天才少年,文武全才,可谓上知天文下知地理,还颇懂象数玄机。他二十岁完成《物理小识》初稿,二十八岁著《医学会通》,三十岁《通雅》一书刊行。《通雅》被梁启超誉为"声音训诂学第一流作品"。清初宰相张英云:"今海内外宗密之先生,盖五十余年矣,先生为才人,为学人,为忠臣,为孝子,博文大雅,高风亮节,为近代士人之冠。"

《清史稿》将方以智放在了"遗逸"篇,其传略说:

> 方以智,字密之,桐城人。以智,崇祯庚辰进士,授检讨。以智生有异禀,年十五,群经、子、史,略能背诵。博涉多通,自天文、舆地、礼乐、律数、声音、文字、书画、医药、技勇之属,皆能考其源流,析其旨趣。

如此当世全才在明清两朝也是无出其右,被当时人誉为"四真子",即真忠臣、真孝子、真才子、真佛祖。余英时先生《方以智晚节考》"小引",对方以智的一生做了精到的概括:

> 密之一生,大节凛然。早年怀血疏为父鸣冤,孝名满布于中朝。中岁避党祸流窜南荒,姓字见重于乡曲。及乎国亡不复,则去而逃禅。

文武双全的方以智一直有着非凡的政治抱负,早年即有"将挹东海之泽,洗天下之垢"的经世情怀。为谏议皇帝选贤用能,革除弊端,曾上书朝廷《拟求贤诏》《拟上求治疏》《拟上求读书见人疏》等,以襄扶明朝中兴为己任。他曾与张溥、陈子龙、吴伟业、陈贞慧、吴应箕、侯方域等主盟复社,裁量人物,鉴议朝局,以文章誉动天下,人称"复社四公子"。

好一个风流教主

场景二:崇祯五年,公元 1632 年,镇江。

已经是深秋,江上吹来的风凉得可以渗透到骨头里。方以智静静地站在船头,望着远处凄冷孤寂的江面。这是崇祯五年(1632),方以智二十二岁。从镇江坐船到南京,一路上他都没有从一种孤独、无奈的情绪中摆脱出来,年过弱冠,功名未就,巨大的心理落差让他始终难以释怀。自己的满腔抱负无人理会,胸中豪气无处挥洒,只能郁郁无聊于龙眠山下。他的孤独在于他的自负:"谓天下人才寥落,颇自负。"一首超拔、豪迈的诗,表现了一个风华正茂的青年急于用世的凛然心态:

柬农父呈子远舅氏

繁霜如雪南孤征,莫道能无故国情。

斥鹦抱榆方大笑,牵牛负轭总虚名。

凌云久动江湖气,杖剑时成风雨声。

海内只今信寥落,龙眠山下有狂生。

这一年,方以智赴金陵应试,从此结识了陈贞慧、吴应箕等一帮名士,诗酒唱酬代替了寒窗苦读。他组织成立了金陵广业社,上扬州,下苏州,以文会友,名声大震。

在金陵南京,明末四公子的名号如雷贯耳。在陈贞慧、方以智、冒辟疆、侯方域四人中,方以智的家族最为显赫,他出身于桐城方家大族。祖父方大镇(字君静,号鲁岳),万历十七年(1589)进士,官至江西道监察御史。父亲方孔炤(字潜夫),万历四十四年(1616)进士,官至湖广巡抚。家族的不凡注定了方以智的自命不凡。不过,他实在生不逢时。"我生何不辰,天地遂崩裂",在他最好的岁月,他碰到了王朝最糟糕的时刻。

方以智客居南京六年,两次科考落第,通向仕途的这条路让他灰头土脸。不过,恰恰这种考场盘桓征战成就了他跃马饮酒,吟风弄月,流连青楼楚馆的公子之名。在"江左三大家"和"复社四公子"中,除钱谦益,其他六位年龄相仿,陈贞慧生于1604年,比方以智、冒辟疆大七岁,年长侯方域十四岁。方以智小龚鼎孳两岁,大吴伟业四岁。

浸泡南京既久,方以智所到之处俨然一副风流教主的派头,他以狂生著名,好悲歌,也好美酒,"往往酒酣,夜入深山,或歌市中,旁若无人"。时人视他为狂生,他也以狂生自诩:"人人以我等狂生,我等亦谓天下狂生也。"他那时期的诗作结集成《流寓草》,其中最多的就是一个"狂"字,"难道读书千万卷,只宜努力作狂夫?""独有洞庭无限水,苍茫犹可对狂生。"他的行为,在南京城中人人侧目。一向欣赏他奖掖他的陈子龙在一封信中写道:"李子(李雯)云:密之近有信来,在金陵甚豪顿,跃马饮酒,壮士满座,或引红妆,曼歌长啸,殊自快也。"多年以后,与他并称"四公子"的陈贞慧的儿子陈维崧曾追叙他的豪举:"密之先生衣纨縠,饰驵骑,鸣笳叠吹,闲雅甚都……先生盖慷慨习兵事,堂下蓄怒马,桀黠之奴带刀自卫者,出入常数十百人,俯仰顾盼甚豪也。"出入浩浩荡荡,带枪执棒,颇有些黑老大的味道了。

有人对方以智的性情所为做过这样的回忆描述:"(密之)夙性通慧,自时艺、古文、诗赋、词曲,以及歌唱吹弹、为书作画,无不臻妙。尝于广筵中酒酣,起作《渔阳挝》,闺中之秀,聚而出观,有解簪珥投之者。其豪爽如此。"

当侯朝宗、冒辟疆等一帮才子陆续到金陵考试的时候,方以智就像一个江湖大哥,在士子与名妓之间牵线搭桥,留下许多风流韵事。

孙临(字克咸)是方以智的同乡同学,因为趣味相投,方以智把妹妹方子跃嫁给了他。一次雅集,孙临迷上了珠市妓女王月。当时秦淮风月场分为三个档次,珠市比旧院要差点,是下层妓女的集聚地,但也不乏姿色卓异的女性。崇祯十二年(1639)七月初七,方以智做东,举办了一次选花案活动,目的竟是帮妹夫捧红这个珠市名姬。

余怀《板桥杂记》中记述了当时盛况:

> 己卯岁牛女渡河之夕,大集诸姬于方密之侨居水阁。四方贤豪,车骑盈闾巷。梨园子弟,三班骈演。阁外环列舟航如堵墙。品藻花案,设立层台,以坐状元。二十余人中,考微波第一,登台奏乐,进金屈卮。南曲诸姬皆色沮,渐逸

去。天明始罢酒。次日,各赋诗纪其事。

从山东莱阳到南京赶考的姜垓,在秦淮流连时迷上了李湘真李十娘,整天泡在人家家里,足不出户。方以智和孙临决定去作弄一下。来看余怀《板桥杂记》中的记述:

> 方密之、孙克咸并能屏风上行。漏下三刻,星河皎然,连袂同行,经过赵李,垂帘闭户,夜人定矣。两君一跃登屋,直至卧房,排闼拍张,势如盗贼。如须下床跪称:"大王乞命!毋伤十娘!"两君掷刀大笑,曰:"三郎郎当!三郎郎当!"复呼酒极饮,尽醉而散。

这样的恶作剧,方以智没少参与。据说当夫人责备方以智的风流不羁时,他给太太留下一首《赠内》诗:

> 少年挟剑走江湖,近在秦淮傍酒垆。
> 难道读书千万卷,只宜努力作狂夫?

诗中颇为委婉地道出了内心的憋屈与郁闷,还是陈子龙理解他的行为:"密之名家,盛年多才负气,又当乱世,不能为人主建一奇,立一策,故不禁其言之颇激而恢荡也。"方以智的报国之心拳拳切切。崇祯八年,张献忠的乱军攻陷凤阳,焚毁皇陵,他正卧病在苏州,只能哀叹"太息文辞何所用,少能骑马学弯弓","今二十五,头颅如许,未有寸进"。后来方以智这样总结他的秦淮风流生活:"忆昔少年秦淮游,千讴万舞芙蓉楼,弹琴击剑擂大鼓,挥毫刻烛陵公侯。"(《赠吴麟长》)

多少年后,当江山异色,风流云散,方以智有过许多反思:"浮生着甚苦奔忙,盛席华筵终散场。""悲喜千般同幻渺,古今一梦尽荒唐。""谩言红袖啼痕重,更有情痴抱恨长。"跳出红尘后,在方以智眼里六朝古都的风流韵事,历历在目,从无限繁华到一切皆空,他悟到的是一个"无"字。甚至有后人多方考证鉴识,认为方以智才是《红楼梦》的作者,作为一种历史游戏,这种考证也是颇有趣味吧。

血疏救父

场景三：崇祯十三年,公元 1640 年,北京紫禁城。

每天凌晨,方以智早早地起来,怀揣血疏,一步一跪,来到早朝百官必经的宫门前,双手蒙额伏地,不停地叩首呼号,痛哭失声,喊冤之声令人动容。到了午夜,他焚香佛前,长跪不起,祈祷父亲早日洗刷冤屈。

那一年,紫禁城前一幕悲戚的场景几乎每天都在上演。

崇祯十二年八月,方以智南京乡试中第二十三名举人,经历两次落第的沮丧之后,心愿终于达成。

这年十月,张献忠围攻方以智家乡桐城,方以智和孙临等人从金陵南京驰援桐城,内外夹击,大获全胜。方以智跃马敌阵,神勇无比,给人留下深刻的印象。

一个月后,方以智父亲在增援襄阳时,遭张献忠围攻重创,被统帅杨嗣昌指责贻误战机,在北京遭到弹劾下狱。

消息传来时,方以智正在南京备考。他毅然给崇祯写了《请代父罪疏》,皇帝的旨意是:"殿试在即,方以智不得以私情陈情。"这段时间,方以智往返于北京南京和桐城之间,多方为父喊冤,设法搭救。

崇祯十三年(1640)二月十六日,方以智以贡士先廷对,再赴校场试射。三月十五日,走进建极殿应试。三月二十日,发榜高中第二甲第五十四名。这一年,他刚好三十岁。

据《清史稿》本传说,方以智中进士的时候,李自成的农民军攻破潼关,有官员向崇祯介绍了方以智的才略,皇帝还在德政殿召见了方以智,当时的情景是"语中机要,上抚几称善"。估计方以智在应对中大谈御敌之策,让崇祯很受启发。不过,对于这位年轻人的建议,崇祯也只是一个姿态而已,并没有放在心上吧。大明不是没有人才,君王糊涂而已。

方以智长跪血谏的场景即便是大年初一,仍不间歇。如此日复一日,竟长达一年八个月。这一至诚孝心传遍了整个京城,最后惊动了崇祯皇帝。

《明史·方孔炤传》记述道:"子检讨以智……伏阙讼父冤,膝行沙坯者两年。帝为心动,下议,孔炤护陵寝功多,减死戍绍兴。"方以智艰苦卓绝的孝行最终救了父亲。

《清史稿·方以智传》中还记录了一位太监高僧的回忆:说有一天,崇祯退朝后发了一句感叹说:"求忠臣必于孝子!"而且一直在咕噜这句话。太监跪着问为什么这么说,崇祯说,早上讲经,有一个讲官的父亲是河南巡抚,刚刚被问罪,而这个儿子却浑身香气,打扮得整整齐齐,像这样的不肖子孙,怎么指望他效忠朝廷呢?我听说最近有个新进士方以智,父亲在狱中,他每天哭诉喊冤,持疏求救,都是儿子却这么不同啊。说完再次感叹不已。

这就是崇祯皇帝,天天感慨于一些细枝末节,可对用人却毫无气量。这个故事从侧面也说明了方以智确实给这个皇帝留下了深刻印象。《清史稿》里说,方以智听到这个故事后"伏地哭失声"。

崇祯十四年(1641)五月,父亲终于出狱,方以智被授予翰林院检讨,并担任太子侍读。大明王朝进入最后挣扎的三年,留给方以智报效朝廷的机会实在太有限了。

在京期间,他与传教士利玛窦、南怀仁等开始探讨西学,崇祯十四、十六年方以智开始写作《通雅》与《物理小识》,成为当时最早系统掌握西方近代自然科学知识的科学家。

生死一昼夜

场景四:崇祯十七年,公元 1644 年,紫禁城东华门。

方以智长跪大哭,面前是崇祯帝的遗体,他匍匐在地,声震京城。

这年春天,方以智亲历了北京保卫战,眼睁睁看着大明王朝国破山河碎。

崇祯尸首被发现后,李自成命人用两扇门板将皇帝皇后的尸体停放在东华门侧,装入柳木棺内,搭盖了临时灵棚。二十三日重新改殡,以红漆棺殡帝,黝漆棺殡周后。崇祯帝头戴翼善冠,身着衮玉滲金袍,周后亦依制加袍带。帝后棺椁在东华门所设灵棚连停数日,明朝的官员都不敢去看,只有襄城伯李国桢"泥首去帻,踉跄奔赴,跪梓宫前大哭"。农民军将他抓住见李自成,他"以头触阶,血流被面"。最后李自成答应将崇祯帝、后葬入田贵妃的墓中。

李自成破城当日,方以智在金水桥欲投水自尽,被陈名夏劝止,决心设法救国。《清史稿》本传中说:"京师陷,以智哭临殡宫,至东华门,被执,加刑毒,两髁骨见,不屈。"寥寥几个字,方以智忠贞、热血、坚强的性格描述得淋漓尽致。

接下来的京城兵荒马乱,两易其主。李自成落荒而逃的时候,方以智也趁乱逃出了京城。他的目的地是南京。一路艰辛,"万死潜窜,幸出通州,行丐南奔"。

五月十五日他抵达留都南京,哭拜在明孝陵前。"刀锋行丐三千里,得伏高皇陵庙前",此时他仍希望疏报崇祯朝覆亡的经过和农民军在京城的情状,以求领兵北伐,为朱明王朝雪耻。但此时的南京,已经物是人非,马士英等人拥福王朱由崧在南京即位,建号弘光。弘光朝廷的现实是:重兴党祸,腐败无能。"方以智南归后上疏报北事,遭到间阻,不令上达,继而又遭非议"。阮大铖当政后,埋藏内心的旧怨终于爆发了,几乎把复社的名士一网打尽。他借口方以智在李自成入京后没有"殉节",而把方以智列入"从逆六等"中的第五等,处理方法是"宜徒拟赎"。周镳、雷演祚被杀,陈贞慧被捕入锦衣卫,差点毙命。吴应箕、黄宗羲等人逃出南京城,后来有的抗清而死,有的归隐于深山。秦淮河畔的风流,就此彻底烟消云散。

方以智在南都不能久留,由陈子龙介绍,经过浙江、福建辗转到达广州避难,开始了漫长的流亡生涯。很长一段时间以卖自采中草药材谋生。

顺治三年(1646),桂王朱由榔在肇庆即位,年号永历,征召方以智为东阁大学士。从弘历到永历政权,方以智已经清楚地看清了这个大明政权的内部死结,觉悟到"大厦忽如此,一本何以支",知事不可为,前后十次上疏请辞。他说:"吾归则负君,出则负亲,吾其缁乎?"遂作《劝隐歌》,决心洗心退藏了,出家为僧。

"因树依岩又一年,当空稽首向烽烟。"在颠沛流离的生活中,方以智曾经逃进深山,变姓不出,独来独往,一年三易姓名。他的《独往》一诗写的就是这时的生活,把他离群索居,沉痛悲凉的心绪浓墨重彩地勾勒出来:

同伴都分手,麻鞋独入林。
一年三变姓,十字九椎心。
畏听干戈信,愁因风雨深。

死生容易事,所痛为知音!

在一个灾难的年代里,一个心碎的知识者,如何在心灵和感情的极度慌乱中去往他者之地寻求救赎? 此时,他从前的复社友人,有的像龚鼎孳仕清或与清廷妥协,有的像吴应箕、陈子龙、夏允彝一样慷慨就义或以身殉国,有的像陈贞慧退隐山林,也有的像他和钱澄之一样到处漂泊,或天各一方,或阴阳相隔,再难以像从前那样诗酒酬唱,谈天说地了。环境恶劣,险象丛生,战火熊熊,生灵涂炭,在逃亡中惊魂未定的方以智不敢打听外面的消息,饥寒交迫的他内心的愁苦不断加重。经历了明清易代,妻离子散的痛苦,闯过了无数险象环生的鬼门关后,方以智早已把生死置之度外,以一颗平常心看待自己的生死,但对失去挚友的苦痛却难以忍受。

在柳州,他将自己的居所取名"冰舍",以示绝意凡尘,超然物外之心。

一首作于梧州冰舍的《满江红》透露了他悲凉的心境:

烂破乾坤,知消受、新诗不起。正热闹、黄金世界,红妆傀儡。兰蕙薰残罗绮骨,笙歌饯送沙场鬼。被一声、霹雳碎人间,春心死。

泪珠儿,从今止。眼珠儿,从今洗。见青山半卷,碧云千里。鸣涧响遮归鹤语,冷风剪破雕龙纸。几万里、楼阁一时开,团瓢里。

"青山半卷,碧云千里",一代才子含恨退隐,竹杖芒鞋、避世逃禅,青灯黄卷,潜身著述,成为他后半生的写照。"终古北窗下,一片心谁传?"他的逃禅生涯以及结局成为谜一样的故事。史学家陈垣指出,"禅悦,明季士夫风气也",方以智的逃禅成为明末清初最引人注目的行为,即便是清廷也一直没有放弃对他的关注。

顺治十年方以智北归,皈依天界寺的觉浪道盛法师,成为他的传人。其后于金陵高座寺的看竹轩闭关,潜心著述。这期间,他完成了著名的哲学著作《东西均》;受道盛嘱托,写成《药地炮庄》;还发衍家学,著成《周易时论合编》。康熙三年(1664),方以智接受邀请,到吉安青原山净居寺任主持,直到去世。

一些词句,让我们隐约领略他尽洗铅华后的生活。人世间的兴衰荣辱,悲欢离合,他早已看淡,只想让自己短暂的人生过得洒脱自然,但又有一种淡淡的哀愁和无可奈何的意味隐含在其中。

明月棹孤舟

山鬼篝灯闲寄语,读书万卷谁怜汝。一寸香灰,三间茅草,四野霜风相许。　破灶枯柴还自煮,长廊落叶飘残雨。把住钟声,拍来孤掌,一句果然千古。

应天长

凌空放眼原无着。自在江山传寂寞。水边亭,城上阁。可惜丹青,图画恶。新诗休更作。万字栏干穿凿。一片黑云萧索。青天多注脚。

河　传

洞庭不是、早一场收拾、孤臣孽子。竟把青天、埋在秋风浪里。为什么,风不死。 投书枉费人间纸,草木无情,却记君山泪,千古骚场,不过呜呼而已。总没教,人说起。

在青原山,晚年的方以智"怨愤化为平和,交游不分僧俗宦儒","阐示教宗,释道互济,中和为本,远近人士,闻旨如梦初醒",那时的方以智俨然成了一代禅师。

关于方以智最后的人生结局,《清史稿·方以智传》仅记着这么几句:康熙十年,赴吉安,拜文信国墓,道卒。也就是说,他死之前是拜祭过文天祥陵墓的。他的死后来成为一个谜。

二十世纪七十年代,美国华裔学者余英时先生对方以智隐晦不彰的晚节尤其是死节,进行了卓有成效的考证,他通过综合各种零散而语焉不详的史料在闪烁其词中所透露出来的信息,以令人信服的分析和推论,揭示了一个为历史遮掩数百年的惊人史实:在三百多年前的那个风雨之夜,方以智并非如后来史家所言是病死于惶恐滩边的舟中,而是悲壮地投江自沉,慷慨尽节!

种种迹象表明,逃禅山中的方以智并没有泯灭反清复明的斗志:"死生一片血,天地百年悲。""尽大地是一滴血,无回避处。呜呼痛哉!""尽虚空是烈焰。""孤臣毕命驱荒草,穷子惊心恨法华!"从这些痛心疾首的悲壮诗句可以看出,他丝毫没有忘记丧国之痛,诗中孤臣孽子之心,如杜鹃泣血,字字锥心。他在父亲的坟前怀念先人,作《慕述》长诗,对着先人泣誓:"退藏于密,水火中行。家风律律,忽忘折肱。"一个忠烈之人怎么可能看破金泥，作化青莲呢？

在枯槁苦行、讲学宏道的同时，方以智广交朋友，暗助各种反清势力，是当时一呼百应的精神领袖。还有学者考证，方以智正是当时影响深远的反清组织"天地会"的总舵主，于是才引起清廷忌恨。康熙十年冬，清廷以"粤难"之事为借口，将方以智抓捕，并解往广东。

1671年十月，初七，一个月黑风高之夜，一艘船行进在浊浪滔天的途中。这里是赣江惶恐滩头。惶恐滩，位于江西省万安县境内。因为水急滩险，列赣江十八滩之首。南宋名臣文天祥自沉于此，并留下"惶恐滩头说惶恐，零丁洋里叹零丁"这一千古名句。时年方以智六十一岁，大明亡国三十年，方以智逃禅流亡二十年。在这个伸手不见五指的黑夜里，方以智消失在汹涌波涛之中。

这是余英时在《方以智晚节考》中给我们钩沉出来的方以智最终结局，时间距方以智殉难已经三百年。在自序中，余英时做了这样的评价："密之少负澄清天下之志，接武东林，主盟复社，言思所涉，遍及当时社会问题之各方面，则宜乎今人之特有爱于密之者转在其为一时代之先觉矣。"

方以智曾作《自祭文》，中有"生死一昼夜，昼夜一古今"之语。他还有一首词《满庭芳》，现在读来很像是他对自己一生的回顾和预言：

　　锦绣园林，芙蓉筵席，从来狼藉东风。玉楼香泪，可惜吊残红。千古章台坑里，活埋却、多少王公。黄昏后，苍天偌大,没处放英雄。　　晓窗蝴蝶散,变成花片,出入虚空。问桑田沧海,半晌朦胧。打叠千篇万卷,五更尽、枕上疏钟。惊心处,半生冰冷,只在一声中。

在那个月黑风高之夜,在那个急流险滩之地,方以智选择了自己的归宿。对他的死,人们更愿意把他称作明代的文天祥。方以智次子方中通曾写道:"辛亥十月七日舟次万安,夜分波涛忽作,老父即逝,而风浪息。"惊涛骇浪中,随着方以智纵身一跳,天地间忽然风平浪静了。

第十三章
乞士·陈洪绶：一双醉眼看青山

亡国之痛："今日始知哭"

春夏之交，正是江南雨打芭蕉的时节。

绍兴徐渭青藤书屋的诗意却被一种绝望感笼罩着。此时，这里的主人是陈洪绶，时年四十七岁。

青藤书屋是画家徐渭读书的地方，院内有一泓水池，池边有徐渭亲手种植的一棵青藤，藤大如斗。陈洪绶移居这里的时候，青藤书屋已经尘封多年，破败不堪。他亲手扫除，并手书"青藤书屋"匾额高悬庭中。在《扫除青藤书屋有感》一诗中，他这样写道："野鼠枯藤尽扫除，借人几案借人书。五行未下潸然泪，二祖园陵说废墟。"萧瑟与感喟，尽在诗中。

崇祯十七年三月十八日的深夜，准确地说，是三月十九日凌晨一点左右，走投无路的皇帝朱由检在司礼监太监王承恩陪同下，来到煤山（景山），在寿皇亭附近一棵大树下自尽，王承恩随后也上吊。皇帝的死，意味着大明王朝的彻底坍塌。

消息传到绍兴已是五六月份了。悲痛欲绝之下，陈洪绶崩溃了，有文字这样描述他："时而吞声哭泣，时而纵酒狂呼，见者咸指为狂士，绶亦自以为狂士焉。"《戴茂齐日记》记载："既遭亡国之痛，辄痛哭，逢人不作一语。姬人前问好，绶径执姬手，跽地，复大哭。"痛心疾首，放浪形骸，王朝的灭亡让陈洪绶几乎放弃了生的勇气。

明永历元年，清顺治三年，即公元 1646 年 5 月，清军渡江南下，绍兴陷落，时年四十九岁的陈洪绶开始了流亡生涯。

六月，他逃命山谷，避居云门寺两月，自称悔僧、云门僧。云门寺离绍兴二十多公里，原为王羲之之子王献之故居，也是王羲之第七代孙智永出家之处，相传《兰亭集序》即深藏于此。在这里，陈洪绶剃发为僧，学佛参禅，在青灯黄卷、暮鼓晨钟中开始编辑自己的文集《宝伦堂集》。出家当然是不得已，他这样说，"岂能为僧，借僧活命而已"，在《云门寺九日》一诗中更是道出了自己的心迹：

> 九日僧房酒满壶，与人听雨说江湖。
> 客来禁道兴亡事，自悔曾为世俗儒。
> 枫树感怀宜伏枕，田园废尽免追呼。
> 孤云野鹤终黎老，古佛山癯托病夫。

山外,烽烟遍地,乱象丛生,久居云门寺也非长远之计。秋季来临的时候,陈洪绶狼狈避乱,到处寻找栖身之所,靠一位老农妇的施舍,他在绍兴城南山区的薄坞,距云门寺二十里外找到一块"结茅之地",在朋友的帮助下,盖了三间茅草屋,取名"竹雨庵"。流离失所的陈洪绶内心凄苦惶恐,一本陶渊明诗集成为他慰藉自己的枕边书,枯寂中创作了一幅《桃源图》。

1646年,一个兵荒马乱的夏天,陈洪绶在浙东被清军抓住,据说当时的情境是这样的:"急令画,不画。刃迫之,不画。以酒与妇人诱之,画。"

当时,清军将领是抚军固山,他对陈洪绶的画名早有耳闻,威逼利诱之下,陈洪绶果真开始作画,但固山没有想到,这竟是陈洪绶的缓兵之计。画了一段时间后,陈洪绶以给画作署名和对稿本进行修改为由,让固山的属下将已作的画全部收拢交给他。待收到全部画作后,他一边慢斟细酌悠然喝酒,一边给画作署名,对稿本进行润色,直至深夜才抱着这些画呼呼睡去。第二天一早,当固山的下属来找他取画的时候,发现室内空空如也。原来陈洪绶趁夜深人静清兵疏于防守之际,带着他的全部画作逃之夭夭了。

这个故事流传甚广,却丝毫没有伤及陈洪绶的自尊和人格。清代学者全祖望对此举作了如是评价:"老莲好色之徒,然其实有大节。"又为这件事写了一首《明陈待诏老莲画》的诗,赞赏陈洪绶这个施小计全大节之举。诗的前半部分写道:

　　白门待诏真累兀,此头可断腕不屈。

名王为唤美人来,一笑挥毫怪咄咄。

酒阑午夜梦魂断,翩然而逝疑飞越。

谁言此老空清狂,个中心事良勃窣。

从青藤书屋到云门寺再到竹雨庵,陈洪绶如丧家之犬,内心的煎熬不可名状。一百五十三首《避乱诗》记录了他的困窘与挣扎。1647年,他从山中回到绍兴的青藤书屋时,特意给孩子们留下话:"佛法路茫茫,儒行身陆陆。酣身五十年,今日始知哭。"(《青藤书屋示诸子》)痛哭,成为他此后情绪的常态。这时候,艺术几乎成为他唯一的调剂与谋生手段了,既安慰着他漂泊凄惶的心,又支撑着一家人的生计。

幽冷、荒僻、桀骜、生硬和追问,是他此后的生活态度,他概括说是:"千山投佛国,一画活吾身。"(《且止》)空前的大巨变让陈洪绶再难以平素的目光阅世,他反反复复说自己是"几点落梅浮绿酒,一双醉眼看青山","若能日日花下醉,看了一枝又一枝"。一切存在的样态,都在这双醉眼的扫视中,变形了,空幻了:"五十明年至,千秋今日嗟。强为宽大语,佛法眼前花。"(《且止》)他一次次打开佛经,在晨昏吟诵中,平服着那颗桀骜不驯的心。他喝酒,纵情,爱女人,夜深人静后,饮声泣泪。

风流画家：
"佛法眼前花"

陈洪绶（1599—1652），字章侯，幼名莲子，一名胥岸，号老莲，晚号老迟、悔迟，浙江诸暨市枫桥镇陈家村人，这是陈洪绶的简历。

陈洪绶祖上为官宦世家，至其父，家道中落。陈洪绶幼年就表现出非凡的绘画天分，相传他五岁时到已定亲的岳父家读书，见室内墙壁粉刷一新，便用桌椅做脚手架，在墙上画了一尊武圣关羽像，高八九尺，一手捋髯，一手执《春秋》，秉烛凝视，神采奕奕。老人见了情不自禁跪拜，后来一直长期供奉。为他作传的朱彝尊感慨地说："盖绘事本天纵也！"

陈洪绶在婚姻上相当幸运，与他相伴的女性个个修养不凡。十七岁娶来氏为妻，《宣统诸暨县志》记载："来氏幼承家学，能诗，清闺唱酬，颇饶韵致。"二人婚后生有一女，取名道蕴。陈洪绶二十六岁，来氏病逝，他为此悲凄欲绝。二十七岁陈洪绶经人介绍续弦韩氏，这个女性同样善于写诗，两人先后生了六子二女。

万历四十三年，十八岁的陈洪绶投奔一代名儒刘宗周门下，求学问道。学识渊博的刘宗周登上政坛以后，清正廉洁，疾恶如仇，敢于直言进谏，执拗而无所顾忌。这种风骨影响了陈洪绶一生,在明清鼎革之际,他宁为玉碎不为瓦全的遗老风度,几乎与老师亦步亦趋。

三十岁那年陈洪绶中了秀才。此后他屡考屡败,考了十多年,最终与仕途也没有什么缘分。崇祯三年,陈洪绶乡试落第,不得已捐钱成为国子监生。

这个中国十七世纪最伟大的人物画家,被誉为"力量气局,超拔磊落,在仇(英)、唐(寅)之上,盖明三百年无此笔墨"。而关于他的生性气质,诸多记载都脱不了酒色二字。清代毛奇龄的《陈老莲别传》,王璜生的《陈洪绶》,葛焕标、骆焉名、楼长君的《陈洪绶》,吴敢、王双阳的《陈洪绶传》等传记,均对陈洪绶的"好色"有所记述。毛奇龄说他喜欢喝酒,"人所致金钱,随手尽",并说陈洪绶"生平好妇人,非妇女在从不饮;夕寝,非妇人不得寐;有携妇人乞画,辄应去"。

好色,成为他艺术的催生剂。当时人们曾传,"人欲得其画者,争向妓家求之"。所以,若有人携带了美貌的女子前去求画,绝不会空手而回。陈洪绶经常出入酒肆红楼,歌妓们也知他酒酣兴至之时,求画无不应允,便纷纷乘他酒酣兴至之际求画,往往都有收获。而有钱有势者拿了巨额款项,恭恭敬敬来求画,他却不予理睬。清人朱彝尊在《崔子忠陈洪绶合传》中说,陈洪绶"至酒间召妓,辄自索笔墨,小夫稚子,无勿应也"。清人阮葵生《茶余客话》也说"章侯性癖简,狎游之时,一杯在手,画无吝色"。

陈洪绶二十三岁那年,即1620年的春天,在美丽的西子湖畔,发生了一件令他难以忘怀的事情:貌美如花的名妓董飞仙骑着娇艳的桃花马,带着亲手剪制的质量上乘的生绡,找到了他,乞求为她画一幅莲花,故事发生的确切地点是在岳坟前。虽然为董飞仙所画的这幅莲花图没有流传下来,但陈洪绶追想此事而写下的一首诗,仍然可以令人想象当时的情景:

  桃花马上董飞仙,自剪生绡乞画莲。

  好事日多常记得,庚申三月岳坟前。

这首诗收在《宝纶堂集》卷九,在清初还被毛奇龄、朱彝尊等人编入各种诗话中,因此得以广为传诵。在陈洪绶的所有诗作中,恐怕以这首最为著名。

后来,陈洪绶居官北京的时候,有一次竟然还梦到了这个令人销魂的美人,于是他又写了一首《梦故妓董香绡》:

  长安梦见董香绡,依旧桃花马上娇。

  醉后彩云千万里,应随月到定香桥。

1639年,陈洪绶与好友张岱在杭州断桥边饮酒赏月,结果又惹来一段风流韵事,这一年陈洪绶四十二岁。其中的细节被张岱记录在《陶庵梦忆》里:

  崇祯己卯八月十三,侍南华老人饮湖舫,先月早归。章侯怅怅向余曰:"为此好月,拥被卧耶?"余敕苍头携家酿斗许,呼一小划船,再到断桥。章侯独饮,不觉沾醉。过玉莲亭,丁叔潜呼舟北岸,出塘栖密桔相饷,啖之。章侯方卧船上嚎嚣,岸上有女郎命童子致意云:"相公船肯载我女郎至一桥否?"余许之,女郎欣然下,轻纨淡弱,婉瘱可人。章侯

陈洪绶像

被酒挑之曰:"女郎侠如张一妹,能同虬髯客饮否?"女郎欣然就饮。移舟至一桥,漏二下矣,竟倾家酿而去。问其住处,笑而不答。章侯欲蹑之,见其过岳王坟,不能追也。

津津乐道于一次艳遇,这两个艺术家也是古今独有。陈洪绶曾在一幅画上题云:"辛卯八月十五夜,烂醉西子湖,时吴香扶磨墨,卞云裳吮管,授余乐为郎翁书赠……"由上面这段描述可想而知他时常在红楼画舫上作画。

张岱在他著名的《石匮书》中把陈洪绶列于"妙艺列传",称他"笔下奇崛遒劲,直追古人";陈洪绶则这样评价他的这位朋友:"吾友宗子(张岱字宗子)才大气刚,志远博学,不肯俯首庸下。天下有事,亦不得闲置……"言语间皆是惺惺相惜之意。二人由明入清,在新政权下,一个"披发入山",一个"剃发披缁",顽固守着大节,风花雪月的小节也就成为后世传扬的美谈。恃才傲物的陈洪绶一向孤芳自赏,明亡后显示出一个文人最难能可贵的风骨。张岱记录过陈洪绶的四句自题小像："浪得虚名,穷鬼见诮,国亡不死,不忠不孝",一种不能身死报国的大痛楚昭然纸上,在那个时代,又有多少儒家士人时刻在忍受这种心理煎熬啊!

乱世选择：
"乞与人间作画工"

崇祯十六年(1643),陈洪绶在京城进入了第五个年头。

这些年里,陈洪绶的画风靡京城,时人都以得到他的画为幸事,"一时公卿均以识面为荣,然共所重者,书耳画耳。得其片纸只字,珍若圭璧,辄相矜夸曰：吾已得交章侯矣"。(孟远《陈洪绶传》)

崇祯十二年(1639),陈洪绶第二次进京。这年春天,陈洪绶被召进宫中,成为中书舍人,一名宫廷工作人员,也就是御用画匠,他自己则说自己是"簪笔臣"。而对他而言,正好可以于宫中临摹历代帝王像,遍阅内府所藏古今名画,据说自此技艺大为精进。此时,名扬京华的陈洪绶与崔子忠齐名,世称"南陈北崔"。崔子忠为董其昌弟子,善画人物,画风奇峻高古。

初到京都的陈洪绶抑制不住兴奋,经常出入北京的声色场所。有一首诗应该就是这时写的,诗题为《癸亥长安》:

千里春风醉客心,红楼宵宵复相寻。

阿琼只解留人住,两向灯前拨素琴。

官场腐败没落,乱象丛生。陈洪绶京城的日子郁郁不得志。

崇祯十五年,言官姜采、熊开元因为向皇帝进谏,被关入锦衣卫镇抚司监狱,引起正直官员的不满。在一次御前会议快要结束时,吏科都给事中吴麟征为姜、熊二人求情,被皇帝驳回。一向敢于直言的都察院左都御史刘宗周挺身而出,请求释放姜、熊二人。他的话讲得直截了当:国朝从来没有言官因为进言而被关入锦衣卫监狱的,姜、熊二人开了先例。他愈说愈激动,无所顾忌地反驳皇帝的话:"厂卫不可轻信,是朝廷私刑!"皇帝顿时大动肝火,训斥道:"东厂、锦衣卫俱为朝廷问刑,何公何私?"刘宗周依然侃侃而谈:言官进言,可用则用,不可用则置之不理,即使有罪,也应由三法司定案。姜、熊二臣因为进言而下狱,有伤国体,也有悖于皇上当初求言的初衷。

崇祯皇帝恼羞成怒,着令刘宗周候旨处分。在场的大臣惊讶之余,纷纷为刘宗周辩护,希望皇帝收回成命。崇祯拒不接受,火气愈来愈大,说了一句令众人大吃一惊的话:熊开元背后的主使者,想来就是刘宗周!

刘宗周的同僚、都察院左佥都御史金光宸仗义执言,说明事实真相:刘宗周秉性耿直,从来不会客,和熊开元不相往来。宗周与臣在同一衙门,臣极了解他……崇祯不等他讲完,厉声喝道:金光宸也一并惩处!在众多大臣再三恳请下,皇帝总算从宽发落,把已经拟好的圣旨——"刘宗周革职,刑部议罪",抹去"刑部议罪"四字。

第二天,即崇祯十五年闰十一月三十日,两袖清风的刘宗周骑着驴子,在肩扛包袱的仆人陪伴下,从宣武门出京,踏上了回乡之路。人们看到的不仅是刘宗周的凄凉落寞,更是大明王朝一步一步走向末路的背影。

作为刘宗周的学生,陈洪绶含泪送别恩师,并写诗一首,抒发"夫子受谴去国"的悲愤:

青鞋布袜嗟行矣,苹乌糜庭良可叹。

诵道嵇山瞻北阙,浮云不许老臣观。

两年前,陈洪绶的另外一位老师黄道周,因为弹劾直谏,被崇祯连降六级,最后关进了监狱。作为国子监里的一名学生,陈洪绶深感无力声援,苦闷不已。

崇祯十六年七月,陈洪绶接到家书,怀着对时局绝望的心情,他离京南下,决定回乡作画隐居。他在诗中说:"病夫二事非所长,乞与人间作画工。"

沿大运河一路南下,陈洪绶似乎终于解放了。他留给京城的朋友三首《留别》诗,其中一首云:

接得家书出京畿,难将别意与君知。

长亭若唱阳关曲,能使归心不自持。

路过天津杨柳青,他在船上提笔作画《饮酒读骚图》,扁舟一叶,把酒临风,似乎只有《离骚》可解胸中块垒。画中长者乌帽朱

衣,杯酒读骚,梅花竹叶相伴。写作《桃花扇》的孔尚任后来看到此画,有过这样一段描述:

> 陈章侯人物一轴,乌帽朱衣,坐对书卷,手持把杯,盖《饮酒读骚图》也。瓶插梅花竹叶,皆清劲。题云:"老莲洪绶写于杨柳青舟中,时癸未孟秋。"乃避乱南下时所作,言之慨然。

一场艳遇是陈洪绶凄惶南归途中唯一的安慰。在扬州逗留期间,他遇到了胡净鬘,并正式娶为侍妾。胡净鬘小名小宝,扬州名妓,容颜秀美,工诗画,擅花鸟虫草,笔致工丽,通晓佛理。陈洪绶在扬州作了九首《桥头曲》,对这次艳遇情不自禁,词写得婉约多情:

其 三
所欢在何处,江水荡荡来,
为欢惜身命,有船不敢开。

其 四
闻欢下扬州,扬州女儿好,
如侬者几人,一一向侬道。

其 八
桥头多荡子,愿欢不交游,
但看侬出时,许多望桥头。

两人携手同归故乡,曾合作画了不少花卉册页。胡净鬘还指导陈洪绶长女陈道蕴学画,传授"讲究六法",一时传为佳话。

这年深秋,陈洪绶抵达杭州,画出了名作《水浒叶子》。此时,他的身后,京城正风云汹涌,大明王朝也已走到了尽头。

流亡者：
"老夫憔悴时"

1644年，刘宗周在家乡绍兴获悉京师沦陷，徒步前往杭州，要求浙江巡抚黄鸣俊为已故崇祯皇帝发丧，并且发表讨伐李自成檄文。不久福王在南京监国，建立弘光小朝廷，让刘宗周官复原职，希望他出山辅佐，重振大明。刘宗周表示：大仇未报，不敢受职。

一年后，清军南下，南京弘光政权崩溃，杭州潞王投降。正在吃饭的刘宗周听闻噩耗，推案痛哭，从此移居郊外开始绝食。朋友相劝，他沉痛地说：北都之变，可以死可以不死，因为自己罢官在野，而且寄希望于南明中兴。南都之变，主上（福王）自弃其社稷，当时可以死可以不死，因为还希望后继有人。现在浙江也投降了，老臣不死，还等什么呢？刘宗周死意已决，便乘船到西洋港，奋力跳入水中。被人救起后，心灰意冷的刘宗周整整绝食二十三日而死，时年六十八岁。

老师刘宗周的死，极大地震撼了陈洪绶，也彻底改变了他的余生。他将老师的遗像悬挂正室，每天早晚两次祭拜，时常痛哭。他在墙壁上写下这样的字句："但存君父心，得升先生堂。"从国乱到他离开世界的几年中，他自谓"未死人""废人""弃人"，深深感到生对于他来说是多么困难之事。他说："国破家亡身不死,此身不死不胜哀。"他说:"不死如何销岁月,聊生况复减青春。"他说:"不坐小窗香一炷,那知暂息百年身。"他强烈质疑自己这样活着的意义:"生死事不究,何必住于世。究之不忧勤,久住亦无济。"

一旦人生中的精神支柱垮了,存在于世上的只是行尸走肉,陈洪绶放弃了苟且偷生的念头,随时做好了死的准备。他痛苦地写道:"死非意外事,打点在胸中。生非意中事,摇落在桐风。""草木黄落日,老夫憔悴时。草木芬芳日,老夫未可知。""滥托人身已五十,苟完人事只辞篇。"年过半百的他在做各种"辞"的安排。

这种情绪极大地影响了他的艺术风格,其画风愈加生出奇傲古拙气势,被人们称之为"高古奇骇"。在陈洪绶的木刻画《屈子行吟图》中,屈原没有了史书上歌咏的绰约风姿,而是孤独、瘦削、跨剑踯躅,那眉宇间锁着的忧愁,是千古文人的家国情怀。

陈洪绶以出神入化的表达形式,以僻古争奇的人物画风,在明清两代独树一帜,无与伦比。他所绘山水、花卉、人物等深得古法,尤以人物画成就最高。他的人物画题材广泛,诸如圣贤、仕女、佛像、罗汉、观音等皆栩栩如生,风格独具。那些世俗生活中的侍女婴妇形象,大多数取材于世俗女性,描绘她们日常听琴、读书、赏花、扑蝶等悠闲的生活情景。在他笔下,仕女脸庞丰满但不显肥,端庄温柔,却毫无冶艳之态。陈洪绶所画人物不重于写形,而更在于风韵仪姿和不俗精神状态的表现。他画古代文人高士,陶渊明、老子、钟馗、白居易、苏东坡等体格高大,衣纹细致流畅,勾勒有力度,大都具有造型古雅、奇骇夸张的特点,注重对人物神态精妙之处的刻画,变形随意,达到出神入化之境。晚年时,则更炉火纯青,愈臻化境,造型怪诞变形,线条清圆细劲中又见疏旷散逸。

他一生爱荷,以"老莲"为号。他笔下的水墨荷花,淡雅妩媚,摇曳生姿。

作为才华横溢的画坛奇才,陈洪绶的代表作《九歌》《水浒叶子》等久享盛名,蜚声中外。他的画作当时已经流传于朝鲜、蒙古、日本、西亚等地,其绘画技法也远播朝鲜和日本。这些地区不惜以高价收购他的名画,在商业利益驱动下,仿制他画作的竟然有几千人之多,赝品层出不穷。

陈洪绶以其怪诞、奇崛、纵恣、奔放的独立品格,雄视明末清初的画坛。他以严谨的态度、精妙的笔墨、古朴清简的美来表现出淡雅的形象,创造出了前所未有的新形象,使中国古老而伟大的人物画重新焕发出夺目的光彩,对后世产生了深远的影响。画风是一个画家性格的体现,作品又是时代的产物,生逢乱世的陈洪绶在自己的创作中融入了家国情怀与精神苦涩。

1648年,陈洪绶的老家光裕堂和宝伦堂毁于兵灾。1649年,他迁居杭州吴山。顺治九年(1652),在杭州卖画度日的陈洪绶,突然如痴如狂,东躲西藏,从杭州回到家乡绍兴。这一年,他五十五岁。据说他回到绍兴后整日与知音好友留恋诗酒,不醉不还。一天,他打坐床上,瞑目欲逝,妻儿围在身边哭泣不已,他平静地制止了他们,口中念着佛号,安然离去。

陈洪绶死后,青藤书屋中的那株老藤遭雷击而亡。

第十四章
梦忆·张岱：忠愤之气浮于纸

重归龙山

张岱常常从梦中惊醒。五十岁以后，觉本来就少，半夜醒来，就再无睡意。山中的夜漆黑、死寂、空旷，偶尔惊起的乌鸦吱呀一声，在天空中会传出很远，惊心，恐怖。梦里通常是热闹的，而醒来总是孤寂。冲天的火光里纷纷扬扬，飘散着他心爱书籍的碎片，这是他一直绕不过去的梦中之痛：几万册书啊，都是宝贝。半夜里的兵荒马乱让他如丧家之犬，惊醒后，笼罩自己的是周遭的破败，一如他此刻的心境："避迹山居，所存者，破床碎几，折鼎病琴，与残书数帙，缺砚一方而已，布衣蔬食，常至断炊。"（《自为墓志铭》）

山里的日子，贫困潦倒，异常孤寂。他强撑着羸弱之身，亲自舂米担粪，"身任杵臼劳，百杵两歇息"，累了，直起身子，一边歇息一边感叹自己"废人一个"(《舂米》)。置身田园的诗情画意再也没有了,真要亲身为菜地浇水施肥,就苦不堪言:"近日理园蔬,大为粪所困。""婢仆无一人,担粪固其分。""扛扶力不加,进咫还退寸。"(《担粪》)当田园劳作成为生存的手段时,陶渊明式的快意闲适已经消失得无影无踪了。

1649年,张岱移居龙山北麓的快园,是年五十二岁。

张岱,字宗子,又字石公,号陶庵,又号蝶庵,生于明神宗朱翊钧万历二十五年(丁酉,公元1597年),卒于清圣祖玄烨康熙十八年(己未,公元1679年,有说卒于1689年),山阴(今浙江绍兴)人。

1649年,已经是顺治六年,大清天下。龙山即卧龙山,在绍兴西北隅,海拔只有七十多米,是越文化积淀相当浓厚的一个所在,张岱余生的大部分岁月是在这里度过的。作为绍兴的望族,张家曾在龙山有不少家业,"别有天地非人间"的快园生活成为他幼时美好的记忆,而此时快园已是残垣断壁:"于惟国破,名园如毁。虽则如毁,意犹楚楚。"

甲申之年,明朝倾覆,天崩地坼,这里成为他的避难之所。清兵南下,大肆屠戮,没想到风气柔靡的江南之地,却成为抵抗最激烈的地方。他的朋友们殉国、投缳、沉水、自刎或者马革裹尸,各自选择着自己的方式与时代告别:倪元璐在北京自缢,祁彪佳在家中自沉,王思任绝食而死,黄道周兵败就义。一时间,亲朋尽散,家业凋零,尚且偷生的,也大都避世出家,甘为遗民。对于张岱来说,从这一年开始,他生存的这个世界开始崩塌,他钟爱的东西开始烟消云散。

后辈学者把张岱的选择看成是一种象征,一种态度:"对于张岱而言,重返龙山寓意深刻,它昭示着理想般的回归,一场隐藏在优美文字下艰难跋涉的精神突围,一种在历史舞台上自我设计的人生姿态。或许正是基于这样的考虑,美国历史学家史景迁方才以'重归龙山'(Return to Dragon Mountain)来命名他关于张岱的著作。"

隐居,在明末清初是一种人生选择,也是一种政治选择。这种自由的代价相当沉重甚至极其危险。张岱躬耕田园二十多年,一字字地写着自己的感受和研究,慢慢地天老地荒,融入泥土。他曾言:"忠臣义士,多见于国破家亡之际,如敲石出火,一闪即灭。人主不急起收之,则火种绝矣。"(《越绝诗小序》)火种,就是这样灭的,而偶尔的闪烁,则成为文字,照亮了后世,照亮了历史。

张岱的代表性在于明末遗民所保持的高洁。梁容若说:"在晚明遗老里,行辈最高,享寿最长,从最奢华生活脱出,过最艰苦日子,最重声闻而藏身最密,最通人情而高洁脱俗,有强烈的立言欲求,始终不放弃露骨通俗宣传,著作生活延长到五十年以上,范围大,说真话,记实事,存史料最多,反映社会最忠实客观,以彻底的忏悔反省,启发民族的新生,张岱实在是少见的大作家。"(《文学二十家传》)九个"最"字全落在一个人身上!他身上确实无声地演绎着一种宿命般的回归,这种回归,既是田园的,也是历史的。

在明王朝坍塌后的轰然巨响中,我们现在咀嚼着他留给后世的《陶庵梦忆》《西湖梦寻》等追忆、反思晚明岁月的文字,俨然是一则则士人面对政治与时代的人生寓言。这种回忆的文本是他经历了"亡国之痛、黍离之悲"之后的,这个背景极其重要。周作人说:"张宗子是个都会诗人,他所注意的是人事而非天然,山水不过是他所写的生活的背景。"美国学者欧文《追忆——中国古典文学中的往事再现》一书的最后一章"为了被回忆",也曾提及《陶庵梦忆》,欧文的结论是:"无论是在自序里还是在回忆录的本文中,我们发现的只有渴望、眷恋和欲望,找不到一丝一毫的悔恨和忏悔。"正如王安石诗中说过的"愿为五陵轻薄儿,天地安危两不知",这其实是一种大沉痛,怎么会有忏悔?

人到中年,天崩地裂,四十八岁的张岱被时代抛向了不断下坠的命途,困厄中,他陷入对于前朝的追忆与感伤之中。一面坚守着前朝苟延残喘的遗民风范,一面不断反思和批判前朝政治文化中的历史疾病。回忆写作与历史研究成为他的存在方式,这是明朝晚期儒家知识分子身上产生的一种独特的伦理困境,传统的儒家教义与现实政治之间的矛盾使得明清交替之际的知识分子要么选择"杀身成仁",要么选择陶渊明般避世归隐的方式,躲开政治和历史的风云变幻,"红尘羁绊尽脱,与明月相伴相随",张岱坦然选择了后者。

回忆是一种态度,著史更是一种态度,"有明一代,国史失诬,家史失谀,野史失臆"。(《石匮书序》)从崇祯元年(1628)开始,张岱就起意写一部明史,因为家中有"三世聚书",这个学术梦想非常宏大。关于历史写法,他说:"为之上下古今搜集异书,每于正史世纪之外,拾遗补阙。得一语焉,则全传为之生动;得一事焉,则全史为之活现。"(《史阙序》)即便现在看,这也是一种相当清醒的历史观。

他从自己记忆里打捞出所历、所见、所闻、所思,集成一部《陶庵梦忆》。诸凡方言巷咏,喜笑琐屑之事,略经点染,便成小品文。一百多篇短文使我们如历山川,如睹风俗,如瞻宫阙宗庙之丽,如听暮鼓晨钟之音。在他笔下,江南的风景名胜、民情风俗、技艺绝活、戏曲音乐等,无一不妙趣横生,他把自己对故国的思念之情,对国破家亡之痛,对自己五十年来繁华靡丽生活之描摹,统统倾注于记忆中的字里行间。

出身繁华靡丽的世家,张岱的性情从来洒脱无羁。他曾在深深庭院漫步闲笔,环绕四周的是俊俏的丫环、好玩的少年、五彩的罗衣;他曾驰骋骏马游猎、四处观灯看花,那些梨园歌舞、湖中龙舟、架上古玩,那些席间香茗、高谈阔论是那么丰富生动。从茶淫橘虐到书蠹诗魔,表面上是一股纨绔子弟的豪奢享乐之气,甚至是一副晚明名士纵欲玩世的颓放做派,却真正酝酿成一种高雅精致的时代生活,属于十七世纪的中国,属于汉文明的夕阳,空前绝后。

他躺在小船里读书,在曲声中睡去:"一枕黑甜",黄昏时醒来,已经"不晓世间何物谓之忧愁"。

他嗜茶如命,曾自制一种"兰雪茶":"取清妃白,倾向素瓷,真如白茎素兰同雪涛并泻也"。

他是个吃货,自封"越中清馋"名号,津津乐道:"天厨仙供,酒醉饭饱"。

他在倾圮的老屋之上修建梅花书屋："西溪梅骨古劲,滇茶数茎妩媚,其旁梅根种西番莲,缠绕如璎珞"。

他留恋自己的"不二斋"："高梧千丈,翠樾千重,墙西稍空,腊梅补之",乐得在其中,"解衣盘礴,寒暑未尝轻出"。

他写冬天去西湖看雪："湖上影子,惟长堤一痕,湖心亭一点,与余舟一芥,舟中人两三粒而已"。

他中秋赏月："月光泼地如水,人在月中,濯濯如新出浴"。

他把自己归属于第五类人："小船轻幌,净几暖炉,茶铛旋煮,素瓷静递,好友佳人,邀月同坐,或匿影树下,或逃嚣里湖,看月而人不见其看月之态,亦不作意看月"。

他如此择友,全凭性情："人无癖不可与交,以其无深情也;人无疵不可与交,以其无真气也"。

他站在烟雨楼畔的柳湾桃坞边,痴迷伫想："若遇仙缘,洒然言别,不落姓氏"。

他的迷茫都那么深刻："悠悠忽忽,既不能觅死,又不能聊生,白发婆娑,犹视悉人间"。

这些来自一个朝代的苍茫记忆,沉甸甸的是五十年时间的重量："五十年来总成一梦","遥思往事,忆即书之,持向佛前一一忏悔……偶拈一则,如游旧径,如见故人"。忏悔,是他回忆文本的总基调,而这种忏悔则是一个时代的晨钟暮鼓。那些深深的眷恋,那些由眷恋而来的无尽感慨,构成了"梦忆"中余韵无穷的文字世界。

梦回秦淮

从大运河畔的扬州往东南而去,经南京、杭州两大重镇到绍兴,这是张岱经常活动的范围。西湖春、秦淮夏、虎丘秋、扬州清明,还有故乡绍兴、无锡、瓜洲、金山,都是他流连忘返的贪欢之地。情到深处,他的诗情才能源源不断地哀愁不尽,他把那个梦一般消逝的明朝的繁盛与美丽细致入微地描画出来,让整个王朝在他梦一般的文字里回光返照,容光焕发。那是一个个活泼生动而充满人性的日常生活图景,那也是一个通俗小说和爱情戏剧繁荣的年代,年华飘零而浪漫飞驰。黄裳先生说:"张岱是秦淮河上的常客,他对这种生活是非常熟习的。但也只有他能在热闹中看出冷静,喧笑中发现眼泪。他有一双与众不同的敏锐的眼睛。"在张岱的眼里,秦淮风情别样,他用富有魅力的文字勾勒得极其精准。

这是他贪恋的南京秦淮河,两岸河房,弦管笙歌,"河房之外,家有露台。朱栏绮疏,竹帘纱幔"。每当夏日的晚上,人们洗浴之后,在月光下,"露台杂坐",两岸水楼中,"茉莉风起动",香气四溢。

辉煌的灯船开过来了,桅杆上挂着端午的月亮,羊角灯随风摇动,"年年端午京城士女填溢,竞看灯船","船为烛龙火蜃",灯船里锣鼓喧天,歌声伴着弦管而起。有的几条船,甚至十几条船连在一起,"屈委连蜷,蟠委旋折,水火激射",羊角灯"为连珠",真是"声光凌乱","腾腾如沸",一片片"轰笑",使人"耳目不能自主"。

一个颇为传奇的女子身影在他很多文字里频频闪现,可谓惊鸿乍现。她叫王月,张岱笔下称王月生。

《燕子矶》一篇说他回浙江,闵老子、王月生为他送行,在石壁下一起摆酒痛饮。《牛首山打猎》一篇说他与族人等打猎,王月生、顾媚、董白、李十、杨能等人陪同,还一同换了行头。《柳敬亭说书》中则前后提过两次,意思是说南京城娱乐界中王月生、柳麻子的生意很好,很是叫座,可以说是大众情人。到了卷八,专门有一篇,题目就是《王月生》,说她出身于低档妓院,但风度与才艺却是高级青楼女郎所无法相比的,到这个时候,王月生才露出真面目:

> 面色如建兰初开,楚楚文弱,纤趾一牙,如出水红菱,矜贵寡言笑,女兄弟闲客多方狡狯嘲弄哈侮,不能勾其一粲。善楷书,画兰竹水仙,亦解吴歌,不易出口。

王月,秀外慧中,"善楷书,解吴歌,好茶",虽身处在风月场中,却清净高洁,常与品茶高人闵老子啜茶会友。她平日里不爱说话,是个有名的冷美人,"寒淡如孤梅冷月,含冰傲霜,不喜与俗子交接;或时对面同坐起,若无睹者"。传说她曾经和一位公子"同寝食者半月",竟然没说过一句话,有一天忽然觉得她像是要说话了,众人大喜,力请再三,她却只说了两个字:"家去。"

张岱专门写过一首诗《曲中妓王月生》,其中说:"及余一晤王月生,恍见此茶解语矣。"将王月生比之于茶,是个破天荒的比喻。余怀《板桥杂记》卷中《珠市名妓附见》里详细记录了一位名叫王月的女子,后世学者考证此系同一个人。余怀说"王月,字微波。母胞生三女:长即月,次节,次满,并有殊色。月尤慧妍,善自修饰,颀身玉立,皓齿明眸,异常妖冶,名动公卿"。崇祯十二年,她曾在二十多个佳丽中被评为花魁,力压南曲诸艳,成为北曲一大传奇。在余怀笔下的王月最后的命运却是极其悲惨的,因为色冠群妓,被贵阳蔡香君以三千金从别人手里夺了回来。余怀写道:"香君后为安庐兵备道,携月赴任,宠专房。崇祯十五年五月,大盗张献忠破庐州府,知府郑履祥死节,香君被擒。搜其家,得月,留营中,宠压一寨。偶以事忤献忠,断其头,蒸置于盘,以享群贼。"这位冷美人想必懒得侍奉一帮土贼,一代天骄零落至此,终至香消玉殒。

在张岱的眼里,这些风尘女子的生活充满了心酸与无奈。说到繁华的"二十四桥风月",张岱关心的是那些烟花女子们凄楚的命运,他竭力用一种克制的叙述来呈现,如"沉沉二漏,灯烛将尽,茶馆黑魆无人声,或自相谑浪嘻笑,故作热闹,以乱时候,然笑言哑哑中,渐带凄楚","凄楚"二字流露出他内心的悲悯。再如"夜分不得不去,悄然暗摸如鬼,见老鸨,受饿、受笞,俱不可知矣","俱不可知"四个字背后满满渗透着沉重而无常的命运感,就像他爱恋"孤梅冷月"般的王月生一样,这样的奇女子往往苦命,这很容易就会触碰到张岱的悲悯之心。

梦回西湖

甲申后,张岱两次回到西湖,分别在1654和1657年,这里有他祖父的别墅寄园,他本人也曾在李氏岣嵝山房读书。如今,兵燹战火之后的西湖,"一带湖庄,仅存瓦砾","凡昔日之弱柳夭桃、歌楼舞榭,如洪水淹没,百不存一矣"。张岱后来自述,在阔别西湖二十八年间,西湖无日不入其梦中。彼时人事皆非,世殊时异,昔年同游之人大都下世,读来唏嘘。于是"作《梦寻》七十二则,留之后世,以作西湖之影"。(《西湖梦寻自序》)此时,张岱已经七十五岁了。

他一定忘不了1634年的十月,萧山湘湖边,那个让他陶醉的夜晚。

那一天,张岱向汪然明借了"不系园",邀请一群最要好的朋友一起荡舟水上。

不系园,一艘泛于西湖之上的画舫,是汪然明制造的画舫中最著名的一艘,据说建成于1623年,工期用了四个月,取自庄子"泛不系之舟,虚而遨游者也"句得名。史载他"制画舫于西湖,曰不系园,曰随喜庵。其小者,曰团瓢,曰观叶,曰雨丝风片。四方名流至止,必选伎征歌,连宵达旦,即席分韵,墨汁淋漓。或缓急相投,立为排解,故有湖山主人之目"。

汪汝谦(1577—1655),字然明,号松溪道人。原籍安徽歙县,小时候就随父母定居钱塘,万历丙子贡生。作为盐商,他家境富有,性格豪爽,仗义任侠,为朋友一掷千金。汪然明善诗文,精书画鉴赏收藏,好戏曲,有多本诗文集传世。他花巨资在西湖建造画舫,延揽文士,交接名流,享受湖山之胜和声歌之乐。

"不系园"三字为陈继儒所题。汪氏《春星堂诗集》中之《不系园记》介绍说:

> 自有西湖,即有画舫……癸亥仲夏(天启三年,1623),为云道人筑净室,偶得木兰一本,断而为舟。四越月乃成。计长六丈二尺,广五之一。入门数武,堪贮百壶;次进方丈,足布两席;曲藏斗室,可供卧吟,侧掩壁厨,俾收醉墨。出转为廊,廊升为台;台上张幔,花晨月夕,如乘彩霞而登碧落,若遇惊飙蹴浪。欹树平桥,则卸拦卷幔,犹然一蜻蜓艇耳。中置家僮二三檀红木牙者,俾佐黄头以司茶酒。客来斯舟,可以御风,可以永夕,远追先辈之风流,近寓太平之清赏。陈眉公先生题曰不系园。佳名胜事,传异日西湖一段佳话。

来此欢聚的大都是当时的名流,如董其昌、陈继儒、王思任、茅暎、李渔、钱谦益等,许多明末清初的文士都到过他的画舫和园林,聚谈畅饮,题额赋诗,俨然一个世外桃源。除了和文人交往之外,他的周围也云集了一批晚明才姝,与柳如是、王微、林天素、杨云友、梁喻微等名媛才女来往密切,他热心扶助,极尽逢迎,给她们以无私的怜爱与关怀,为她们提供栖身之所和刻印文稿,赢得了"黄衫豪客""风雅典型"之美名。这位著名的湖山主人千金散尽,只为那片刻的欢愉。

这真是一个秋风沉醉的晚上。船到定香桥,客人不期而遇的共八人:南京写真画家曾波臣,东阳赵纯卿,金坛戏曲家彭天锡,诸暨画家陈老莲,杭州杨与民、陆九、罗三,艺人朱楚生,女伶陈素芝等。酒过三巡,菜过五味,陈洪绶携缣素为纯卿画古佛画,波臣为纯卿画写真人物像,杨与民弹三弦子,罗三唱曲,陆九吹箫。杨与民拿出寸许界尺,据小梧,使用北调评唱《金瓶梅》一剧,使人绝倒。

这一夜,陈洪绶唱村落小歌,张岱取琴伴奏,牙牙如语。赵纯卿则笑着说:"可恨兄弟我无一长,只有敬兄辈酒的份。"

而张岱给他讲了个故事:"唐朝将军裴旻服丧期,请吴道子画天宫壁以超度亡母。吴道子说:'请将军为我舞一回剑,原因是舞剑猛厉,以通幽冥。'裴旻脱孝衣缠结,上马驰骤,挥剑入云,高十数丈,如电光下射,拿鞘接剑,剑透过剑鞘而入,观者非常震惊。吴道子奋袂如风,画壁立刻就成了。"

说完,赵纯卿跳身起,取其竹节鞭,重三十斤,作胡旋舞数缠,大叫奔出。

女伶朱楚生是张岱笔下的一个气质别样的美人:"楚楚谡谡,其孤意在眉,其深情在睫,其解意在烟视媚行。"夜色中,她和陈素芝串演了调腔,这是那天晚上的高潮。文人名伶,侠客美姝,在明月下狂欢达旦,这是那个时代的一次盛宴,也是奢靡婉丽的晚明最后的高潮吧。

整整十年后,延续二百七十八年的大明王朝,灰飞烟灭。看过繁华寂寞,享过富贵困窘的张岱把自己的一生交给了田园和文字。晚年致力撰述，笔耕不辍，老而不衰，赢得了远胜功名利禄更不朽的文名。他有数十种著述，接连传世，影响深远，特别是历时二十余载纂修《石匮书》，补缀《后集》，从有明一代1368年开国写起，如椽巨笔，勾勒历史全貌，将对权力与篡位的态度，不同时期的边疆方略、对外政策、战术战略、税赋军费、艺术宫殿等，诸如成祖朱棣代侄而立、南明福王昏聩鲁莽，均有翔实的描述。

知识类编之书《夜航船》则是一部包罗万象的百科全书，分门别类，从天文地理到经史百家，从三教九流到神仙鬼怪，从政治人事到典章沿革，旁采博收，共计二十类，四千多个条目，挥洒自如，洋洋大观，使"夜航船"成为中国南方水乡苦途长旅的象征。"天下学问，惟夜航船中最难对付"，这个历史的意象说的是其杂与俗，而深夜汪洋里的一艘船，则成为命运漂泊不定，静夜学思的大境界。

墓志铭

乡情之思寄予着故国之痛，名妓之恋饱含着悲悯之心，这就是一代"旧人"张岱。《明遗民传》中说他"衣冠揖让，绰有旧人风轨"。短短几个字，将张岱的风度气质定位得清晰而典型。

六十九岁时,张岱写下一篇《自为墓志铭》,文中坦承追忆自己年少时光:

> 少为纨绔子弟,极爱繁华,好精舍,好美婢,好娈童,好鲜衣,好美食,好骏马,好华灯,好烟火,好梨园,好鼓吹,好古董,好花鸟,兼以茶淫橘虐,书蠹诗魔。劳碌半生,皆成梦幻。年至五十,国破家亡……回首二十年前,真如隔世。

学者陈平原说:张岱《自为墓志铭》之所以可读,就在于它用自嘲的口吻来总结自己的一生,意绪苍凉。就像《陶庵梦忆序》所说的,"繁华靡丽,过眼皆空,五十年来,总成一梦"。有这种"苍凉"作底,张岱的自嘲才显得真实,更显得可爱。从青年的抚花弄月,到晚年的凄风苦雨,经历国破家亡的张岱,为后世留下的是一代士人对心灵困境的映射和再思考。

在这篇墓志铭中,张岱说"常自评之,有七不可解"。这"七不可解"是七种关系:"贵贱紊""贫富舛""文武错""尊卑溷""宽猛背""缓急谬""智愚杂"等,说的是个人的纠结与脱节,也是社会与时代的各种背离。放在明清易代之际,因为各种价值观念被动摇被颠覆的背景下,这种内心的撕扯就格外强烈。张岱的沉痛忏悔来自《自题小像》中下面这几句话:

> 功名耶落空,富贵耶如梦,忠臣耶怕痛,锄头耶怕重,著书二十年耶而仅堪覆瓮,之人耶有用没用?学书不成,学剑不成,学节义不成,学文章不成,学仙学佛、学农学圃俱不成。任世人呼之为败了,为废物,为顽民,为钝秀才,为瞌睡汉,为死老魅也已矣。

天崩地裂之际，百无一用的读书人，面对王朝大厦的倾颓，竟然无所作为，除了彻底的自我否定，恐怕没有别的出路了。身处明清交替之际的张岱，是那个时代的一个标本，我们由此可以想象和揣摩那个时代士人异常分裂悲壮的情感和心理世界。

他有一首诗，或可窥见他的矛盾与挣扎：

> 我年未至耆，落魄亦不久。奄忽数年间，居然成老叟。自经丧乱余，家亡徒赤手。恨我儿女多，中季又丧偶。十女嫁其三，六儿两有妇。四孙又一笋，计口十八九。三餐尚二粥，日食米一斗。昔有负郭田，今不存半亩。败屋两三楹，门前一株柳。二妾老如猿，仅可操井臼。呼米又呼柴，日作狮子吼。日出不得哺，未明先起走。如是十一年，言之只自丑。稍欲出门交，辄恐丧所守。宁使断期炊，取予不敢苟。寒暑一蔽衣，捉襟露其肘。啜嚅与人言，自觉面皮厚。

曾经醉卧名妓，而今穷困潦倒，苍凉避世，晚明知识分子心中挣扎着一个怎样的困境？

从余怀到张岱，晚明秦淮的风月文本隐含着明季、秦淮、兵燹、乱离等情感关键词，是异代以来士人文学描述女性乱世命运的最好故事模板和情感原型。和历史的几多相似有关，也和文明怀旧有关，作为一种固执的情绪和心理，进而泛化成为一种无所不在的"文化乡愁"，这些放诞纤丽之文是最好的载体。梁启超在《中国地理大势论》中对南北之文的不同作过经典的阐释："燕赵多慷慨悲歌之士，吴楚多放诞纤丽之文，自古然矣。自唐以前，于诗于文于赋,皆南北各为家数;长城饮马,河梁携手,北人之气概也;江南草长,洞庭始波,南人之情怀也。散文之长江大河,一泻千里者,北人为优;骈文之镂云刻月善移我情者,南人为优。"林语堂在《吾国与吾民》中亦说得条畅动容:南人"习于安逸,文质彬彬,爱好幽雅韵事,静而少动……诗文优美,具有天赋之长才"。

张岱被誉为近代小品文之高峰。1926年,周作人为重印张岱著作写过一篇引起争议的序言,里面说:"我们读明清有些名士派的文章,觉得与现代文的情趣几乎一致,思想上固然难免有若干距离,但如明人所表示的对于礼法的反动则又很有现代的气息了。"周作人因为这篇文章被政治激进者骂成"穿上近代的衣裳的士大夫",无论是中国近代的京派海派之争,还是小品文之争,都与民国时期的政治气候有关,晚清的"晚明"叙述是一个政治情境的遇合。

何满子在胡益民《张岱评传》序中说道:"明亡以后所作的《陶庵梦忆》和《西湖寻梦》等记述前尘旧影之作,在追抚繁华往事之中,就含有无限的家国之痛,即使不着一字关涉忧伤悲愤者,叹《黍离》悲《麦秀》之情自在,与公安、竟陵诸家以抒灵性、捕妙趣为宗旨迥异,这就造就了张岱散文艺术的厚重的历史文化感,以及它的历时性的生命力。"

对于汉文明的薪火相传者,晚明是永恒的追忆对象与文化标的,也是我们经过又一个轮回后对业已逝去之辉煌的无限伤感。从余怀开始,到张岱结束,一个朝代的风雅之美、繁华之梦似乎终于可以醒了。复兴和复辟,是两个概念,我们又能选哪个呢?

第十五章
雅趣·文震亨：纸上昙花偶自拈

风姿韶秀文公子

公元 1645 年，苏州。

文震亨走到了他人生的终点，一纸不容置疑的剃发令成为压倒他的最后一根稻草。此前一年，崇祯皇帝自缢，明朝崩溃，南明弘光朝廷传召文震亨复职，终因奸臣阮大铖、马士英等不能见容，只好辞官退隐，阳澄湖畔成了他最后的避居之地。

史书对于他的弃世用了短短几个字："闻令，自投于河，家人救之，绝粒六日而死。"先是投河，接着绝食六天，他的赴死意志如此不可动摇。文震亨的"忠节"，感动了世人，其名字被载入多种地方志，甚至感动了清朝皇帝，一百三十一年后的乾隆四十一年(1776)他被追谥为"节愍"。

文震亨，字启美，南直隶长洲(今苏州)人，生于万历十三年(1585)。曾祖文徵明是翰林待诏,位列画坛"明四家",晚明声誉日隆;祖父文彭为国子监博士;父亲文元发官至卫辉府(今河南汲县)同知;兄长文震孟是天启二年状元,官至礼部尚书、东阁大学士,文氏一门自此进入辉煌的时期,可谓簪缨之族、书香门第。"冠冕吴趋""家声香远"的文家赋予了文震亨不凡的气度和格调。

天启元年,文震亨以诸生毕业于南京国子监,他的科举之路非常不顺,这样一个艺术气质浓厚的人如何能擅长八股之规呢?最后他干脆选择了放弃:"即弃科举,清言作达,选声伎,调丝竹,日游佳山水。"既然科举不畅,他只好选择了心爱的音乐,每天游山玩水,过着散淡悠闲的潇洒生活。

今天的苏州山塘街上有一座著名的"五人墓",张溥于崇祯元年(1628)写下一篇《五人墓碑记》,时至今日,仍是中学课本里的必读课文,记录了天启六年苏州爆发的一场轰轰烈烈的反抗阉党的斗争,其中的领袖正是文震亨。

那一年,吏部郎中周顺昌得罪大太监魏忠贤,文震亨作为领袖之一谒见巡抚和御史,积极营救。抓捕行动时,一向温和儒雅的苏州人愤怒了,他们从慵懒闲散的生活中迸发出激烈的血性,一起群体暴乱事件在苏州街头上演。当巡抚毛一鹭向朝廷报告说文震亨带头造反时,商人颜佩韦等五位民间义士挺身而出,担当了所有罪责。五人激昂无畏,英勇就义,人们把五位英雄合葬在城外虎丘山前面山塘河大堤上。张溥在文章中大为感叹:"明死生之大,匹夫之有重于社稷。"

文震亨因此被巡抚告到朝堂,幸亏有东阁大学士顾秉谦力主不牵连名人,方才得以幸免。

崇祯初年,文震亨以恩贡出仕武英殿中书舍人,因为"善琴供奉",成为皇帝面前的琴师。三年后,礼部尚书黄道周"以词臣建言,触上怒,穷治朋党",素有正义感的文震亨仗义执言,再次受牵累,丢官下狱。

作为晚明著名的艺术家,文震亨一生宦海沉浮,但素有历史清名,颇受世人敬仰,而真正让他被历史记住的则是他为后世留下了一本有趣的小书《长物志》,几个世纪以后,仍然散发着迷人的色泽。有现代人品读《长物志》时评价说,"就像迷醉在一曲摄人魂魄的昆腔中,每一个婉转的莺声,每一处翻飞的水袖,都美得无以复加。"这可是十七世纪中国人的审美境界啊!

《四库全书总目提要》将《长物志》归为子部杂家类,说它"凡闲适玩好之事,纤悉毕具,大致远以赵希鹄《洞天清录》为渊源,近以屠隆《考槃馀事》为参佐。明季山人墨客,多以是相夸,所谓清供者是也。然矫言雅尚,反增俗态者有焉。惟震亨世以书画擅名,耳濡目染,与众本殊,故所言收藏赏鉴诸法,亦具有条理"。

这段评价非常有意思,说《长物志》不是什么严肃的著作,颇有"俗态",不过考虑到他家传非凡,也就另当别论了,特别是此人节操高洁,他的著作也就更不应该被埋没了。"所谓王谢家儿,虽复不端正者,亦奕奕有一种风气欤。且震亨捐生殉国,节概炳然,其所手编,当以人重,尤不可使之泯没。"他本人的节操直接影响了后世对其著作的评价。

如果生逢盛世,文震亨本该是一位翩翩优雅的公子,整天沉浸在吟诗、作文、绘画、造园的艺文生活里。虽然当时不及明末四公子那么风流倜傥、艳名高帜,但文震亨的超凡脱俗仍然赢得了世人的尊敬,说他"长身玉立,善自标置,所至必窗明几净,扫地焚香",意思是说他相貌英俊,玉树临风,性格我行我素,自视甚高,素有风仪之名。他善于抚琴,"琴书名达禁中",为崇祯皇帝制作的颂琴题名,还著有一部《琴谱》;他善书画,懂品鉴,钱谦益评价他说:"风姿韶秀,诗画咸有家风";他懂园林,继承了文氏家族世代喜林泉,精于造园的传统,明人顾苓《塔影园集》记载过他宅邸的意境:"所居香草垞,水木清华,房栊窈窕,阛阓中称名胜地。曾于西郊构碧浪园,南都置水嬉堂,皆位置清洁,人在画图。"可见其匠心独运,艺术眼界相当了得。

贵介风流　雅人深致

　　崇祯七年(1621),《长物志》成书刊行,这在当时应该是文坛的一件盛事,全书十二卷分别由当时的著名文人审定,比如卷五为收藏家沈德符审定,卷六为书画家沈春泽审定,卷十一为周永年审定,卷十二为文震孟审定,书籍出版之时盛况空前,"交游酬赠处、倾动一时",搁在现在绝对是一个现象级文化事件。

所谓"长物",典出《世说新语·德行》,即"多余之物"的意思。明人宋诩在所编撰的《宋氏家规部》中这样定义"长物":"凡天地间奇物随时地所产、神秀所钟,或古有而今无,或今有而古无,不能尽知见之也。"书中的"长物簿"列举了二十一类,分别是宝、玉、珠、玛瑙、珊瑚、金、漆、木、草、竹、窑等等,看来明代长物已经是时尚之物了。

沈春泽在《长物志》的序言中如此解释:

夫标榜林壑,品题酒茗,收藏位置图史、杯铛之属,于世为闲事,于身为长物,而品人者,于此观韵焉,才与情焉。何也?挹古今清华美妙之气于耳、目之前,供我呼吸,罗天地琐杂碎细之物于几席之上,听我指挥,挟日用寒不可衣、饥不可食之器,尊瑜拱璧,享轻千金,以寄我慷慨不平,非有真韵、真才与真情以胜之,其调弗同也。

好一个"三真":真韵、真才与真情。集古今美物于眼前而"供我呼吸""听我指挥",乃至"寄我慷慨不平",玩物如此,已经上升到一个很高的境界了。

沈春泽在书的序中列举历史上的数个案例进一步说明"韵、才、情"三者才是追求风雅的决定性因素,而不在于物质条件的丰俭如何:

司马相如携卓文君,卖车骑,买酒舍,文君当垆涤器,映带犊鼻裈边;陶渊明方宅十余亩,草屋八九间,丛菊孤松,有酒便饮,境地两截,要归一致;右丞茶铛药臼,经案绳床;香

> 山名姬骏马,攫石洞庭,结堂庐阜;长公声伎酣适于西湖,烟舫翩跹乎赤壁,禅人酒伴,休息夫雪堂,丰俭不同,总不碍道,其韵致才情,政自不可掩耳!

这段话里要言不烦地评点了几位历史上的名家,意思是说当年司马相如官居高位,自打与卓文君相恋后,卖车骑买酒舍,做起了生意,过上了平常人的日子。

陶渊明,曾为彭泽县令,但因为好贫乐道,住在八九间草屋里,着迷于丛菊、孤松、好酒,这和他的为官之道实在"境地两截",但其心境和情怀始终如一,没有丝毫改变。

唐代的王维官至尚书右丞,不但擅长写诗作画,而且读书之余留恋茶药,生活相当俭朴。《唐书》王维传记其在京师时"日饭十数名僧,以玄谈为乐,斋中无所有,唯茶铛、药臼、经案、绳床而已",书房里除了基本的茶具、药具、书桌和胡床外别无所有。

白居易,曾居香山寺,号香山居士,家里虽有名姬骏马,但不忘从洞庭湖搬来石头,装点自己的草堂。

苏轼更是一个潇洒之人,他在西湖荡舟,听歌饮酒,驾船逍遥于赤壁之下,不知老之将至。他曾建"雪堂","起居偃仰,环顾睥睨,无非雪者",意思是说东坡喜欢雪室之"雪",渴望清净世界。经常与他往来清谈的是友人佛印和尚这样的人。

在沈春泽看来,这些历史上的名人无论身份、地位、财富如何,都有共同的价值取向和审美情操,他们的艺术境界和韵致才情都超凡脱俗,应该是后人效法的榜样。文震亨把沈春泽引为知音:"余向持此论告人,独余友启美氏绝颔之。"二人惺惺相惜,所以文震亨写完《长物志》后即交由沈春泽作序。在他眼里,只有沈春泽才能体认和把握《长物志》这部书的内涵和要领。沈春泽确实没有辜负朋友的信任,他的一篇不足千字的序言,处处点睛,字字珠玑:

> 予观启美是编,室庐有制,贵其爽而倩、古而洁也;花木、水石、禽鱼有经,贵其秀而远、宜而趣也;书画有目,贵其奇而逸、隽而永也;几榻有度,器具有式,位置有定,贵其精而便、简而裁、巧而自然也;衣饰有王、谢之风,舟车有武陵蜀道之想,蔬果有仙家瓜枣之味,香茗有荀会、玉川之癖,贵其幽而闇、淡而可思也。

这一段文字既是对《长物志》内容的总括性描述,也是对其内在境界的阐发。在沈春泽看来,《长物志》内涵深刻,世俗之人是无法知其大略的,即使一般有韵致和才情的文士,如果一味争奇猎艳也不一定能得其三昧。文震亨继承其家风,深得吴人巧心妙手的精髓,他写的这本书可奉为金汤,为世上一快书和"吾党一快事"。文震亨自己说他写此书的目的是:"正惧吴人心手日变",且"小小闲事长物,将来滥觞而不可知者,聊以是编隄防之"。他担心的是将来随着社会的物质富足和人心的浮躁而日益趋奢致繁,雕绘满眼,为此要有所提醒和防备。因此,沈春泽将《长物志》的内在宗旨归为"删繁去奢之一言"。

删繁去奢,四个字道尽了有明一代的时代审美,这就是:"宁古无时,宁朴无巧,宁俭无俗",评书品画、煮茶焚香、弹琴选石等赏玩品鉴之属,无一不精。一定得自然、素雅、低调,此所谓"贵介风流,雅人深致"。

乱世之征

明中叶以后,士人闲雅文化的主要特色之一,就是对琐细玩物的沉湎耽溺。整个社会风尚是"人情以放荡为快,世风以侈靡相高"。那时候有一则顺口溜说出了江南文人的四大理想:"起它一个号、坐它一乘轿、刻它一部稿、讨它一个小。"晚明奢靡的社会风气在江浙一带盛行,清代伍绍棠在校阅《长物志》时说:"有明中叶,天下承平,士大夫以儒雅相尚,若评书品画,沦茗焚香,弹琴选石等事,无一不精,而当时骚人墨客,亦皆工鉴别,善品题,玉敦珠盘,辉映坛坫。"

牛津大学柯律格教授的专著《长物:早期现代中国的物质文化与社会状况》指出"原先象征身份地位的土地财富,转变成奢侈品的收藏",在文化消费方面,"古物经商品化后成了'优雅的装饰',只要有钱即可购买得到,也造成一种求过于供的社会竞赛。当购买古董成了流行风吹到富人阶层时,他们也纷纷抢购以附庸风雅。原来是士人独有的特殊消费活动,都被商人甚至平民所模仿,于是他们面临了社会竞争的极大压力,焦虑感油然而生"。他得出的结论是:这本书不仅是一本谈论物品的书,更是一本谈论人们看待物品方式的书,里面探讨的是晚明社会里这样一种关系,"物质世界的产品与掌握权力的社会士绅所认同的社会等级之间的关系"。

据柯律格研究,在明万历以后那个物质和精神生活最为辉煌的年头,曾经出现过一个谈论古物及生活营居类图书小小的出版潮。据他统计,在1400年至1579年,共出版有关生活指南的书籍三百六十九种,从1580年至1639年的半个世纪间,出版一百五十二种,且不包括大量的翻刻和重版书。而其最早的源头,可以追溯到1388年松江一个叫曹昭的人出版的一部小型丛书《格古要论》,这部通篇谈论古画、古铜器、古墨迹、古碑法帖、古琴、古砚、古瓷、古窑器、锦漆、奇木异石的书籍,成为后世的《遵生八笺》《考槃余事》和《长物志》的前驱。

从1590至1630这数十年间物质文化图书的出版潮中,柯律格梳理出了以下时间节点:约1550至1660年,《格古要论》多次重印;1591年,高濂的《遵生八笺》出版;1606年,屠隆的《考槃余事》出版,同年,袁宏道专论插花的《瓶史》出版;1620年前后文震亨完成《长物志》一书的写作,并于1634年出版。除了上述各家类似生活指南的书籍,这数十年间还有大量论画、品茶、插花、论妓以及品评其他各种享乐之物的书籍出版,那个时代的《万历野获编》《四友斋丛说》《味水轩日记》等笔记、日记文献记录了物质之昌盛和享乐、鉴赏风尚之流变,而差不多同一时期问世的虚构性小说如《金瓶梅》等,则忠实记录了这个仓促的盛世走向凋败的过程,其中对享乐之物的津津乐道,更是成为雅致生活的指南。

趣味品格在晚明越来越成为社会交往的重要标志,并构成了文化风俗的重要组成部分。这是士大夫阶层颇具个人色彩的精神财富,他们追求精致,今天看来,有点进入中产阶级的意思了。《长物志》被誉为"明代士大夫书斋生活百科全书",它所记录的"书斋清赏",本质上已经成为士大夫阶层的精神与物质的双重存在,也从一个侧面展示了晚明文人日常生活的真实细节和文化品质。广义而言,《长物志》对于文士阶层生活状况的描述和要求,反映了晚明城市市民生活的某种样态和历史。

晚明时期的太湖周边城市如苏州、松江、杭州等经济的发达程度领先于全国其他城市,这里是全国的财赋重地,仅苏州一地,其税粮总额即占全国的近十分之一。以丝织业、棉纺织业为主的家庭手工业更是高度发达,如木作类的家具生产,就形成了以黄花梨、紫檀木等硬木为材料,造型简洁硬朗的所谓"明式"家具;其他如紫砂、竹刻、刺绣、漆器、玉石、金属工艺等等,都可谓蓬勃发展,前所未有,为市民的消费提供了越来越多的选择和条件。

生活于嘉靖、万历年间的范濂在《云间据目抄》中不吝笔墨,以整整一卷文字记载了嘉隆以后松江等地世风日趋奢靡浮华的生活景象。那时候夏天男女开始流行一种白色绒袜,家居器用方面开始流行细木:"凡床厨几棹,皆用花梨、瘿木、乌木、相思木与黄杨木,极其贵巧,动费万钱。"范濂所记的还有出行乘轿辇,游乐坐画舫,乃至笙歌戏曲、卖婆帮闲等现象。一方面,日常生活的必需品,如鞋袜、服饰、家具等用料日趋名贵,制作工艺也崇尚精致华美;另一方面,非必要的消费,如书房禅室、乘舆画舫、歌吹舞伎等,呈现出大众化、普及化的趋势。精致奢靡,成为浮华时代里知识阶层和民间的普遍心态,因此,在正统知识分子眼中,晚明世风人情已经"僭滥之极"。所谓"僭",是指"奢靡"风习所引发的社会规范、伦理秩序危机。

晚明时期,这些居住在城市尤其是江南地区的文人士子,无论政治上得意或失意,都有意无意地在世俗生活中寻找物质的和精神的寄居之所。与普通市民不同的是,这些文人士子不仅有一定的财力和鉴赏力,更重要的是有能力将物质财力通过设计转化成精神与审美的享受。对明式家具最有研究的王世襄先生甚至认为,"研究明式家具的意义远远超出对具体器物及其艺术性的鉴赏范畴,明式家具的核心哲理对当今社会的人文环境与道德观念仍不失为一种深刻的启迪"。

长物,在晚明,已经成为他们精神与灵魂的寄寓所在。科场失意之时,朝堂混乱之际,只有清风明月、书房清玩才是他们的乐趣所在,一缕清香、一片奇石、一件古玩、一次畅游,构建起一个封闭自足的精神世界。

晚明冯梦祯在《真实斋常课记》说自己平日除"教子弄孙,对老妇宴,语娱小姬,有客对客"等家常事外,几乎把所有的空闲都消耗在玩物、赏物上:"随意散帙、焚香、瀹茗品泉、鸣琴、挥麈习静、临摹法书、观图画、弄笔墨、看池中鱼戏,或听鸟声、观卉木、识奇字、玩文石。"

名满天下的陈继儒也积极宣扬生活的真义在于"一人独享之乐":焚香、试茶、洗砚、鼓琴、校书、候月、听雨、浇花、高卧、勘方、经行、负暄、钓鱼、对画、漱泉、支杖、礼佛、尝酒、晏坐、翻经、看山、临帖、刻竹、喂鹤。这是他的日常情趣:"净一室,置一几,陈几种快意书,放一本旧法帖,古鼎焚香,素麈挥尘,意思小倦,暂休竹榻。饷时而起,则啜苦茗,信手写《汉书》几行,随意观古画数幅。心目间觉洒空灵,面上尘当亦扑去三寸。"(《小窗幽记》)这种古雅的审美趣味成为晚明以来不少文人沉溺其中的风习。

对许多晚明文人来说,造一个自己的院子成为毕生的追求,从吴伟业的梅村到冒辟疆的水绘园,江南处处名园。文震亨在《长物志》中对造园、品园多有论述,自家建有香草垞。计成的三卷《园冶》与《长物志》同时刊行,风靡一时。

文震亨和计成、张南垣是中国造园史上非常重要的人物,他们三人都出生于明朝万历年间。计成生于万历十年(1582),文震亨生于万历十三年(1585),张南垣生于万历十五年(1587),相差最大不超过五年。计成为吴江(今苏州市吴江区)人,文震亨为长洲(今苏州市相城区)人,同属苏州府,张南垣为华亭(今上海市松江区)人,与苏州相隔不远,大约一百公里。三人崇祯年间的活动基本都在现今江苏省的范围之内,集中在应天府(今南京)、苏州府、常州府、镇江府、松江府和扬州府。计成以画艺造园,并写出了中国古代唯一一部造园专著,其影响远播至日本。张南垣曾从董其昌学画,后从事造园,以布衣身份与钱谦益、吴伟业等文坛巨子交往,后以造园技艺而留名《清史稿》,其家族从事造园一直延续到建国后。

后世在检讨明朝覆灭的原因时,政治之外,士风之外,也把当时的世风轻浮与琐屑归为重要原因。对浮华之物的享受牵连着政治和社会的颓废,当一个时代的道德堕落到了极点,就会出现"乱世之征":各种奇技淫巧充斥天下,男着女装,风俗败坏,人人都只为追逐利益,追逐享乐。以物品来炫耀财富,会引发社会结构的崩坏,其实,这些社会表象从来根源于政治结构及其制度。

事实上,不论是《长物志》内所总结的雅趣文化,抑或是《陶庵梦忆》中对江南生活的忘情追忆,呈现的都是明末江南及其士大夫们精致、逸乐文化的精髓和独特的个人空间。在家国衰微之际,这种生活方式更大程度上包涵着不能兼治天下退而独善其身的避世之志,修身养性中自有其失落无奈的黯淡心境吧。

跋：
诗酒醉花前

　　这本书出版的时候，我可以正式使用"年过半百"这个词了，我笔下的人物陈洪绶写过一首诗："五十明年至，千秋今日嗟。强为宽大语，佛法眼前花。"(《且止》)年龄总是一种时间的提醒，它会告诉你：你的心态、你的思维、你的态度都会发生各种变化，这种变化是慢慢开始的，潜移默化。于我，在这即将跨入半百的一年，具有多种象征意义。这一年，我删除了堆积了二十年的邮件，对生活开始强制进行断舍离。近些年，遇事很明显容易上纲上线，遇到年轻人很容易好为人师，开始怀旧，开始自省，开始想象退休前的十年规划。有一段时间还企图奋起追赶时代，希望抓住青春的尾巴再燃烧一次。但都无法抵挡住自由、散淡和悠闲的诱惑，拜上苍所赐，我一直很自由。

　　几年间，我一直在乡间经营自己的一亩多地，取名"耕读堂"，每年栽树，每日种菜，竹下听雨，卧榻读书，眼见得树木茂密起来，花果鲜菜也吃不完了。有一段时间，我经常流连于高碑店的古旧店铺，淘来各种便宜的古董装扮自己的书房，一块前朝的石头，一件民国的案几，甚至把早年间乡村的武器架也搬了回来，插放我的各种农具。我开始意识到，这是每个文人都向往的自由生活吧，人家吴伟业的梅村别墅大有百亩，我租了一亩，基本也实现了花园与菜地共处的境界，已经很是奢侈。有时候想，吴梅村构筑的百亩别墅得有多少人居住，多少人打理啊。古人说著书一个重要的条件是"神旺心闲"，写作这本书的念头也就是在这种散淡生活中慢慢滋生起来的。

林语堂是这么界定自己的理想生活的："我要一套好藏书，几本明人小品，壁上一帧李香君画像让我供奉，案头一盒雪茄。"明代文人生活境界可能是中国历代最讲究的，这个中国历史上最后一个汉族王朝，几乎成为汉文明的末世绝唱。一套装帧漂亮的《陈寅恪文集》让我抑制不住地进入了明代历史。因为二十年前的学术训练，被压抑的学术志趣很容易就被唤醒了，在一年多的时间里，我收集明代各种史料，一本书一本书地读，一个人一个人地勾勒，做笔记，讲故事，渐渐汇集成目前这个样子。

黄裳先生在谈到柳如是的时候说："柳如是在她的同时侪辈中间，无疑是声势最煊赫的一位。无论是'秦淮四媺'，还是李香君、卞玉京，她的这些前辈或姊妹都远远比不上她的气派。不但在当时，就是在身后，三百年来，一切大小文士只要碰到与她有些牵连的事物，无不赋诗撰文，感慨一番。一张小像，一颗印章，一面镜子，一只笔筒，都是发泄幽情的好题目。"（《关于柳如是》）历史的八卦总是魅力无穷的，名士风流，红颜沧桑，大抵蕴藏着历史的人性秘密。后现代史学有一个立论叫"弥缝",意思是说,他们相信历史叙述中肯定存在缝隙甚至整块的空缺。用一种新的眼光、新的角度来看待晚明的史料,你会从中发现一些被忽略的东西。

写作这本书的时候,我的眼前经常出现这样一个动人的场景:康熙九年,庚戌年,公元1670年,那一年的冬天特别寒冷,江南一连几十天被大雪笼罩,一幅罕见的千里冰封景象,无锡一晚上就被冻死了四十七人。在寒冷的日夜,史家计六奇一直在誊抄自己刚刚完成的两部明史。笔一次次被冻硬,他不得不放在嘴里哈着气,让笔尖融化。他已年过半百,年老体弱,严重的眼疾一直困扰着他。转过年的夏天,南方又是罕见的酷暑,每天都传来热死人的消息,伏案写作的计六奇汗流浃背,满手浸湿。每天早上,他不得不在手下垫上六层毛巾,经常写完后六层毛巾都被湿透。他每天给自己规定了五页的工作量,在前后两年的时间里,无论寒暑,一直在这样奋笔疾书:"目不交睫,手不停披,晨夕勿辍,寒暑无间,宾朋出入弗知,家乡米盐弗问,肆力期年,得书千纸。"这一千页纸就是著名的史书《明季北略》《明季南略》,这是我写作时候翻阅最多的两部书。计六奇,一个孤愤穷愁的教书先生,明亡时,年仅二十二岁,写作这两部书的时候与我现在的年龄相仿。两部书共计"五十五万五千三百余言",正式写作是四年,誊抄两年,备尝艰辛,完稿后计六奇不禁感叹:"甚矣,书之不易成也!"正是治乱兴亡之事促发了他的历史责任感,而哪一个严肃的历史学家不是这样呢?

晚明秦淮或许是一个已经被挖掘很深的话题,著述汗牛充栋,我想做的只是如何在叙述中注入一些人性因素,怎么巧妙地设置场景,怎么让人物尽量有血有肉。三年多来,爬梳史料,编织成故事,是一件惬意的事,我很享受。从事影像工作二十多年,这本书的写作也就力求吸收一些纪录片的做法,每一章我都力图从结构方式、叙事手法做出差异。写作过程中,我一直告诫自己:叙事!叙事!叙事!重要的事情说三遍,尽量避开不近人情的学术艰涩,写一本好玩好读的书是对我自己的强制要求。尽管如此,我仍然设定了一个主题:公元 1644 年的历史解码。书写历史的魅力就在于每个人面对历史时的微妙心境——历史不是那么冰冷遥远,而是可供读者投射情感、释放想象的私人场域。我的回到晚明未始不是我此刻心态的投射,远离时代的寂寞和不甘平庸的孤独,一直是散淡生活里的微风,常常会吹皱一池静水。"愧无半策匡时艰",满腹经纶总希望对国家有些用处的,做不到也只好躲到历史的枝枝蔓蔓中寻找些道理。陈寅恪先生"披寻钱柳之篇"是为了引申"独立之精神,自由之思想",于我,不过是找找心中的疑惑,纾解生活的庸常而已。为情所困,既是个人的也是时代的,我没有"究天人之际,通古今之变,成一家之言"的野心,只想从自己的角度、以自己的眼光打量一下历史。历史就像彩虹,是由许多种光谱组成的,我只是找到了属于我的那束光,企图用自己有限的想象力去填补历史的某些空白。明清易代这段历史完全去伪存真是一件难度很大的事,考证辨疏不是我的目标,为了避免阅读障碍,我甚至删除了所有注释,我想,有时候历史的叙述价值并不亚于考辨史实本身的学术价值吧。我喜欢绵密纵横的历史写作,可惜笔力欠缺,智商不够,尚在探索。计六奇说昔之著书者必有"三资四助",三资者,才、学、识。落笔惊人,才也;博极群书,学也;论断千古,识也。而四助则是势、力、友、时,计六奇说他"七者无一",尚且"窃有志焉",身处互联网时代的我们更没有理由偷懒吧,只是史海浩繁,书中错讹在所难免,还需方家见谅指正。书中多有征引,依例未能一一标注,统统列为参考文献附后,并志感谢。

感谢我的家人一直忍受我无数个夜晚独自关在书房里喷云吐雾。人生由命,而平淡的相伴总是值得珍惜的。我的大部分书稿是手写的,现在我越来越着迷于这种古老的匠气了,感谢替我输入电脑的第一个读者,她说挺好看的,有这句话我就放心了。电子移动时代,纸质书越来越快地成为垃圾,哪怕有一个人读过、喜欢也就应该知足吧。史家计六奇书后跋语中对读书者说过一段深情的话,权引在此,感谢我所有的读者!

> 不知我者不可读我书,即知我未深者亦不可读我书。不知书者不可读我书,即知书未深者亦不可读我书。无缘分者不能读我书,即缘分犹浅者亦不能读我书。无福分者不能读我书,即福分犹浅者亦不能读我书。嘻嘻,茫茫宇宙,求其可读我书、能读我书者岂无其人?虽然,又谁是其人也?

2018 年 6 月

参考文献

《明史》,中华书局,1974年。
《清史稿》,中华书局,1977年。
计六奇,《明季北略》《明季南略》,中华书局,1984年。
文秉,《烈皇小识》,上海书店,1982年。
余怀,《板桥杂记(外一种)》,李金堂校注,上海古籍出版社,2000年。
《余怀全集》,李金堂编校,上海古籍出版社,2011年。
钱谦益,《列朝诗集小传》,上海古籍出版社,2008年。
吴伟业,《吴梅村诗集笺注》,上海古籍出版社,1983年。
吴伟业,《吴梅村全集》,上海古籍出版社,1990年。
陈继儒等,《小窗幽记(外二种)》,罗立刚校注,上海古籍出版社,2000年。
张岱,《陶庵梦忆·西湖梦寻》,夏咸淳、程维荣校注,上海古籍出版社,2001年。
李渔,《闲情偶寄》,江巨荣、卢寿荣校注,上海古籍出版社,2000年。
沈复等,《浮生六记(外三种)》,金性尧、金文男注,上海古籍出版社,2000年。
方良,《钱谦益年谱》,中国书籍出版社,2013年。
孔尚任,《桃花扇》,上海古籍出版社,1985年。
叶衍兰、叶恭绰,《清代学者像传》,上海古籍出版社,1989年。
张景祁等,《秦淮八艳图咏》,学苑出版社,1997年。
《侯方域诗集校笺》,中州古籍出版社,2000年。
叶君远,《吴梅村传》,人民文学出版社,2012年。
陈寅恪,《柳如是别传》,生活·读书·新知三联书店,2001年。
《柳如是集》,周书田、范景中辑校,中国美术学院出版社,2002年。
《柳如是事辑》,范景中、周书田,中国美术学院出版社,2002年。
余英时,《方以智晚节考》,生活·读书·新知三联书店,2004年。
高阳,《明末四公子》,华夏出版社,2008年。
顾诚,《南明史》,光明日报出版社,2011年。

大木康,《风月秦淮:中国游里空间》,台北:联经出版公司,2007年。

汪荣祖,《明清史丛说》,广西师范大学出版社,2013年。

李孝悌,《恋恋红尘——中国的城市、欲望和生活》,上海人民出版社,2007年。

王鸿泰,《青楼名妓与情艺生活——清间的妓女与文人》,熊秉真、吕妙芬主编,《礼教与情欲——前近代中国文化中的后/现代性》,台北:中研院近代史研究所,1999年。

樊树志,《晚明史》,复旦大学出版社,2003年。

谢国桢,《增订晚明史籍考》,上海古籍出版社,1981年。

孟森,《明史讲义》,中华书局,2006年。

顾启,《冒襄研究》,江苏文艺出版社,1993年。

吴定中,《董小宛汇考》,上海书店出版社,2001年。

夏仁虎,《秦淮志》,南京出版社,2006年。

黄裳,《秦淮旧事》,江苏文艺出版社,2011年。

黄裳,《绛云书卷美人图:关于柳如是》,中华书局,2013年。

赵伯陶,《秦淮旧梦:南明盛衰录》,济南出版社,2008年。

张文良、张杰,《崇祯十七年:甲申风云录》,故宫出版社,2013年。

李洁非,"明史书系":《龙床:明六帝纪》《黑洞:弘光纪事》《野哭:弘光列传》,人民文学出版社,2013年。

李洁非,《天崩地解——黄宗羲传》,作家出版社,2014年。

王鹤,《晚明风月》,南京大学出版社,2012年。

简雄,《浮世的晚风:还原明清江南士林生活图景》,古吴轩出版社,2015年。

赵柏田,《明朝四季》,新星出版社,2011年。

赵柏田,《岩中花树》,中华书局,2007年。

赵柏田,《南华录:晚明南方士人生活史》,北京大学出版社,2015年。

汤宇星,《从桃叶渡到水绘园——十七世纪的江南与冒襄的艺术交往》,中国美术学院出版社,2012年。

(美)史景迁,《前朝梦忆:张岱的浮华与苍凉》,广西师范大学出版社,2010年。

(英)柯律格,《长物:早期现代中国的物质文化与社会状况》,生活·读书·新知三联书店,2015年。